VOYAGES
IMAGINAIRES,
ROMANESQUES, MERVEILLEUX,
ALLÉGORIQUES, AMUSANS,
COMIQUES ET CRITIQUES.
SUIVIS DES
SONGES ET VISIONS,
ET DES
ROMANS CABALISTIQUES.

CE VOLUME CONTIENT:

Les Réflexions sérieuses & importantes de ROBINSON CRUSOÉ.

TOME TROISIÈME.

VOYAGES
IMAGINAIRES,
SONGES, VISIONS,
ET
ROMANS CABALISTIQUES.

Ornés de Figures.

TOME TROISIÈME.

Première division de la première classe, contenant les Voyages Imaginaires *romanesques*.

A AMSTERDAM,
Et se trouve à PARIS,
RUE ET HÔTEL SERPENTE,

M. DCC. LXXXVII.

LA VIE
ET LES
AVENTURES
SURPRENANTES
DE
ROBINSON CRUSOÉ,
CONTENANT:

Son retour dans son Isle, ses autres nouveaux voyages, & ses réflexions.

Traduit de l'anglois.

TOME TROISIÈME.

PRÉFACE
DU TRADUCTEUR.

Voici enfin l'énigme des *Aventures de Robinson Crusoé*: c'est une espèce de *Télémaque bourgeois*, dont le but est de porter les hommes ordinaires à la vertu & à la sagesse, par des événemens accompagnés de réflexions. Il y a pourtant quelque chose de plus dans l'histoire de Robinson que dans les aventures de Télémaque; ce n'est pas un simple roman, c'est plutôt une histoire allégorique, dont chaque incident est un emblême de quelques particularités de la vie de notre auteur. Je n'en dis pas davantage sur cet article, parce qu'il l'a traité à fond lui-même dans sa préface que j'ai traduite de l'Anglois, & dont je conseille fort la lecture à tous ces hommes brusques, qui se sont fait une assez ridicule habitude de sauter tous les discours préliminaires des livres.

L'ouvrage qu'on donne ici au public, & qui fait le troisième volume de *Robinson Crusoé*, est tout différent des deux parties précédentes, quoiqu'il tende à un même but. L'auteur y met, pour ainsi dire, la dernière main à son projet de réformer les hommes, & de les engager à se conduire d'une manière digne de l'excellence de leur nature. Il n'est pas content de leur avoir donné des instructions enveloppées dans des fables, il trouve bon d'étendre ses préceptes, & de les donner d'une manière directe, afin que rien n'y échappe à la pénétration du grand nombre de lecteurs qui n'ont pas assez de génie pour démêler l'ame de l'allégorie, du corps qui l'enveloppe.

Il ne faut donc plus s'attendre ici à

voir un marinier sans étude, qui communique au public les impressions que les différens événemens de sa vie ont faites sur son esprit, & qui les communique d'une manière qui caractérise un bon sens destitué du secours des lumières acquises. L'auteur quitte le masque dans ce troisième volume, il y parle en philosophe & en homme de lettres; il ne raisonne point par sentiment, mais par principes; il approfondit les matières, il digère ses réflexions, & il s'efforce à en mettre l'évidence dans tout son jour. Il est vrai qu'il n'affecte pas ce style concis & sentencieux, par lequel nos auteurs François tâchent de relever leurs réflexions & leurs caractères. Voulant être utile à toutes sortes d'hommes, il est simple, uni, familier; c'est un style de conversation, dénué de tout ornement, & propre à faire briller la vérité par sa seule splendeur naturelle. Il est vrai même qu'il outre un peu quelquefois cette simplicité, & qu'il donne dans une diction proverbiale & bourgeoise. Heureusement pour lui, ses compatriotes ne sont pas si délicats là-dessus que les François, & le vrai couvert de haillons, leur plaît infiniment davantage que le mauvais sens, déguisé sous la plus riche parure.

La plupart des réflexions qu'on verra ici, ont de la liaison avec les aventures rapportées dans les deux premiers volumes, & l'on en sera convaincu sans peine par une espèce de sommaire que je m'en vais donner ici des différens articles traités dans cette cinquième partie.

La vie solitaire que *Robinson Crusoé* a passée pendant un si grand nombre d'années dans une île déserte, lui donne d'abord occasion de tourner ses pensées sur la solitude & sur le véritable usage qu'on doit en faire. Il démontre parfaitement bien l'extravagance de ces anachorètes qui confondent la solitude utile, avec une privation de la société civile, & du commerce des hommes; & il fait voir, par les preuves les plus fortes & les plus sensibles, que la solitude qui convient à l'homme, n'est autre chose que la situation calme d'une ame, qui se rendant indépendante de l'empire des passions & des préjugés, se retire en elle-même & se possède tranquillement au milieu de l'embarras des affaires. Le lecteur capable de réfléchir, trouvera parfaitement bon, & très-juste tout ce que l'auteur dit là-dessus; j'ose en être garant.

On aura remarqué sans doute dans les deux premières parties, que *Robinson Crusoé*, si malheureux dans tout le cours de sa vie, sujet à tant de désastres, a pourtant ce bonheur consolant de rencontrer par-tout des personnes d'une grande probité & d'une charité généreuse. Telle est la bonne veuve à qui il laisse en dépôt tout son bien, en se séparant pour sa première course; tel est le capitaine Portugais, qui le prend dans son bord au beau milieu de la mer, & qui agit avec lui plutôt avec la tendresse d'un père, qu'avec cette humanité que les hommes se doivent mutuellement. Une expérience si rare conduit l'auteur naturellement à parler du vrai caractère d'honnête homme; il traite cette matière à fond en plusieurs sections consécutives, & il entre là-dessus dans un détail qu'il est très-difficile de trouver ailleurs. Il fait voir que la vertu, qu'il appelle honnêteté, & que j'ai pris la liberté de nommer quelquefois de la même manière, contre l'usage reçu, consiste dans une charité & dans une justice généreuse, & qu'elle comprend tous les devoirs de la vie civile; il prouve que l'on n'est jamais sûr de posséder cette vertu, que lorsqu'on a été dans le creuset de l'adversité, & dans les plus fortes tentations; qu'à parler à la rigueur, il n'y a pas de parfaitement honnêtes gens, même parmi les plus grands saints; & que, pour juger du caractère d'un homme, il faut examiner toute la suite de ses actions, & ne se pas arrêter à quelques irrégularités passagères, qui peuvent avoir pour cause une tentation moralement invincible. Cette vérité lui donne occasion de s'étendre beaucoup sur les jugemens téméraires, & sur la facilité avec laquelle nous nous condamnons les uns les autres, ou pour des fautes apparentes, ou pour des fautes légères, qui ne détruisent pas le caractère d'un homme. Robinson Crusoé parle sur ce sujet avec tant de chaleur, qu'il n'est pas difficile de comprendre qu'il plaide sa propre cause, & qu'il se croit plus maltraité qu'un autre, par la calomnie & par des jugemens peu charitables.

L'article suivant a une relation plus éloignée avec les courses de Robinson : il roule sur les vices & sur les irrégularités qui se sont glissés dans le commerce civil, & sur-tout dans la conversation. Il la considere comme le plus grand avantage de la société & comme une source féconde de plaisirs aussi innocens que sensibles. Malheureusement la conversation se ressent de la corruption humaine, qui semble prendre d'âge en âge de nouvelles forces, & l'auteur trouve bon de réformer ces vices & ces irrégularités des entretiens ordinaires sous trois chefs, *la profanation, l'obscurité & le mensonge.* J'ose assurer qu'il fait sur ces différens articles plusieurs réflexions, qui, outre leur justesse, ont encore les graces de la nouveauté. A l'égard du dernier il laisse là le mensonge grossier, qui a pour but de nuire au prochain, & il ne s'attache qu'à ces petites menteries dont on croit se servir innocemment quand on n'en fait usage que pour divertir une compagnie & pour s'attirer le titre d'homme agréable.

Le grand nombre de pays que l'auteur a parcourus, porte ses réflexions sur l'état où la religion se trouve dans l'univers. Il découvre par-tout assez de dévotion extérieure & de zèle pour des idées qu'on ne comprend pas trop, mais fort peu de vertu & de respect pour la divinité. Ce qu'il y a, à mon avis, de meilleur dans cet article, où je trouve beaucoup de choses excellentes, c'est la description que l'auteur fait d'un jour d'actions de graces, qu'il vit célébrer en Angleterre, pour une victoire signalée, remportée par les alliés sous le règne de la reine Anne. Des gens qui s'écrasent pour voir la reine, l'église de saint Paul remplie de personnes de toutes sortes de conditions, plus attachées à regarder les gens de qualité qui avoient suivi sa majesté, qu'à adresser des pensées reconnoissantes à la divinité, des hymnes chantées avec plus d'art que de dévotion; des coups de canon; de l'ivrognerie, des querelles & des débauches, font toute la solemnité de ce grand jour, & la religion n'en est que le prétexte.

Cette recherche est suivie d'un parallèle mortifiant entre les peuples chrétiens & les nations payennes & mahométanes. L'auteur fait voir combien est petit le nombre des premiers, en comparaison de celui des autres. Il croit que jusqu'ici les prophéties qui rangent toute la terre sous la domination de Jésus-Christ, ne peuvent pas être censées accomplies. Il indique aux souverains chrétiens un moyen de se rendre les instrumens de la providence divine, pour l'exécution d'un si grand ouvrage. Il les croit capables, par la bonté de leurs troupes, de se soumettre en peu de tems toutes les nations infidelles, & il seroit charmé de leur voir prendre ce parti. Ce n'est pas qu'il ne condamne la persécution & l'extravagance d'employer la force pour convertir les hommes efficacement ; mais il ne trouve point qu'il y ait d'inconvénient à aller détruire par les armes, l'empire extérieur du diable, à renverser les temples & les idoles, à éloigner de cette manière l'idolâtrie des yeux de ces nations malheureuses, & à ouvrir par-là la porte à la prédication de l'évangile : il voudroit, au reste, que dans une pareille guerre on épargnât le sang autant qu'il seroit possible, & qu'on traitât les peuples soumis avec justice, avec bonté & d'une manière à s'attirer leur estime & leur tendresse. Tout le monde ne sera pas, sur ce sujet, du sentiment de l'auteur, ni par rapport au droit, ni par rapport à la facilité de l'exécution : mais j'ose croire que ceux-là même qui ne sont pas de cette opinion, avoueront qu'il a donné à un sentiment qui leur paroît insoutenable, tout l'air de vraisemblance, dont il peut être susceptible.

Le lecteur aura facilement remarqué dans tout le cours des aventures de Robinson Crusoé, qu'il est d'opinion qu'il faut respecter certains pressentimens, certaines impressions, qui semblent déterminer notre volonté, sans que la raison s'en mêle; ce n'est pas seulement, comme on pourroit croire, en qualité de marinier, qu'il soutient qu'il ne faut pas négliger ces sortes de mouvemens: il fait dans cet ouvrage, en qualité de philosophe, une dissertation à part, pour établir son opinion sur des principes de raisonnement, & sur l'expérience. Cette dissertation roule sur le devoir d'écouter la voix secrette de la providence. Par écouter cette voix, il entend, 1°. étudier attentivement les méthodes dont se sert la divinité pour conduire les choses humaines, & tirer de cette étude des règles qui nous enseignent à nous procurer certains avantages, & à éviter certains malheurs qui semblent nous menacer. 2°. Il entend par-là recevoir avec docilité, des pressentimens & des mouvemens du cœur, dont il ne nous est pas possible de rendre raison, comme des conseils qui nous sont donnés par les intelligences pures, qui ont un commerce incompréhensible avec les esprits enfermés dans des corps.

Toutes ces différentes sections sont suivies par une pièce toute particulière, intitulée : *Vision du Monde Angélique*. Cet ouvrage est si singulier, que je trouve à propos de n'en point indiquer la matière, & de laisser la curiosité du lecteur dans toute sa force à cet égard. Tout ce que j'en dirai, c'est que je suis sûr que les lecteurs seront plus partagés sur cette pièce, que sur toutes les dissertations précédentes, & qu'il sera autant admiré des uns, que méprisé des autres. Quoi qu'il en soit, je ne doute pas que le public ne reçoive avec le même plaisir ce troisième volume, qu'il a reçu les autres, dont celui-ci n'est, pour ainsi dire, que la morale.

RÉFLEXIONS

SÉRIEUSES

ET

IMPORTANTES

DE

ROBINSON CRUSOÉ.

INTRODUCTION.

IL faudroit que j'eusse fort peu profité de mes courses & de ma vie solitaire, si, après ce tissu de merveilles, qui s'est étendu sur toute ma vie, j'étois incapable de communiquer au public quelques réflexions, où l'agrément accompagnât l'utilité.

CHAPITRE PREMIER.

De la solitude.

ON croira sans peine que j'ai souvent réfléchi avec une grande variété de pensées sur les circonstances ennuyeuses de cette vie solitaire, dont j'ai donné un fidèle tableau dans les volumes précédens, & dont le lecteur aura gardé sans doute quelque idée dans sa mémoire. J'ai douté quelquefois, qu'il fût possible de soutenir un pareil état, sur-tout dans le commencement, lorsqu'un changement si terrible doit faire de profondes impressions sur une imagination qui n'y est pas acoutumée. D'autres fois, j'ai été surpris, qu'une situation pareille pût être une source de chagrin & de tristesse. Quand nous jetons un œil attentif sur le théatre de la vie humaine, où nous jouons tous notre rôle, nous voyons distinctement que la pièce que chacun de nous y représente, n'est, à proprement parler, qu'un soliloque.

Nous ne jugeons du bonheur & du malheur que selon que les objets touchent nos inclinations naturelles. Chaque chose roule dans notre esprit par une infinité de mouvemens circulaires, dont

notre

notre intérêt propre est le centre. C'est notre goût particulier qui nous fait considérer ces différens états de la vie comme prospérité & adversité, source de joie, ou cause de chagrin.

Nous en jugeons de la même manière que notre palais décide des mets. Ce qui est agréable ou chagrinant dans le monde vient moins de la nature même des choses, que de la constitution particulière de celui qui les considère sous une telle ou telle face.

De cette manière, c'est nous seuls que nous cherchons dans le monde entier ; chaque individu humain regarde ce cher moi comme le but de tous ses desirs, & l'on peut dire avec vérité qu'un homme est seul au milieu de la plus grande foule & du tumulte de la vie la plus agitée. Toutes ses refléxions ont un retour perpétuel sur lui-même ; il rapporte à lui tout ce qu'il trouve d'agréable, & il souffre lui seul de tout ce qu'il trouve de chagrinant dans les objets qui l'environnent.

Nous n'avons rien à démêler avec le chagrin ni avec la joie des autres hommes, & ces sympathies secrètes qui semblent nous les faire partager, aboutissent réellement à nous-mêmes. Nos méditations sont une parfaite solitude ; nous aimons, nous haïssons, nous desirons, nous jouissons ; en un mot, nous exerçons toutes nos

Tome III. B

passions en secret & dans la retraite ; tout ce que nous en communiquons aux autres, n'est que pour les porter à entrer dans les vues de nos desirs.

Pourquoi donc se faire une idée affreuse d'une vie passée dans le silence ? & quelle cause d'affliction à un homme, quand, par la voie de l'ame, il peut parler à dieu & à lui-même ? Un homme n'est jamais privé de l'agrément de la conversation quand il s'efforce d'être une bonne compagnie pour lui-même, & celui qui ne sauroit entrer dans un agréable commerce avec son propre individu, est incapable de jouir comme il faut, du plaisir de la société.

Pour la solitude, entendue dans le sens ordinaire, elle n'est, à mon avis, en aucune manière assortie à la vue d'un homme sage, très-différente, à cet égard, de la solitude réelle & philosophique. Les idées que j'ai de la solitude sont fort éloignées de celles qui ont conduit les hommes des premiers siècles, & qui conduisent encore plusieurs de ceux qui vivent à présent dans des déserts, ou qui se renferment dans les cellules des monastères, pour se retirer du commerce du monde. Je ne vois pas, dans toutes ces retraites, une ombre de ce que j'appelle solitude ; elles ne répondent à aucune des vues d'une vie solitaire, bien loin de toucher au but auquel elles sont destinées par ceux qui en parlent si avantageusement.

Si jamais retraite pouvoit produire l'effet qu'on en attend, ce devroit être la retraite dans une île déserte, qui emporte avec elle une absence de toute la société humaine, & par conséquent une privation absolue de tous les plaisirs du monde. Mais tout ce que j'ai trouvé dans une vie si parfaitement retirée, n'étoit pas solitude, excepté la partie que j'en employois à la contemplation des choses sublimes, & qui étoit très-petite, comparée à cette longue suite d'années, que j'ai été contraint de passer dans mon désert.

Je puis dire même que rien n'est plus éloigné de la véritable retraite, que cette retraite involontaire où j'ai été forcé de vivre, puisque mon ame, du moins pendant long-tems, n'y étoit pas dans cet état calme qui convient à la solitude. Il est certain que je jouis d'une solitude plus parfaite pendant que j'écris ceci, & que je me trouve dans la ville de Londres, au milieu du plus grand assemblage d'hommes qu'on puisse rencontrer dans le monde, que n'a été celle dont j'ai joui, pendant les vingt-huit années de mon séjour dans une île déserte.

Un chrétien peut jouir de tous les avantages de la solitude la plus austère, en se rendant maître absolu de ses désirs, & de son imagination ou en cherchant sa retraite en lui-même; il en peut jouir sans aucune de ces formalités, de ces austérités, & de ces mortifications si édifiantes en apparence; en un mot, sans violenter la nature humaine.

Procurons-nous une ame véritablement retirée, une assiette d'esprit élevée au-dessus du monde. Quand nous y sommes parvenus, il dépend de nous d'être seuls autant de fois que nous le voulons, dans la compagnie la plus bruyante, & dans le plus grand tumulte des affaires. Si nous mettons nos pensées en liberté, si nous les dégageons du joug des passions, que nous importent les liaisons où se trouve notre corps? L'activité de l'ame n'est-elle pas indépendante du corps, quand nous le voulons, & le corps n'est-il pas esclave de l'ame? Le corps a-t-il des mains pour agir, des pieds pour marcher, une langue pour parler, indépendamment de l'entendement & de la volonté, qui sont comme les députés de l'esprit qui nous anime? Tous les sentimens, toutes les passions, qui possèdent, dirigent & agitent le corps, n'ont-ils pas leur séjour dans l'ame? Tout ce que nous avons à faire par conséquent, c'est de maintenir l'ame dans sa souveraineté, qui n'a rien à démêler avec tel ou tel espace qu'occupe le corps. Les mains, les pieds, la langue, ne sont non plus capables de troubler le calme de l'ame, que l'argent qu'un homme a dans sa bourse n'est capable d'en sortir sans son consentement, pour payer les dettes de son possesseur, ou pour fournir à ses besoins.

C'est aussi la liaison de l'ame avec les objets extérieurs, si propre à interrompre ses méditations pieuses, qui fournit le prétexte le plus plausible à ceux qui cherchent les solitudes & les déserts. Mais quel profit en tire la religion la plupart du tems? Un penchant vicieux, quoiqu'éloigné de son objet, est toujours un penchant vicieux; & il est aussi criminel, que s'il agissoit sur un objet présent. Si, comme nous l'enseigne notre Sauveur, celui qui regarde une femme pour la convoiter, a déjà commis adultère avec elle, il s'ensuit, que celui qui pense à une femme pour la convoiter est coupable du même crime, quoiqu'au lieu de s'offrir à ses yeux elle ne soit présente qu'à son imagination. Ce n'est pas en transportant le corps d'un lieu dans un autre, qu'on bannit ces sortes d'images du cerveau, ou qu'on leur ôte leur force tyrannique; c'est en dérobant son ame à la tentation, & en lui ménageant un pouvoir absolu sur ce penchant vicieux. Sans cette précaution, ce désir criminel ressemble à de la poudre à canon, qu'on tient éloignée du feu; mais qui fera éclater sa violence dès qu'on l'en approchera.

Tous les motifs qui nous portent vers le bien & vers le mal, font dans l'ame même; les objets extérieurs ne leur servent que de causes secondes; & quoique certainement on rende les actes criminels impraticables, en mettant une distance entre les desirs & leurs objets, ce n'est pas-là la route qui mène à l'innocence. Le crime n'est pas seulement dans l'acte même, il est sur-tout dans le desir de le commettre, & par conséquent cette séparation n'est rien, & ne produit aucun effet salutaire. On peut commettre autant d'adultères dans un cloître où jamais femme n'entre, que dans tout autre endroit, & il est apparent que la chose arrive précisément ainsi.

Selon ces principes, l'abstinence du mal ne dépend pas entièrement des limites qu'on prescrit à ses actions; mais encore des bornes qu'on donne à ses desirs, puisque c'est pécher réellement, que de desirer de pécher. L'acte que nous commettrions, si l'occasion s'en présentoit, doit être censé avoir été réellement commis, & l'on en est tout aussi responsable. Quel secours par conséquent la piété peut-elle tirer non-seulement des retraites involontaires, mais encore des vœux qu'on fait de propos délibéré de vivre dans la solitude ? Dompter ses desirs vicieux, c'est l'unique préservatif contre le péché.

Quelques années s'étoient écoulées après mon

Tous les motifs qui nous portent vers le bien & vers le mal, sont dans l'ame même ; les objets extérieurs ne leur servent que de causes secondes; & quoique certainement on rende les actes criminels impraticables, en mettant une distance entre les desirs & leurs objets, ce n'est pas-là la route qui mène à l'innocence. Le crime n'est pas seulement dans l'acte même, il est sur-tout dans le desir de le commettre, & par conséquent cette séparation n'est rien, & ne produit aucun effet salutaire. On peut commettre autant d'adultères dans un cloître où jamais femme n'entre, que dans tout autre endroit, & il est apparent que la chose arrive précisément ainsi.

Selon ces principes, l'abstinence du mal ne dépend pas entièrement des limites qu'on prescrit à ses actions ; mais encore des bornes qu'on donne à ses desirs, puisque c'est pécher réellement, que de desirer de pécher. L'acte que nous commettrions, si l'occasion s'en présentoit, doit être censé avoir été réellement commis, & l'on en est tout aussi responsable. Quel secours par conséquent la piété peut-elle tirer non-seulement des retraites involontaires, mais encore des vœux qu'on fait de propos délibéré de vivre dans la solitude ? Dompter ses desirs vicieux, c'est l'unique préservatif contre le péché.

Quelques années s'étoient écoulées après mon

avec son ennemi ; mais celui qui est en bonne compagnie, est toujours convaincu d'être parmi ses amis.

Le commerce avec des personnes pieuses est une exhortation perpétuelle à éviter le mal & à s'attacher à une vie régulière. On voit alors toute la beauté de la religion prendre, pour ainsi dire, un corps, en éclatant par les exemples ; sa splendeur répand un jour perpétuel sur la laideur du vice ; en excitant le penchant naturel que nous avons pour l'imitation, elle nous accoutume insensiblement à sentir le plaisir que l'habitude attache à la pratique de nos devoirs.

Dans une vie toute solitaire nous sommes privés de tous ces secours ; il nous arrive quelquefois de nous conduire bien ou mal, comme il plaît à l'inconstance de notre humeur, qui n'est que trop souvent le guide de nos actions & de nos pensées. Dans la solitude ce n'est que par notre propre force que nous resserrons dans certaines limites, nos pensées & nos actions ; rien ne nous soutient dans les efforts qu'il faut faire pour mortifier, ou pour guider nos desirs ; nous sommes obligés de tirer tout de nos propres réflexions, qui, privées des lumières d'un ami éclairé, peuvent nous égarer, & nous laisser emporter par la fougue de la passion, & par la violence du préjugé.

Par conséquent, si vous voulez vous retirer du monde, retirez-vous dans le sein d'une compagnie de gens de bien; que votre retraite soit de bons livres & de bonnes pensées. Ces trois différentes retraites se donneront un secours mutuel pour faciliter les méditations de ceux qui veulent y mettre leur vertu à l'abri des tempêtes du monde; elles rectifieront leurs idées, & affermiront leur courage contre les attaques de leurs ennemis de dedans & de dehors.

Se retirer du monde, dans le sens ordinaire, c'est se retirer des gens de bien, qui sont nos meilleurs amis : se retirer dans un désert, c'est abandonner le culte public de la divinité, & l'assemblée des fidèles; par conséquent, c'est prendre un parti contraire à la pratique de plusieurs devoirs que le christianisme nous impose.

J'en conclus que la solitude dans laquelle on prétend se jeter dans des vues philosophiques & religieuses, pour éviter le danger attaché au commerce des hommes, est, ou une erreur dans ceux qui se trompent eux-mêmes, ou une affectation dans ceux qui veulent en imposer aux autres. Elle ne sauroit jamais répondre aux vues où l'on semble la destiner, ni nous rendre plus propres à nous acquitter des devoirs du christianisme; elle est même réellement contraire au véritable esprit de la religion.

Que l'homme qui veut tirer les avantages véritables de la solitude, & qui comprend le sens philosophique de ce mot, apprenne à se retirer en lui-même. La méditation sérieuse est l'essence de la solitude, & il faut la chercher autre part que dans les forêts & dans les cavernes. Un homme qui a su la trouver, & qui s'est rendu maître des occupations de son ame, aura peut-être un air sombre & réservé qui le fera soupçonner de quiétisme ; mais ce sera un reproche mal-fondé, dont il sera dédommagé abondamment par la douce sérénité de son ame, dont ceux qui font briller une plus grande gaieté que lui dans tout leur air, n'ont peut-être pas seulement une idée.

Une ame véritablement retirée en elle-même, est aussi indépendante des austérités que du fracas du monde ; comme sa vertu n'est pas détournée par le tumulte de la vie civile, elle n'est pas affermie par ces sortes de mortifications arbitraires.

Quand l'ame humaine s'attache avec force à quelque sujet important, elle est en quelque sorte élevée au troisième ciel avec celle de *Saint Paul* ; & un tel homme peut bien dire avec cet apôtre : *Si c'étoit dans le corps, je ne sais ; si c'étoit hors du corps, je ne sais*. C'étoit précisément dans une pareille extase que j'ai été frappé par ma *vision angélique*, dont j'ai joint une partie à cet ouvrage.

Il est très-naturel de croire qu'un homme si fort élevé au-dessus des objets ordinaires de notre commerce, ne sauroit former le moindre souhait d'en être éloigné ; il se trouve dans la solitude la plus grande qu'il est possible d'imaginer. Par conséquent ne nous chagrinons jamais de l'impossibilité où nous croyons nous trouver, de nous séparer du monde ; apprenons à nous chercher une retraite au milieu du monde même, & nous y jouirons d'une solitude parfaite, plus convenable à nos véritables desseins, que celle qu'on trouveroit au haut d'une pyramide d'Egypte, ou du pic de Teneriffe.

Ceux qui ne sont pas en état de se retirer de cette manière, doivent, pour trouver la solitude, non-seulement se séparer du monde, mais sortir hors du monde ; leur mal est sans remède.

L'homme est une créature tellement formée pour la société, qu'on peut dire non-seulement qu'il ne lui est pas bon d'être seul, mais aussi qu'il lui est impossible de l'être.

Il est certain que dans une vie aisée, où il est facile de trouver les choses nécessaires à la subsistance, desquelles les saints ne peuvent pas se passer, non plus que les autres, l'esprit a plus de liberté pour se séparer du monde, que dans une solitude où il est nécessaire de s'inquiéter pour aller chercher une nourriture peu naturelle parmi les herbes des champs.

La retraite philosophique est véritablement religieuse & ouverte à tout le monde. Celui qui dit qu'il aime la solitude, mais que les embarras du monde l'empêchent d'en jouir, se trompe, ou nous veut tromper ; il peut s'en mettre en possession, où, quand, & aussi souvent qu'il le voudra, quels que puissent être son état & ses occupations. Ce n'est pas le manque d'occasions qui peut nous détourner d'une vie solitaire, c'est le manque de force d'esprit.

Si la retraite, qu'on désigne communément par le terme de solitude, consistoit uniquement à éloigner son corps du commerce du monde, ce seroit peu de chose ; & l'on pourroit y parvenir en quittant un lieu où l'on est connu, pour aller vivre dans un pays étranger, en s'y accoutumant à une vie retirée, sans faire de nouvelles connoissances, & en ne fréquentant les hommes qu'autant qu'il seroit nécessaire pour en tirer de quoi vivre. Un anachorète de cette espèce aura même plus d'occasions que l'habitant d'un désert, de jouir d'une solitude véritable, & de la rapporter à son véritable but.

Dans la solitude dont je viens de parler, un homme possédant un bien très-médiocre, n'a autre chose à faire avec les hommes, que de recevoir d'eux les choses qui lui sont nécessaires, & de leur en payer la valeur. Mais dans une vie errante au milieu des déserts, de laquelle toute la dévotion monachale tire son origine, il falloit se donner la peine de chercher la nourriture chaque jour; & excepté le cas où les anachorètes étoient favorisés par la providence de quelque miracle, ils avoient assez de peine pour sustenter leur misérable vie: si nous en croyons leurs histoires, plusieurs d'entr'eux sont morts de faim, & un plus grand nombre encore, de soif.

Ceux qui avoient recours à cette vie solitaire, uniquement pour mortifier leur chair, & pour se délivrer de la tentation où le monde nous expose, se servoient, comme je l'ai déjà observé, d'une meilleure raison que ceux qui prenoient pour motif de leur conduite, un dévouement absolu à la prière & à la méditation. Les premiers pouvoient trouver des raisons plausibles dans leur tempérament. Il est certain qu'il y a des constitutions naturelles qui mènent tout droit au crime, si les efforts de la raison ne les en détournent, & qu'il y a peu d'hommes, de quelque heureux naturel qu'ils puissent être, qui n'aient pas à combattre quelque inclination favorite.

Mais il est certain aussi que la religion chrétienne ne nous enseigne nulle part d'exercer des cruautés imprudentes sur notre propre corps, & de dompter nos penchans déréglés par la violence d'une austérité outrée.

Il est évident, par-là, que de chercher la solitude comme un théâtre de jeûnes & de macérations propres à dompter les desirs criminels, est une méthode qui ne nous est pas enseignée par la religion, bien loin de nous être ordonnée comme un moyen de faciliter la méditation & la prière. Si ces devoirs de la religion ne pouvoient pas être pratiqués d'une manière qui répondît à leur but, sans renoncer à la société humaine, il est certain que la vie de l'homme, qui a un besoin si pressant de cette société, seroit extrêmement infortunée.

Heureusement le contraire est d'une vérité incontestable ; on peut, avec le secours de la grace, jouir de toutes les parties qui entrent dans la composition d'une solitude parfaite, dans les villes les mieux peuplées, dans le tumulte des conversations, au milieu du faste de la cour, & même au milieu du bruit des armes : on en peut jouir avec le même calme qu'on cherche dans les sables arides de la Lybie, & dans les forêts d'une île inhabitée.

CHAPITRE II.

ESSAI sur le caractère d'un honnête homme. Comment ce terme est entendu communément en l'opposant à celui de mal-honnête homme.

Quand je fus revenu dans ma patrie, & que, dans le loisir d'une vie sédentaire, je réfléchis sur les circonstances variées de ma vie errante & vagabonde, la prospérité dont je commençois alors à jouir, me rappeloit dans l'esprit, d'une manière très-naturelle, chaque moyen particulier qui avoit contribué à m'en mettre en possession. L'état où je me trouvois étoit très-heureux, selon l'idée qu'on a de la félicité de ce monde : l'espèce de captivité que j'avois soufferte dans mon île, relevoit le goût de ma liberté, & la douceur en étoit encore augmentée par la grosse fortune où, d'une condition au-dessous de la médiocre, je me voyois parvenu tout-d'un-coup.

Un jour que j'étois occupé à la recherche des causes qui avoient concouru à me placer dans cette situation heureuse, je remarquai que la providence divine s'étoit servie, sur-tout en ma faveur, d'un certain caractère d'honnête homme, que j'avois eu le bonheur de rencontrer dans toutes les personnes avec qui j'avois eu à faire dans mes désastres.

Dans les autres circonstances de ma vie je n'avois presque jamais trouvé dans les hommes que de la scélératesse & de la fripponnerie, & je ne pouvois considérer, sinon comme une espèce de miracle, ce caractère d'honneur & de probité qui éclata, si à propos, dans la conduite de tous ceux dont j'eus besoin dans l'état le plus désespéré de mes affaires.

Mes réflexions tombèrent d'abord sur la veuve du capitaine, avec lequel j'avois fait mon premier voyage de long cours ; savoir, celui de Guinée ; sur cette femme d'une probité si rare, à qui j'avois confié les deux cens livres sterling que j'avois gagnées dans cette course.

Le lecteur se souviendra sans doute, que me trouvant dans le Brésil, je lui écrivis de m'envoyer une partie de cet argent. La mort de son époux l'avoit laissée dans un état assez triste, par rapport à la fortune ; j'étois éloigné, & elle pouvoit croire, avec probabilité, que je ne serois jamais en état de revenir dans ma patrie ; d'ailleurs, je n'avois pas la moindre preuve du dépôt que je lui avois mis entre les mains, & par conséquent elle pouvoit me priver de mon bien en toute sûreté : mais des occasions si favorables ne

tentèrent

tentèrent pas même sa probité, non-seulement elle m'envoya en marchandises la valeur de cent livres sterling que je lui demandois ; elle eut encore pour mes véritables intérêts des attentions que je n'avois pas exigées d'elle ; elle joignit à ces marchandises plusieurs choses qui m'étoient d'une grande nécessité, entr'autres deux bibles, & d'autres livres utiles, dans le dessein, comme elle me l'a dit ensuite, de me fournir les moyens de soutenir ma foi, qui devoit être exposée à de rudes attaques dans un pays plein de payens.

L'honnêteté, dans le sens que je l'emploie ici, ne nous porte pas seulement à payer exactement à notre prochain ce qui lui est dû, selon les règles de la justice. Celui qui mérite véritablement le titre d'honnête homme se reconnoît débiteur de tout le genre humain ; il se croit obligé de faire aux hommes, tant pour l'ame que pour le corps, tout le bien que la providence divine lui donne occasion de leur dispenser. Il ne se contente pas d'attendre tranquillement ces occasions, & de s'en servir avec exactitude, il se fait une étude sérieuse de les faire naître ; & j'ose dire que quiconque n'est pas capable de cette attention généreuse, n'est pas un parfaitement honnête homme.

Selon ce principe, je doute fort si ce titre peut jamais être donné à un homme intéressé, toujours occupé à chercher ses propres avantages, sans avoir le tems de songer a ceux des autres. Il me paroît même évident qu'il ne sauroit être susceptible de cette vertu ; il a beau payer ses dettes, jusqu'au moindre denier, & être, à cet égard, dans l'exactitude la plus scrupuleuse, il n'est pas impossible que sa justice ne soit accompagnée de la plus souveraine injustice, selon cette maxime, *summum jus est summa injuria*, le plus grand droit est quelquefois l'injustice la plus grande.

Payer exactement ses dettes, c'est satisfaire à une loi semblable à celle qui règle les décisions de nos tribunaux ordinaires ; mais faire à tous les hommes tout le bien dont on est capable, c'est satisfaire à une loi semblable à celle qui règle les décisions de notre chancellerie, où l'on a autant égard à l'équité, qu'à la justice prise dans son sens le plus borné. La loi ordinaire n'a point de prise sur nous, si nous payons nos dettes avec exactitude, & ceux avec qui nous en usons de cette manière, ne sauroient former contre nous, devant les juges de la terre, aucune plainte fondée : mais devant la cour souveraine du ciel, un homme pourra nous intenter un procès, si nous avons manqué de lui rendre tous les services qui étoient en notre pouvoir. Ce juge souverain a érigé dans la conscience de chaque homme un tribunal subalterne d'équité. C'est le tribunal de la conscience. Si quelqu'un a négligé de payer ces dettes que l'équité exige de lui, sa conscience dépose contre son injustice, le condamne à passer pour un mal-honnête homme dans son propre esprit. S'il s'opiniâtre à refuser ce paiement, elle redouble sa sévérité, & le déclare rebelle à la nature, ou coupable du crime de leze-conscience.

Je me suis un peu étendu sur ce sujet, pour faire rentrer en eux-mêmes certains hommes, qui prennent hardiment le titre d'honnêtes gens, sous prétexte qu'ils payent leurs dettes avec une exactitude scrupuleuse, & que personne n'a pas un sol à prétendre d'eux. Quoiqu'enfoncés dans une crasse lésine, ils n'amassent que pour eux-mêmes, ils ne pensent pas seulement à la charité & à la bienfaisance qu'ils doivent à tout le genre humain.

Les riches doivent être considérés comme les feudataires du seigneur de l'univers; il leur a donné un fief libre avec tout son revenu, à condition seulement de payer une rente aux cadets de famille, c'est-à-dire, aux pauvres. Cette rente consiste en actes de charité & de générosité; & celui qui refuse de la payer, ne mérite non plus le titre d'honnête homme, que celui qui fait une banqueroute frauduleuse.

L'idée que je donne ici de l'avare s'accorde parfaitement avec le portrait qu'en trace l'écriture-sainte, qui appelle l'avare *un homme vil, qui opère l'iniquité*; Isaïe XXXII 6. En quoi consiste cette iniquité? On le voit dans le verset suivant: *Il rend vide l'ame de l'affamé, & fait manquer la boisson à celui qui a soif*. Pour faire voir que par cet homme vil il faut entendre un avare, il suffira de citer le verset 5 du même chapitre: *L'homme vil ne sera plus appelé libéral*, &c. En voilà assez, je crois, pour prouver seulement que mon opinion est fondée sur la parole de Dieu, & qu'un homme avaricieux, tout concentré en lui-même, insensible pour les autres, n'est pas digne du titre glorieux d'honnête homme. C'est un feudataire injuste, qui mérite de perdre son fief, parce qu'il ne satisfait pas à une condition essentielle, sous laquelle il lui a été donné.

Je finis cette digression pour en venir aux autres exemples d'honnêteté dont j'ai été dans mes malheurs l'heureux objet. Rien n'est comparable à la conduite du capitaine Portugais à mon égard, & il n'est pas possible de se servir d'expressions trop fortes pour en faire l'éloge: je ne parle pas de la charité qu'il eut de me prendre dans son vaisseau au milieu de la mer: il est vrai que, sans ce secours, je perdois ma vie avec mon pauvre Xuri. Mais dans le fond, en me rendant ce service important, il ne fit que payer ce qu'il devoit au genre humain en général, sans avoir une intention directe de m'obliger en mon particulier. Ce n'est pas proprement dans cette action-là que brilla l'honnête homme ; s'il nous avoit laissés là, c'auroit été un acte de la dernière barbarie, & il auroit passé au tribunal du ciel, & de sa propre conscience, pour un meurtrier. Refuser de sauver la vie à quelqu'un, quand on est le maître de le faire, c'est la lui ôter réellement, c'est un meurtre véritable, dont il faut rendre compte un jour au souverain juge ; car, si on laisse un homme dans une situation où il doit périr de nécessité, on est la véritable cause de sa mort, & son sang sera demandé à quiconque se sera rendu coupable d'une négligence si cruelle, de quelque prétexte qu'il puisse pallier son crime.

Mon brave Portugais n'en resta pas là ; après m'avoir sauvé la vie, il me donna le moyen de la conserver, en ne me prenant rien de ce que je possédois, quoique, selon le droit pratiqué parmi les gens de mer, il en fût devenu le légitime possesseur, par le service qu'il venoit de me rendre. Il me rendit la valeur de tout ce que j'avois, m'acheta ma barque, me paya même mon petit nègre, sur lequel, dans le fond, je

C iij

n'avois aucun droit, & fur lequel il s'acquéroit une efpèce de propriété, en lui fauvant la vie : qui plus eft, il ne me demanda rien pour mon paffage.

Les verfets du prophète Ifaïe, que j'ai allégués tantôt, font fuivis d'un paffage remarquable, où il dit, que l'homme libéral, ou généreux, fe foutient par fa libéralité. La vérité de ces paroles paroît évidemment dans ma manière d'agir enfuite avec ce véritablement honnête homme, quand je vins à Lisbonne pour vendre ma plantation dans le Bréfil. Il étoit pauvre, & incapable de me payer ce qu'il me devoit encore, & tout d'un coup il fe vit délivré de fa pauvreté & de fa dette, par le préfent que je lui fis, qui étoit plus que fuffifant pour le mettre à fon aife tout le refte de fa vie.

Le procédé de cet homme à mon égard fut indubitablement l'effet le plus accompli d'une véritable & généreufe honnêteté. Il faifit avec ardeur l'occafion de faire du bien à l'objet que la providence lui offroit, & il reconnut que c'étoit une dette qu'il payoit au créateur, dans la perfonne d'une de fes plus miférables créatures.

Que le lecteur me permette ici de lui fournir une réflexion qu'on fait affez rarement ; c'eft une faveur du ciel de fe trouver en état de faire du bien au prochain, & c'eft une faveur du ciel tout aussi grande de trouver une occasion favorable d'employer les moyens que sa providence a donnés pour cet effet; il faut se saisir de cette occasion comme de la bénédiction la plus précieuse, & en témoigner la même gratitude à laquelle nous doivent porter les bienfaits les plus signalés que Dieu nous prodigue.

Je pourrois faire mention ici de mon associé dans le Brésil, comme aussi de mes deux facteurs & de leurs fils, qui, par leur intégrité, eurent soin de ma plantation, & m'en conservèrent ma part ; mais les deux exemples que j'ai allégués me suffisent pour en faire la base des réflexions que j'ai à faire sur ce sujet. J'ai d'autant plus d'envie de m'étendre un peu là-dessus, qu'après mon retour d'Angleterre j'ai eu de fréquentes disputes sur la vraie honnêteté, sur-tout à l'occasion d'honnêtes gens qui étoient tombés dans quelque malheur. Il est bien vrai que ces sortes de personnes peuvent être jetées dans une situation où leur caractère s'éclipse, ou pour mieux dire, où il leur est impossible de donner des marques de leur caractère, qui ne laisse pas d'être toujours le même, & qui, sans des obstacles absolument invincibles, éclateroit dans toutes leurs actions. Il arrive souvent que ces honnêtes gens terrassés par leurs infortunes, sont traités de faquins par certains hommes, qui, s'ils se trouvoient dans le même état, auroient bien de la peine à ne pas mériter les reproches qu'ils font avec tant de témérité à des innocens.

On a vu dans mon histoire, que ma bonne veuve & le capitaine Portugais tombèrent l'un & l'autre dans une assez grande pauvreté pour n'être pas en état de me payer ce qu'ils me devoient. Mais leur malheur ne me fit pas concevoir de leur conduite la moindre idée désavantageuse, parce que j'avois vu que dans les occasions où il leur avoit été possible de me faire du bien, ils n'avoient pas marqué seulement un fond de probité, mais encore un fond d'honnêteté généreuse.

Ces idées vagues de certaines gens, m'ont porté à examiner avec attention la nature de la vraie honnêteté, & les moyens d'en faire une description exacte. J'ai jeté sur le papier mes réflexions sur ce sujet, à mesure que les occasions les ont fait naître dans mon esprit, & je les ai relevées de certaines circonstances, dans le dessein de les rendre utiles & agréables à la postérité.

Je commencerai par poser certaines conditions sous lesquelles je prétends entrer dans cette matière. La principale sera que j'aurai la liberté de définir le terme d'honnêteté, afin de débarrasser mon sujet de toute équivoque

On me permettra, j'espère, de prendre cette expression, non dans le sens que lui donne le bel usage, qui ne lui fait signifier qu'un certain savoir-vivre, une certaine politesse dans les manières, mais dans le sens qu'elle a généralement dans les discours du peuple, qui oppose l'honnête homme au mal-honnête homme, ou bien au fripon. Mon but est de parler d'une manière simple & unie, & conforme à la vertu que je veux décrire, & dont l'essence consiste dans une simplicité parfaite & éloignée de toute affectation. Le haut style n'est pas mon fait; je suis accoutumé à une certaine diction populaire & commune, qui me rend d'autant plus propre à traiter cette matière d'une manière convenable.

Qu'on ne s'attende pas ici à des discussions scolastiques; je n'examinerai point si l'honnêteté dont il s'agit ici, est une vertu naturelle ou acquise, accidentelle ou inhérente, si c'est une qualité ou une habitude. Ce sont là des distinctions vétilleuses de l'école, plus propres à embrouiller une matière, qu'à l'éclaircir.

Mon dessein n'est pas même de considérer cette vertu du côté des liaisons qu'elle peut avoir avec ce que nous devons à la divinité. Il est sûr que de ce côté-là tous les hommes sont nés scélérats, voleurs, meurtriers; il n'y a que la providence seule qui nous empêche de nous montrer tels dans toutes les occasions.

Aucun homme n'est parfaitement juste par rapport à son créateur. Si la chose étoit possible, nos confessions de foi, nos litanies, nos prières, seroient autant d'impertinences & de contradictions ridicules.

Mon but n'est que de tracer un fidèle tableau de ce devoir, autant qu'il a lieu dans la société humaine, & qu'il influe dans le négoce, les dépôts, la conversation, l'amitié; en un mot, dans toutes les circonstances de la vie civile.

Celui qui veut réussir à bien traiter ce sujet, ne doit pas seulement y conformer son style, en le mettant dans les limites de la clarté & de la simplicité, & en ne faisant briller cette vertu que par sa propre lumière; il faut encore qu'il parle d'après son propre cœur & ses sentimens. Il faut être honnête homme pour être en état de peindre le caractère & les devoirs d'un honnête homme. Une pareille disposition est requise dans le lecteur; s'il lit avec partialité, avec prévention, il ne paye pas ce qu'il doit au sujet & à l'auteur; il est mal-honnête homme dans sa lecture; elle ne sauroit d'ailleurs lui être d'aucune utilité; & si la chose étoit praticable, je voudrois que le libraire lui rendît son argent.

Certaines personnes, peut-être, animées par

leur malignité naturelle, diront que le pauvre Robinson-Crusoé s'est rendu coupable dans sa conduite, de tant d'égaremens & de tant d'irrégularités, qu'il ne doit pas être dans les dispositions nécessaires pour traiter ce sujet d'une manière convenable. Elles empoisonneront mes instructions par le souvenir de mes fautes, & peut-être de mes infortunes, & se ligueront avec mes actions contre mes maximes. Mais qu'elles me permettent de leur dire que ces mêmes égaremens contribuent à me rendre propre à instruire les autres des moyens de s'en garantir, de la même manière qu'un homme qui sort d'une maladie, devient en quelque sorte médecin dans le même genre de maladie. Ajoutez que l'aveu de mes fautes, qui accompagne par-tout mes leçons, de ces fautes dont il a plu à la providence de me donner le tems & la force de me repentir, me met en état de recommander efficacement cette droiture de l'ame que j'appelle *honnêteté*, & de rectifier les idées de ceux qui la conçoivent de travers dans eux-mêmes, ou dans les autres. Que ces personnes apprennent que la malignité est une fort mauvaise règle de critique; qu'ils deviennent plus équitables, & qu'ils imitent la divinité, au tribunal de laquelle celui qui se repent de ses péchés sincèrement, ne diffère pas beaucoup d'un homme parfaitement innocent.

Une des meilleures marques d'un véritable repentir, est l'aveu ingénu qu'on fait de ses fautes; c'est une espèce de dette que l'honnêteté exige de nous. Ce que cet aveu paroît avoir de mortifiant pour la vanité, est abondamment récompensé par l'utilité qu'on tire des fautes dont on se repent. La douleur dont leur souvenir est accompagné, fait de si profondes impressions sur l'esprit d'un pénitent sincère, qu'il est toujours le premier à s'accuser & à se reprocher ses foiblesses. Il n'a pas besoin de conseils & d'exhortations; il est guidé par l'idée de ses péchés, & par-là, il découvre l'honnêteté qui fait la base de ses sentimens.

Il y a des gens qui soutiennent qu'il n'est point nécessaire de confesser ouvertement ses égaremens & les extravagances; qu'il y a de la cruauté à exiger une telle confession; qu'il vaut mieux mourir que de s'y soumettre, & qu'une grande ame doit la craindre davantage que la mort même la plus affreuse. Mais c'est une fausse magnanimité, s'il y en eut jamais. Toute mauvaise honte est une véritable poltronerie; &, selon la maxime d'un excellent poëte, la véritable bravoure consiste dans la crainte d'une infamie réelle. Il s'enfuit que les cœurs les plus grands & les plus fermes, sont précisément ceux qui sont les plus accessibles au repentir, & à une confession généreuse de leurs fautes. Quel dérèglement d'esprit, de ne pas avoir honte d'une mauvaise action, & d'avoir honte de s'en repentir; de ne pas craindre de pécher, mais de craindre de s'en reconnoître coupable!

Pour moi je soutiens qu'on ne mérite pas d'avoir place parmi les honnêtes gens, si l'on ne reconnoît pas ses fautes, & sur-tout si l'on n'a pas le courage d'avouer noblement le tort qu'on a fait à son prochain; c'est une justice qu'on lui doit & au souverain juge du monde. Celui qui veut être honnête homme, doit être assez brave pour oser dire qu'il a été mal-honnête homme. La chose est toujours vraie, comme je l'ai dit, quand on se considère du côté de ses relations avec la divinité. Il n'est que trop probable encore qu'elle est vraie aussi, quand on réfléchit uniquement sur ses relations avec le prochain. Où est l'homme qui peut se rendre témoignage à lui-même de n'avoir jamais été injuste à l'égard des autres, ni dans ses actions, ni dans ses discours?

Il y a un grand nombre de gens qui prennent hardiment le titre de gens d'honneur, & qui ne laissent pas de se négliger beaucoup sur le dernier article. La médisance n'est qu'un badinage pour eux, & ils ne se font qu'un jeu de prononcer des sentences injustes, ou du moins précipitées & peu charitables sur la conduite des autres.

Dans quel danger ne se jettent-ils pas de choquer cette loi formelle de Dieu : *Tu ne porteras pas faux témoignage contre ton prochain ?* Et, avec quelle affreuse hardiesse ne péchent-ils pas contre cette loi, quand, de propos délibéré, ils débitent comme des vérités, les calomnies les plus atroces ?

L'honnêteté, dont j'ai entrepris de parler, ne défend pas seulement ces grossières branches du péché dont la langue peut se rendre coupable, elle défend encore toutes les insinuations malignes. Les reproches, quoique bien fondés, qu'on se fait les uns aux autres, sans être portés par la dernière nécessité, choquent la charité comme la calomnie, quoique moindre en degré.

Il y a une certaine manière de tuer de la langue, qui, considérée en elle-même, est tout aussi cruelle que le meurtre formel ; & quiconque se permet ce crime, aussi affreux qu'il est ordinaire, a le plus grand tort du monde de se ranger dans la classe des honnêtes gens. Le caractère d'une honnête homme est parfaitement incompatible avec cette licence criminelle. Mais avant que d'entrer dans ces sortes de détails, il sera bon de considérer mon sujet en général, & d'en examiner la véritable nature.

De l'honnêteté ou du caractère d'honnête homme en général.

J'AI toujours remarqué que, quoique rien ne soit plus rare qu'un honnête homme, tout le monde s'attribue ce titre glorieux, & en fait ostentation dans tous ses discours. L'honnêteté, ainsi que le ciel, est louée de tous les hommes, & ils croient tous y avoir part. Cette prétention est devenue si générale, & elle est tombée dans un si grand mépris, qu'on ne se sert que d'une phrase vide de sens, quand, dans le discours ordinaire, on jure sans y porter la moindre attention sur sa foi, ou sur son honnêteté; car, dans le fond, ces deux expressions n'ont qu'un même sens.

Ceux qui forment tant de prétentions sur le titre d'honnête homme, & ceux qui font sonner si haut la part qu'ils prétendent avoir dans le ciel, se ressemblent encore en ce qu'ils comprennent également mal la nature du sujet de leurs discours les plus ordinaires. La plupart des honnêtes gens prétendus mesurent l'honnêteté à leur intérêt particulier, quoique fort souvent cet intérêt soit incompatible avec le caractère qu'ils s'attribuent.

L'honnêteté véritable est une disposition générale de l'esprit à l'intégrité ; c'est un penchant qui nous porte à agir avec justice & avec honneur dans toutes sortes de cas, & à l'égard de toutes sortes de personnes, sans aucune exception. Elle est absolument indépendante de l'occasion de l'exercer, que l'on confond la plupart du tems avec elle : elle existe, quoiqu'il lui soit impossible d'agir.

Elle a deux branches, la justice & l'équité, qui s'étendent vers deux différens objets, la dette & l'honneur. Ou si l'on veut, ses deux parties sont la justice exacte & la justice généreuse. Elle a, pour règle fondamentale, la maxime qui nous défend *de faire aux autres ce que nous ne voulons pas que d'autres nous fassent.* L'honnête homme, & l'homme d'honneur, sont, dans le fond, la même chose, quoique la dernière expression paroisse promettre quelque chose de plus grand. Le but, de l'un & de l'autre, est de rechercher tout ce qui mérite réellement de la gloire, & d'éviter tout ce qui est digne de s'attirer une réelle infamie.

Le titre d'honnête homme est la dénomination la plus glorieuse qu'on puisse donner à quelqu'un. Sans ce titre, tous les autres sont vides & ridicules,

cules, & tant qu'il demeure à un homme, il n'est pas possible de lui en donner un qui soit réellement ignominieux. Ce caractère rend un homme recommandable à la postérité, lors même que ses autres qualités & ses autres perfections sont livrées à un éternel oubli. Sans cette vertu, il est impossible de mériter le nom de chrétien ou de gentilhomme. On peut être pauvre & honnête homme; malheureux & honnête homme; mais il est contradictoire d'être mal-honnête homme & noble; chrétien & mal-honnête homme. En vain compte-t-on un grand nombre d'illustres ancêtres : si l'on n'imite pas leurs vertus, on y déroge véritablement par le caractère de mal-honnête homme; & il seroit juste de mettre une barre dans l'écusson d'un fripon d'une naissance distinguée, comme on en met une dans celui d'un bâtard. Quand un gentilhomme renonce à la vraie honnêteté, il cesse d'être gentilhomme; dès-lors c'est un véritable faquin, & il mérite d'être traité dans le monde sur ce pied là.

Cette vertu caractéristique fait de si profondes impressions sur l'esprit des hommes, qu'elle arrache de l'estime à ceux-là mêmes qui ne prétendent pas seulement y avoir la moindre part. Ils la recherchent dans les autres, quoiqu'ils ne tâchent pas de l'acquérir eux-mêmes, & jamais homme n'a eu assez peu de tendresse pour ses descendans, pour souhaiter qu'ils fussent sans cet admirable caractère. En un mot, la vénération des hommes, pour cette vertu, est si universelle, que la bénédiction générale qu'un père donne à son fils, consiste à prier Dieu de le rendre honnête homme.

Cette vertu est d'une valeur si généralement reconnue, qu'il paroît en quelque sorte inutile de la faire sentir, & l'on peut dire qu'elle est la mesure de cette droiture primitive, & de l'image de Dieu, qui sont rétablies dans la créature raisonnable.

Le grand inconvénient qui accompagne cette vertu, comme l'épine accompagne la rose, c'est l'orgueil. Il est difficile de pratiquer les devoirs d'un honnête homme sans en être orgueilleux ; & quoique cette fierté paroisse avoir du fondement, il est pourtant certain que l'honnêteté est en grand danger dans tous les cœurs où règne une vanité excessive.

Il n'y a rien au monde qui doive avoir moins de relation avec l'orgueil que la vraie honnêteté. C'est une vertu aisée, unie, naturelle, qui agit sans aucune vue d'intérêt ; &, quand un homme se vante trop de son honnêteté, je crains toujours que cette qualité ne soit en lui foible & languissante.

L'honnêteté est une plante fort délicate, qui

n'est pas connue de tous les botanistes ; elle ne se multiplie pas beaucoup dans les endroits où on la sème. Elle ne croît pas aisément dans un terroir fort gras, & elle se sèche dans un terroir fort maigre, à moins qu'elle n'y ait pris de profondes racines. Dans ce cas-là, il arrive rarement qu'elle soit détruite tout-à-fait. Si elle paroît quelquefois accablée de la mauvaise herbe de la prospérité, elle sait se débarrasser de cet obstacle, & quand elle est tellement abattue par les coups de la pauvreté, qu'on la prendroit pour morte, elle reprend vie au moindre beau tems ; la moindre pluie lui rend toute sa vigueur, & lui fait produire sa semence.

La mauvaise herbe, qui est la plus pernicieuse, s'appelle finesse ou subtilité. Elle cache si bien cette plante salutaire, qu'il est souvent presque impossible de la trouver. D'ailleurs, elle lui ressemble si parfaitement, qu'il est facile de se tromper, en la prenant pour cette admirable simple. C'est une espèce d'honnêteté sauvage ; & j'ai entendu dire à ceux qui en ont semé dans leur propre terroir, & qui en ont fait usage dans le commerce de la société civile, croyant que c'étoit la plante véritable, qu'il leur en a coûté tout leur crédit, & qu'ils ont ruiné celui de tous ceux avec qui ils avoient affaire. Cette méprise n'est pas rare, & c'est-là la cause de toutes ces plaintes qu'on entend tous les jours contre les faux amis, & contre les friponneries qui influent si généralement dans la conduite des hommes.

Certaines propriétés de cette véritable plante varient un peu, selon la différence du terroir & du climat, & cette variété a causé plusieurs disputes parmi les connoisseurs des simples, qui, trompés par quelques apparences, sans entrer dans la nature de la chose même, appellent souvent fausse honnêteté, ce qui ne laisse pas d'être la véritable. Il y en a une sorte dans ma patrie, qu'on appelle l'honnêteté de la comté d'York, qui diffère assez de celle qui croît dans les parties méridionales d'Angleterre, je veux dire autour de la capitale. Il y en a une espèce en Ecosse, qui est extrêmement délicate, & l'on en trouve une dans la nouvelle Angleterre, qui ne vaut guères mieux que l'honnêteté sauvage, que j'appelle subtilité. Quelques voyageurs nous assurent encore qu'ils en ont vu une espèce dans certaines parties de l'Asie, & même dans la capitale de l'empire turc, qui vaut infiniment mieux que tout ce qui en croît dans nos provinces ; c'est dommage que nos marchands du Levant n'en apportent pas quelque graine, pour essayer si elle peut prendre dans le territoire de la Grande-Bretagne. J'avoue que je suis un peu surpris de cette relation, parce que j'ai toujours été du sentiment que cette fimple ne croiffoit jamais mieux que quand on l'arrofoit d'une certaine liqueur appelée religion. C'est une expérience que j'ai faite très-fouvent dans les autres pays, & je m'imagine que c'est pour cette raifon, que l'honnêteté écoffoife est d'une si bonne sorte. Je ne saurois dire si celle que produit la Turquie est d'une nature encore plus excellente, puifque, dans tous mes voyages, je n'ai jamais mis le pied dans les domaines du Grand-Seigneur.

Pour ne pas pouffer trop loin cette allégorie, je dirai que les difputes où l'on entre fur la véritable honnêteté font très-dangereufes à cette vertu même : quand on a lieu de douter si une chose est vertueufe ou vicieufe, il faut qu'elle approche des frontières du vice, & celui qui veut éviter de fe noyer, fait prudemment de ne pas trop s'avancer fur le bord de l'eau.

Il n'est pas moins dangereux de vouloir renfermer cette vertu dans les bornes étroites de la juftice humaine. Il est certainement bon & jufte de conformer fes actions aux loix établies ; mais fi, dans toutes fes actions on croit remplir fes devoirs en fuivant les loix à la lettre, on s'expofe à fe rendre coupable de la dureté la plus inhumaine. En fuivant ce faux principe, il est permis au créancier de faire périr fon débiteur dans la prifon, quoiqu'il foit perfuadé qu'il lui est impossible de payer sa dette ; il est juste de faire pendre tout malfaiteur, quelles que puissent être les circonstances qui rendent son crime excusable ; en un mot, en se réglant sur cette fausse maxime, un homme se rendroit incommode à tout le monde ; il deviendroit un tyran, & par conséquent un mal-honnête homme ; car la cruauté est parfaitement incompatible avec la véritable honnêteté.

Le souverain législateur des hommes a réglé l'étendue de cette vertu, en nous donnant un principe général qui décide de toutes les questions particulières : *Ne fais pas à un autre ce que tu ne veux pas qu'on te fasse.* C'est là l'essence de la vertu dont je parle, & c'est à cette maxime qu'il faut avoir recours dans le cas où les loix se taisent.

Il y a des personnes qui soutiennent que la considération de l'impuissance d'un débiteur ne nous oblige pas à lui accorder du tems, ou à composer avec lui, & qu'on ne doit s'y porter que par une vue d'intérêt, afin de s'emparer d'une partie de la dette, plutôt que de perdre le tout. S'il étoit vrai qu'on remplit ses devoirs en suivant la lettre de la loi, je serois forcé à être de leur sentiment.

D'un autre côté, il arrive qu'un homme qui a contracté une dette, se croit en droit de ne la point payer, aussi-tôt que le terme est échu, & il est d'opinion qu'il lui suffit de l'acquitter quand la loi l'y oblige. Conformément à cette idée, il promène son créancier par tous les détours de la justice, & par un grand labyrinthe de procédures. Quand il ne peut plus disputer le terrein, il se cache, & fait tous ses efforts pour mettre ses biens en sûreté. En mesurant sa conduite à la lettre de la loi, il se croit honnête homme, quoique rien ne soit capable d'excuser son procédé, que la sévérité cruelle dont quelques créanciers se déclarent partisans.

Un tel homme est véritablement un fripon; il est obligé en conscience d'agir conformément à l'intention de la loi, & à l'intention qu'il devoit avoir lui-même quand il a passé un contrat avec son créancier. L'honnêteté consiste à payer ce que l'on doit, dans le moment même que l'on commence à le devoir, sans attendre que l'on y soit forcé par les juges.

Il est vrai que les loix civiles permettent au créancier de poursuivre en justice celui qui lui doit, dans quelques circonstances que ce dernier puisse se trouver; & au débiteur, de ne rien négliger pour reculer le paiement. Mais les loix de la conscience y sont très-contraires. Il est encore vrai que des personnes ingénieuses à pallier leurs mauvaises actions, ne manquent pas de raisons pour défendre une pareille conduite. Voici l'argument dont ils se servent.

Un homme fondé sur mon crédit, & sur l'idée qu'il a de ma probité, me confie son argent ou ses marchandises; il croit trouver sa sûreté dans mon intégrité & dans mes moyens. S'il vient me sommer de satisfaire au contrat que nous avons passé ensemble, il renonce à la sûreté qu'il avoit cru trouver dans ma vertu & il ne s'attache plus qu'à la sûreté que la loi peut lui faire trouver dans le bien que je possède; il se détache entièrement de ma probité, & il ne se sert que du contrat en question, pour me faire payer, que je le veuille ou non. N'est-il pas juste que je me défende avec les mêmes armes avec lesquelles il m'attaque? Il ne me combat que par la loi; je soutiens & je repousse ses attaques de la même manière, & mon action est toute aussi légitime que la sienne.

C'est ainsi que la lettre de la loi détruit entièrement le caractère d'honnête homme dans le créancier & dans le débiteur, & qu'elle fournit des excuses plausibles à l'un & à l'autre, & des raisons spécieuses de se croire honnêtes gens.

Ce ne sont pas-là cependant les gens d'honneur dont je parle ici; la véritable honnêteté n'est pas une vertu purement négative. Il ne suffit pas, pour être honnête homme, de ne faire à son prochain aucun tort dans le sens borné de la justice humaine ; on est encore obligé d'examiner les circonstances, de les comparer aux loix & de les peser les unes & les autres dans les balances de la raison & de l'équité. En général, un créancier peut faire emprisonner celui qui refuse de lui payer une dette ; mais s'il est convaincu que le débiteur est dans une impuissance absolue de payer, la raison exige du créancier, de ne pas exercer des cruautés inutiles sur cet infortuné. On ne sauroit être honnête homme, sans être homme raisonnable.

D'ailleurs, contracter une dette, quoiqu'imprudemment, n'est pas un crime capital ; & laisser mourir un homme de faim & de misère dans la prison, punition plus affreuse que la potence, est une chose cruelle & tyrannique pour laquelle un créancier meriteroit d'être puni comme meurtrier. Les loix divines mêmes n'ont jamais permis cette rude manière de punir les débiteurs, qui peut-être a été mise en pratique parmi nous par une nécessité absolue. A cet égard elle est permise & légitime, les loix la permettent ; mais la raison doit modérer la rigueur de ces loix ; elle doit tirer des loix d'elle-même & consulter l'humanité. *Pourquoi*, dit l'écriture sainte, *lui ôteriez-vous son lit de dessous lui ?* Cette interrogation marque avec force qu'une telle conduite est déraisonnable & contraire à la nature.

J'ai vu des gens qui outroient assez cette matière pour soutenir qu'un homme poursuivi par un procès injuste, devoit plutôt souffrir patiemment ces attaques que de les repousser par la force des loix. Cependant ces mêmes gens si patiens, en faisant le personnage des autres, ne l'étoient pas assez quand il s'agissoit d'eux-mêmes, pour ne pas poursuivre en justice un débiteur qu'ils ne pouvoient pas réduire à la raison par d'autres moyens.

Je ne blâme pas leur conduite ; mais je condamne leur opinion ; je ne trouve rien à redire au procédé d'un homme qui tâche à se faire payer en justice d'une dette réelle, contractée par un débiteur à qui il ne manque rien pour payer, que le cœur d'un honnête homme ; mais je trouve de la cruauté à pousser aux dernières extrémités un débiteur plus infortuné que coupable, à mettre sa famille dans la rue, & à le faire mourir dans la prison. C'est-là la conduite d'un barbare, & non d'un honnête homme.

On m'objectera peut-être que, si je voulois agir avec tout le genre humain comme je voudrois qu'on agît avec moi, en pareil cas, je serois obligé de soulager la misère de tous les pauvres, & d'acquitter les dettes de tous les débiteurs emprisonnés, parce que, si j'étois pauvre, je souhaiterois d'être secouru, & que, si j'étois emprisonné pour dettes, je souhaiterois d'être remis en liberté.

Cela s'appelle renverser le sens de la proposition qui est la base de la vertu dont je parle; c'est la rendre affirmative, au lieu qu'elle est négative; elle nous oblige à ne pas faire aux autres ce que nous ne voudrions pas qu'on nous fît. Mais quand même la proposition affirmative en seroit une conséquence naturelle, elle devroit toujours être réglée par l'équité, & elle ne nous obligeroit que de faire, à l'égard de notre prochain, tout ce que nous pourrions souhaiter équitablement que le prochain fît à notre égard en pareil cas.

L'équité est l'essence de l'honnêteté; & si, dans toutes les occasions de la vie, nous voulions bien nous adresser à ce tribunal d'équité qui est établi au-dedans de nous, la raison y plaideroit la cause de notre prochain, avec la même chaleur qu'elle y défend nos propres intérêts.

De la pierre de touche de la vraie honnêteté.

LA nécessité & l'indigence semblent faire souvent un fripon d'un honnête homme, & souvent elles arrachent réellement le masque de l'honnêteté à ceux qu'il déguisoit, pendant qu'ils étoient favorisés de la fortune. Selon l'opinion générale des gens qui sont à leur aise, il est presque impossible d'être pauvre sans être mal-honnête homme. Dans leur langage, un pauvre & un faquin sont des termes synonymes. Un jeune homme riche, au contraire, est presque toujours un honnête homme. Quand la chose seroit vraie, ce ne seroit pas un grand miracle; leur en devroit-on savoir gré? S'ils étoient fripons, ils le seroient doublement, puisqu'ils feroient des friponneries, sans y être portés par aucune nécessité. Un homme opulent a rarement occasion de mettre son intégrité à l'épreuve ; il n'a pas même occasion d'approcher des limites qui séparent l'honnêteté de la friponnerie. Un tel, me dit-on, est un parfait honnête-homme, il paye exactement ce qu'il doit, personne n'a rien à prétendre de lui, il ne fait tort à qui que ce soit. Fort bien ; mais dans quelle situation se trouve-t-il ? C'est un homme qui a un revenu considérable; il vit de ses rentes, sans se mêler d'aucune affaire. Un tel homme devroit être un diable incarné, pour être capable d'agir en fripon. Il est contradictoire de faire du mal simplement pour le plaisir de faire du mal ; & il est incroyable que les démons eux-mêmes péchent sans avoir d'autre but que la satisfaction de pécher. Le crime n'est jamais indépendant de tout motif, & il tend toujours à satisfaire quelque passion favorite ; l'ambition, l'orgueil ou l'avarice, rendent les riches mal-honnêtes gens, & la nécessité fait le même effet sur les pauvres.

Faisons ici une supposition ; tirons la vertu prétendue de ce riche, de son oisiveté, pour la conduire dans quelqu'une de ces catastrophes que toute la prudence humaine ne sauroit prévenir. Il a pour voisin un marchand, dont les affaires vont à souhait, & dont la probité n'est révoquée en doute de personne; il arrive que cet honnête négociant perd, par un naufrage, un vaisseau richement chargé. Un de ses correspondans manque ; ses lettres de change sont protestées; il faut qu'il fasse banqueroute ; c'est une nécessité absolue, il se cache, & il entre en composition avec ses créanciers. Notre crésus oisif ne manque pas de se gendarmer contre ce malheureux : c'est un coquin, un fripon, qui ne paye pas aux honnêtes gens ce qu'il leur doit; il seroit bon d'avoir une loi qui condamnât au gibet tout homme qui s'endette au-delà de ce qu'il est en état de payer. S'il arrive que quelqu'un des créanciers découvre la retraite de cet infortuné, & s'il le met en prison ; fort bien, dira mon homme opulent, il l'a bien mérité;

qu'il y reste, & qu'il serve d'exemple aux autres.

Il se peut pourtant que ce marchand soit, dans le fond, un aussi honnête homme que celui qui décide de sa conduite avec tant de témérité. Vous êtes un honnête homme, dites-vous ? qu'est-ce qui vous en assure ? Vous êtes vous jamais vu dans un état, où manquant de pain, vous avez préféré une mort apparente à l'injustice de vous emparer du pain de votre prochain ? Avez-vous jamais été sur le point d'être arrêté pour dettes, incapable d'appaiser votre créancier, ni par vous, ni par vos amis, sans vous laisser tenter par un dépôt d'argent que quelqu'un vous avoit confié ? Dans cette situation, avez-vous mieux aimé souffrir les dernières indignités que de faire cette brèche à votre caractère d'honnête homme ? Dieu même a déclaré que la force de la nécessité est en quelque sorte irrésistible ; & il nous ordonne de ne point mépriser le voleur, qui est porté au vol par une disette extrême. Ce n'est pas que, dans ce cas, le crime change absolument de nature, & qu'il devienne une action légitime. Ne pas mépriser un tel voleur, c'est se souvenir de sa propre fragilité, se défier de ses forces, & soupçonner que dans les mêmes circonstances on commettroit peut-être la même action. Il s'ensuit qu'il faut laisser à Dieu le jugement de ces sortes de fautes, & les pardonner par rapport à nous; en un mot, qu'il faut que nous, qui nous croyons bien fermes sur nos jambes, prenions garde de ne pas tomber.

Je crois même qu'il est impossible à tout homme de ne pas choquer les maximes de la probité. La nécessité absolue est au-dessus des forces humaines. Supposons cinq hommes dans une chaloupe, au milieu de la mer, sans aucune provision, incapables de résister plus long-tems à la faim qui les dévore. Ils délibèrent ensemble sur leur affreuse situation, & ils prennent le parti de tuer un d'entr'eux pour servir de nourriture aux autres. Quel mets pour d'honnêtes gens! de quel cœur peuvent ils le bénir & en rendre graces à Dieu? Cependant l'homme du monde le plus délicat sur la vertu, peut être forcé à commettre cette action, quoique la seule pensée d'un meurtre soit capable de le faire trembler d'horreur quand il se trouve dans d'autres circonstances. Il n'y a ici que la seule nécessité absolue qui soit capable d'excuser ce crime; il n'y a pas moyen dans le fond de le justifier. Si l'on allègue qu'il vaut mieux perdre un seul homme que cinq, je demande quel droit les quatre qui restent, ont de sauver leur vie aux dépens de celle de leur compagnon? Par quelle dette cet homme s'est-il obligé à leur conserver la vie par sa mort? C'est un vol, c'est un meurtre, c'est arracher à cet homme une vie dont la propriété lui appartenoit incontestablement ; c'est tuer un innocent qui ne l'a mérité par aucun crime.

Il est vrai que, dans ce cas déplorable, on observe d'ordinaire une certaine équité ; on décide par le sort, qui sera le malheureux qui doit être sacrifié à la conservation des autres, & comme ils se soumettent tous à la décision du sort, on prétend que, par-là, cette action perd tout ce qu'elle pourroit avoir de criminel. Mais il est certain qu'on se trompe : personne n'a le droit de consentir à cette décision, parce que l'homme n'est pas autorisé à disposer de sa vie ; en le faisant, il péche contre ce qu'il doit à la loi & à lui-même. Celui qui périt de cette manière est criminel, & les autres qui sauvent leur vie d'une manière si horrible, méritent, dans le fond, d'être pendus pour meurtre. Tout ce qu'on peut raisonnablement alléguer en leur faveur, c'est qu'une nécessité absolue rend, en quelque sorte, les plus grands crimes excusables, & qu'elle en change la nature. Ces cas d'une nécessité absolue sont fort rares ; mais il y en a un grand nombre d'autres où la nécessité est moins urgente, & où elle doit excuser les fautes, à proportion de ses degrés. Plaçons notre honnête homme oisif dans une de ces circonstances. Il est homme d'honneur, & pendant la nuit, il ne pourroit fermer les yeux s'il s'il devoit la moindre chose à son prochain; il soutient même que, sans cette délicatesse, on est indigne de porter le nom d'honnête homme.

Son père lui a laissé un bien très-considérable; il en jouit pendant quelque tems d'une manière tranquille; cependant quelques parens éloignés sortent d'un coin, & forment des prétentions sur tout l'héritage; ils en arrêtent les revenus entre les mains des fermiers. Voilà mon homme tout d'un coup dans l'embarras des affaires & dans l'abîme de la chicane; les dépenses excessives du procès le privent, en moins de rien, de tout son argent comptant, & ses revenus étant arrêtés, il est hors d'état de pousser les procédures avec vigueur. La nécessité où il se trouve le porte d'abord à faire une légère brèche à son caractère d'honnête homme; il va trouver un ami pour lui emprunter une somme, qu'il n'est pas trop persuadé de pouvoir si-tôt rendre; il lui dit que son procès aura bientôt une fin favorable pour lui, & qu'alors, ayant l'usage libre de ses revenus, il ne manquera pas de restituer l'argent qui lui est absolument nécessaire. Il a peut-être cette intention-là; mais, par malheur, la sentence est prononcée, il perd son procès; & le titre que son père prétendoit sur le bien qu'il lui a laissé, se trouve défectueux; il n'est pas seulement privé de tout son héritage, mais il est encore condamné à restituer les revenus dont il a joui. Il est absolument ruiné; à peine lui reste-t-il de quoi fournir aux besoins les plus pressans de la vie, bien loin d'être en état de rendre l'argent qu'il a emprunté.

Retournons à présent à son voisin le marchand, qu'il a traité de mal-honnête homme & de fripon. Il a composé avec ses créanciers, il a été remis en liberté, & il rencontre dans la rue notre gentilhomme réduit à la dernière misère. Comment donc, monsieur, lui dit-il, n'avez-vous pas honte de ne point payer mon cousin, votre vieux ami, qui vous a prêté son argent si généreusement ? « Hélas! répond le gentilhomme, il m'est im-
» possible de le payer; j'ai perdu tout mon bien,
» & il ne me reste pas même de quoi vivre ».
Cela se peut, répliqua l'autre; mais pourquoi avez-vous été assez mal-honnête pour emprunter des sommes que vous n'étiez pas sûr de pouvoir rendre ? « Ne me condamnez pas si vite, répond
» le gentilhomme; quand je lui ai emprunté cet
» argent, j'avois intention de le payer en honnête
» homme, & je ne doutois pas seulement que
» le gain de mon procès ne me mît en état de
» le faire. Mais mes espérances ont été trompées,
» & quoique j'aie la meilleure volonté du monde,
» il n'est pas possible que mes actions y répon-
» dent ». Oui, mais vous m'appeliez fripon &

mal-honnête homme, dit le marchand, quand j'ai perdu mon bien dans les pays étrangers, par des désastres tout aussi inévitables que ceux que vous avez rencontrés dans la patrie; vous avez déchiré ma réputation, parce que je ne payois pas mes dettes, & cependant j'avois aussi grande envie de le faire que vous pouvez avoir à présent. « Que voulez-vous que je vous dise, répond le » gentilhomme? J'étois un insensé, je ne savois » pas ce que c'étoit que la nécessité; je vous de- » mande mille pardons de la témérité de mon » jugement ».

Poussons la supposition encore plus loin. Le négociant compose avec ses créanciers, & en partageant ce qui lui reste, dans de justes proportions, il est déchargé. Industrieux & élevé dans le négoce, il l'entreprend de nouveau, & peu à peu il rétablit ses affaires; à la fin un heureux voyage, ou ce que les marchands appellent un grand coup, le met entièrement dans sa première fortune. Il se ressouvient de ses dettes, & conservant dans son ame les principes de l'honnêteté qui lui a toujours été naturelle, il assemble ses créanciers, & quoiqu'ils ne puissent pas l'y forcer par les voies de la justice, il leur paye exactement tout ce qu'il leur devoit encore.

D'un autre côté, le gentilhomme voyant ses affaires désespérées, sort du pays, prend le parti

E ij

des armes, & se comportant bien, il parvient à être officier. Son mérite le distingue de plus en plus, & il monte aux postes les plus éminens; mais enivré par sa fortune, il ne songe plus aux dettes qu'il avoit contractées autrefois dans sa province; il s'établit à la cour, uniquement occupé à se maintenir dans la faveur du prince, à qui il doit son élévation, & il fait valoir son titre d'honnête homme tout autant qu'il l'a fait dans sa première jeunesse. Demander qui de ces deux est le véritable honnête homme, c'est mettre en problême qui fut le véritable pénitent, le pharisien ostentateur, ou l'humble publicain. L'honnêteté, semblable à l'amitié, s'éprouve dans le creuset de l'affliction; & ceux qui crient le plus fort contre les malheureux, dont la probité semble se démentir dans l'infortune, sont d'ordinaire ceux dont la vertu est la moins capable de soutenir les attaques de l'adversité.

Agir en honnête homme dans la tranquillité & dans l'abondance, est un bien qui procède d'ordinaire de nos parens, qui nous ont laissé du bien & de l'éducation. Mais agir en homme d'honneur dans des circonstances malheureuses, au milieu des chicanes & des injustices dont nous sommes accablés par des parens & par des amis, & sur les bords mêmes de la disette, c'est une bénédiction qui ne nous sauroit venir que du ciel, c'est une force d'esprit que la grace seule est capable de nous fournir.

Dieu ne fait pas un grand mérite à l'homme d'observer ses loix tant qu'il le comble de prospérités. Dans le dialogue que le diable eut avec son créateur touchant Job, il emprunte de-là un argument qui n'est que trop concluant d'ordinaire : *Oui*, dit satan, *Job est homme de bien, & la chose n'est pas surprenante ; tu lui donnes tout ce dont il a besoin ; je te servirois moi-même & je te serois aussi fidèle que Job, si tu me faisois autant de bien qu'à lui. Maintenant mets seulement un doigt sur lui, arrête un peu ta main, dépouille-le un peu, & rends-le semblable à un de ceux qui se courbent devant lui ; tu verras qu'il est tout comme les autres hommes ; & même le chagrin qu'il aura de ses pertes, le portera à te maudire en face.*

Il est vrai que la conjecture du diable ne fut pas juste : mais cependant il y avoit beaucoup de probabilité, & l'on en peut tirer les conséquences suivantes :

1°. Que c'est une chose aisée de soutenir le caractère d'honnêteté & de droiture, quand un homme n'est pas embarrassé dans des affaires épineuses & qu'il n'est pas talonné par la disette.

2°. Qu'il est tems de prouver qu'on a véritablement le caractère d'honnête homme, quand on est accablé par le malheur.

Un honnête homme, à qui la fortune rit, peut, par fanfaronnade, conter à tout le monde qu'il est honnête homme : mais un honnête homme qui se trouve dans la misère, a la satisfaction d'entendre dire par les autres, qu'il est un honnête homme.

Pour bien entrer dans le véritable caractère de l'honnêteté, il faut donner quelque chose à la foiblesse humaine, & distinguer exactement entre des actions passagères & accidentelles, & entre une pratique constante. Mon but n'est pas d'animer les hommes à renoncer sans scrupule à la vertu, dans la nécessité; ce que je veux dire, c'est uniquement qu'il ne faut pas condamner précipitamment ceux qui, dans des embarras extraordinaires & dans les difficultés les plus pressantes, se laissent emporter à une mauvaise action, parce que la tentation est supérieure à la fermeté de leur ame.

Mon but est de précautionner les hommes contre la précipitation avec laquelle ils impriment des marques d'infamie sur la réputation de ceux qui, par foiblesse, ou par la malheureuse situation où ils se trouvent, tombent dans des fautes remarquables. Ces censeurs téméraires doivent conclure de mes réflexions, que ces mêmes infortunés, objets de leurs critiques, peuvent se tirer du gouffre où ils se sont plongés, & devenir en peu de tems, par un repentir sincère, de plus honnêtes gens aux yeux de Dieu que les prétendues gens de bien qui les déchirent d'une manière si impitoyable.

Il faut que je réponde ici à une objection fort familière à ces honnêtes gens si prompts à la censure. Vous nous parlez, me dira quelqu'un de ces messieurs-là, de tomber & de se relever, de pécher & de se repentir; voici un drôle qui m'a attrapé une somme considérable. Il me vient chanter qu'il s'en repent, qu'il espère que Dieu lui a pardonné son crime, & qu'il y auroit de la dureté à moi à ne pas imiter le grand juge du monde; il est fort mortifié du tort qu'il m'a fait, & il m'en demande mille pardons, c'est-à-dire, il me prie de lui permettre de ne me pas restituer mon bien. Qu'est-ce que tous ces beaux discours ont de commun avec mon argent? Qu'il me paye, & je lui pardonnerai de tout mon cœur. Dieu lui fait la grace de ne se point souvenir de son péché, je le veux; mais cette bonté de Dieu ne répare pas la perte que la friponnerie de cet homme m'a causée.

Tout ce que je puis répondre à cette objection, c'est que vous avez raison, si l'homme qui vient vous parler sur ce ton peut vous payer, & ne le fait pas; car je suis persuadé que chaque faute de cette nature, doit être réparée par la restitution,

E iv

aussi-bien que par le repentir. Cette restitution doit aller aussi loin que s'étend le pouvoir du coupable, & s'il y manque la moindre chose à cet égard-là, il n'est pas possible que son repentir soit sincère.

Mais si l'homme, dont il s'agit, est absolument incapable de vous faire la moindre restitution; ou bien s'il la fait autant qu'il en est capable, & s'il vient alors vous tenir les mêmes discours, vous avez tort, si vous ne vous y rendez pas, & c'est lui qui a raison. Il est honnête homme, quoiqu'il ne se trouve pas en état de payer ses dettes; mais il seroit mal-honnête homme, à coup sûr, s'il pouvoit vous payer, & s'il ne le vouloit pas; c'est-là ce qui doit être la règle de votre conduite à son égard.

Il y a un nombre infini d'accidens capables de précipiter un homme du faîte de la prospérité dans un abîme de misères. Quelquefois ce malheur a pour cause ses vices & sa mauvaise conduite, quelquefois les fraudes & les fourberies des autres; enfin, bien souvent ce malheur arrive par des désastres inévitables, par lesquels la providence divine nous fait voir que le prix de la carrière n'est pas pour le plus agile, ni la victoire pour le plus fort, ni la richesse pour le plus judicieux.

J'ai dit que quelquefois on tombe dans la

pauvreté & dans la misère par ses propres vices. L'honnête homme, dont je parle, ne sauroit être misérable de cette manière-là ; cette misère est criminelle elle-même, puisqu'elle a le crime pour cause. C'est comme un meurtre qu'on voudroit excuser, parce qu'on l'a commis dans l'ivresse ; ce qui n'est qu'alléguer un crime pour pallier un autre crime. Telle étoit la misère de l'Enfant prodigue, qui, par des débauches continuelles, avoit dissipé tout son patrimoine. On peut dire que celui qui est dans ce cas, & qui ne paye pas ses dettes, agit en mal-honnête homme, parce qu'il auroit pu les payer s'il n'avoit pas donné au luxe & à l'intempérance ce qui étoit dû à ses créanciers.

Il y en a d'autres qui tombent dans l'état le plus triste, faute d'avoir le génie requis pour bien ménager leurs affaires. Ceux-là peuvent être honnêtes gens, malgré l'imbécillité de leur esprit. Un cœur excellent peut accompagner un esprit de la dernière foiblesse. Je conviens que l'homme de bien est véritablement l'homme sage, pour ce qui regarde la partie la plus essentielle de la sagesse ; savoir, la religion. Mais il arrive souvent que l'homme le plus exact par rapport aux devoirs de la piété, & qui aimeroit mieux mourir que de faire de propos délibéré le moindre tort à son prochain, enveloppe, par un défaut de jugement, dans la ruine de sa propre famille, les familles de plusieurs autres. Mais, me dira-t-on, cet homme-là est pourtant inexcusable, il a tort de s'engager dans des affaires qu'il n'a pas l'esprit de ménager ; vouloir le justifier, parce que c'est un imbécille, c'est faire la même chose qu'on vient de condamner dans l'article précédent, c'est excuser une faute par une autre.

Je ne saurois être de ce sentiment-là. Quand on me demande pourquoi un imbécille entreprend des affaires qui sont au-dessus de sa portée, je n'ai rien à répondre, sinon qu'il le fait, parce que c'est un imbécille qui ne connoît pas la portée de son esprit. Si vous voulez convaincre un homme de son manque de lumières, il faut commencer par lui donner assez de lumières pour pouvoir en être convaincu ; sans cela, il ne sauroit être persuadé de sa sottise, par cela même que c'est un sot.

Il est naturel de croire dans le fond, qu'aucun homme n'est responsable, ni devant Dieu, ni devant le monde, des talens qu'il n'a point reçus. Je n'ai jamais entendu exprimer cette vérité d'une manière plus forte que par un certain idiot achevé, qu'un gentilhomme de ma connoissance nourrissoit dans sa maison. Ce pauvre homme étant au lit de la mort, avoit l'air extrêmement rêveur, & se montroit fort embarrassé sur l'idée de la mort & de l'éternité qui doit la suivre. Mon ami fit venir un ministre auprès de lui, qui, proportionnant ses expressions à l'imbécillité du malade, lui expliqua, du mieux qu'il lui fut possible, les matières dont je viens de parler. Ce pauvre homme qui, pendant toute sa vie, n'avoit pas eu le bonheur de donner une réponse raisonnable à la moindre question, se mit à répandre des larmes, en s'écriant: qu'il espéroit que Dieu n'exigeroit pas de lui des choses qu'il ne lui avoit pas donné le jugement de comprendre. Quoi qu'il en soit, par rapport à la divinité, qui connoît au juste les talens qu'elle a donnés à chacun, & jusqu'où peut aller l'usage qu'on est capable d'en faire, j'ose avancer, comme une vérité incontestable, qu'à l'égard de la société civile, un homme ne doit pas être responsable d'une action qui paroît évidemment procéder d'un défaut de jugement.

Il y a d'autres cas, & en grand nombre, où un homme se voit ruiné d'une manière purement passive, ou par des fraudes & des vols, ou par des désastres extraordinaires; en un mot, par des causes indépendantes de son jugement & de son honnêteté. C'est de cette manière, que le diable, par la permission divine, précipita Job tout d'un coup, de l'état le plus florissant, dans la misère la plus affreuse. Si dans une telle situation, causée par des catastrophes inévitables, un homme ne paye pas ses dettes, il y a une extravagance épouvantable à le traiter de mal-honnête homme, à moins qu'on ne veuille soutenir qu'il n'est jamais permis à un homme, de quelque manière que ce puisse être, d'emprunter de l'argent sur son crédit ; ce qui est encore de la dernière absurdité.

Cette matière me conduisit assez naturellement à une petite digression sur les banqueroutes. A mon avis, la crainte de manquer est la cause ordinaire qu'un marchand manque. Un négociant voyant que son crédit est encore bon, quoique son fonds soit épuisé, pousse son négoce avec d'autant plus de vigueur, & il s'anime à faire des coups hardis, dans l'espérance qu'un heureux voyage, ou quelque circonstance avantageuse, le réconcilieront avec la fortune.

Quel que puisse être le succès de cette hardiesse, j'avoue que j'y trouve manifestement un défaut de probité. Un homme qui sait que son fonds est épuisé, quoique son crédit soit encore en son entier, fait une injustice palpable quand il contracte quelque dette ; il fait alors son commerce aux risques des autres, & non pas aux siens propres ; puisqu'il n'a plus rien à perdre ; par la même raison, il négocie à son propre profit, & non pas à celui de ses créanciers ; ce qui est absolument contraire à l'équité. Il trompe celui dont il prend l'argent & qui le hasarde, dans la supposition que le fonds de son débiteur répond à son crédit. Il est mal-honnête homme, quand même, en cas qu'il vienne à manquer, il payeroit à ce dernier créancier toute la somme dûe; car il est certain que ses autres créanciers ont eu, avant le contrat qu'il a fait avec le dernier, un droit sur tous ses effets, chacun à proportion de ce qui leur étoit dû; par conséquent, s'il ne donne à ceux-ci qu'une portion, & la somme totale à celui-là, il leur fait une injustice réelle.

Si les hommes consultoient ce principe de droiture, qui est dans leur raison, ils verroient qu'il n'est permis d'emprunter de l'argent, que lorsqu'on a une certitude morale, qu'on sera en état de payer. Emprunter, c'est promettre de payer; & promettre absolument ce qu'on n'est pas sûr de pouvoir tenir, c'est agir en mal-honnête homme, comme je le prouverai ci-après. Supposé même que dans la suite on se trouve en état de payer, & qu'on paye actuellement, cet heureux succès & cet acte de probité ne redressent pas ce qu'il y avoit d'irrégulier dans l'emprunt; on a réellement trompé son créancier, en lui faisant courir un plus grand risque qu'il ne le pensoit & qu'il ne le vouloit. On lui a donné des idées fausses du fonds qui devoit faire la sûreté du paiement : par conséquent il y a ici manque de probité sur manque de probité, pour ne pas dire fraude sur fraude.

Je sais bien que tout le monde n'est pas de cette opinion, & que la chose est pratiquée par bien des gens qui passent pour gens d'honneur dans le monde. Je suis sûr qu'un homme qui me dupe par son crédit, & qui prend mon argent, quoiqu'il soit persuadé que, s'il venoit à mourir le lendemain, son fonds ne feroit pas le quart de la dette, est un fripon, quand même il me payeroit par la suite au terme fixe. Je dis plus, il est aussi coupable de vol que s'il avoit pillé ma maison. Le crédit est l'opinion généralement reçue de l'honnêteté & de la capacité d'un homme, de la volonté, & des moyens qu'il a de payer ce qu'il doit. Dès que le public est persuadé qu'une de ces qualités manque à quelqu'un, il faut de nécessité que le crédit de cet homme commence à chanceler. On ne confie pas volontiers son bien à un mal-honnête homme, quoiqu'opulent, ni à un pauvre, quelque convaincu qu'on soit de sa probité.

Si l'on suppose généralement que je suis homme d'honneur & en état de payer, & que je contracte quelque dette, quoique je sache que la dernière supposition soit fausse, la première devient fausse en même tems. En vain prétend-on que tout le négoce roule sur l'apparence & sur la réputation, & que par-là tous les négocians sont exposés aux mêmes risques ; il est certain qu'on ne court généralement ce risque qu'à cause du grand nombre de mal-honnêtes gens. Rien n'est plus ordinaire que de confier des sommes considérables à un homme qui se prépare à faire une forte banqueroute, quoique son crédit soit plus brillant que jamais. Mais s'il accepte les sommes qu'on lui offre, il est malhonnête homme au suprême degré, parce qu'il connoît le véritable état de ses affaires, & qu'il est convaincu que celui, avec qui il a affaire, est la dupe de l'opinion générale.

―――――――――――――――――――

Du caractère d'honnête homme, par rapport aux promesses.

La marque la plus sensible qu'on puisse donner de sa probité, c'est l'accomplissement exact de ses promesses. La parole d'un honnête homme lui est la chose du monde la plus sacrée, c'est un contrat formel. Cette noble exactitude n'est pas la suite d'une résolution qu'il forme à loisir, pour soutenir ou pour augmenter sa réputation : c'est un effet naturel de son intégrité. Pour exécuter ses promesses, il n'a que faire de poser des principes, & d'en tirer des conséquences; son cœur s'y porte de soi-même: il se gêneroit, s'il ne les accomplissoit pas avec la dernière ponctualité.

Lorsqu'une fois il a donné sa parole, on peut s'y fier, quand il s'agiroit de la vie même; il s'exposeroit plutôt aux dernières extrémités, que de chercher un lâche détour pour sauver son honneur en se dérobant à sa probité.

Cette branche de la véritable honnêteté demande la précision la plus grande; la seule raison pour laquelle on peut s'excuser, si l'on ne garde pas sa parole, dans le sens le plus propre, c'est une impuissance absolue de le faire. Changer le sens naturel des expressions, n'accomplir ses promesses qu'en partie, c'est une bassesse, c'est une lâcheté, dont un homme d'honneur ne sauroit être capable.

Je crois que c'est le respect extraordinaire que nos ancêtres avoient pour leur parole, qui les a portés à attacher une si forte marque d'infamie à l'affront de recevoir un démenti. Dire à un homme qu'il ment, c'est lui faire le plus cruel reproche, c'est attaquer directement son caractère d'honnête homme. Si le mensonge en général est si infamant, il doit l'être à plus forte raison quand il trompe l'attente d'un homme qui se fie à notre parole. Dans le moment même qu'on qu'on tombe dans cette honteuse lâcheté, on déroge, on souille le sang dont on est sorti, on se confond avec les faquins les plus méprisables.

Ceux qui ont poussé les idées du point d'honneur jusqu'à la chimère, soutiennent que le démenti ne doit être donné qu'aux derniers des hommes, qu'à des gens accoutumés à recevoir patiemment des coups de canne. Selon eux, cet affront doit passer pour si atroce, & pour si insupportable dans l'esprit de tout autre, que celui qui se hasarde à choquer jusques-là les règles de la politesse, n'a pas le moindre droit de prétendre qu'on en use avec lui selon les règles ordinaires de l'honneur. On peut le mettre de niveau avec les bêtes féroces, qu'on assomme partout où on les trouve. Suivant les règles du point d'honneur, l'injure que cet homme a faite, en donnant un démenti, doit être lavée dans son sang. Un militaire qui auroit reçu un démenti, & qui ne s'en vengeroit pas, quoique brave d'ailleurs, seroit méprisé de son corps, & obligé de quitter le service.

Mon intention n'est pas de plaider pour ces sortes de maximes extravagantes; je les allègue uniquement pour prouver la vénération générale qu'on a pour la véracité d'un homme & pour sa ponctualité à garder sa parole. Les François, quand ils croyent être attaqués dans leur honneur, sont d'abord prêts à dire : je suis homme de parole, & par ces expressions ils désignent d'ordinaire tout le caractère d'un honnête homme. Ils n'ont pas tort ; l'exactitude réside rarement dans une ame basse & lâche, & par-tout où elle se trouve, on peut s'attendre à y découvrir aussi toutes les autres branches de la véritable honnêteté.

Nos pères mettoient autrefois la parole à un si haut prix, que la justice forçoit un homme à payer sur sa simple promesse. Mais ensuite un grand nombre d'inconvéniens furent cause qu'on restreignit, par un acte, ces sortes de sentences à la somme de dix livres sterling. Cependant il reste encore établi parmi nous, qu'une simple promesse de mariage, sur-tout si elle est confirmée par quelque faveur, oblige un homme à épouser la personne à qui il l'a donnée, ou du moins, qu'elle le force à ne pas contracter un autre mariage. A cet égard, nos loix civiles s'accordent parfaitement avec les loix de l'équité & de l'honneur.

On peut alléguer un nombre infini d'exemples de l'hommage que toutes les nations rendent à cette véracité, qui porte les hommes à acquitter leurs promesses. Rien n'est plus ordinaire dans la guerre, que de laisser aller un prisonnier sur sa parole, pour avoir soin de ses affaires, ou pour aller chercher de quoi payer sa rançon. Celui qui seroit assez lâche pour ne point avoir égard à cette parole, & pour ne se pas remettre entre les mains de ses ennemis, seroit pendu s'il étoit pris de nouveau, & passeroit pour infâme dans l'esprit de ses compatriotes mêmes.

Quand ce ne seroit pas pour l'amour de la vertu, un homme un peu sensé devroit plutôt risquer tout, que de déclarer à tout le monde, en violant ouvertement sa parole, qu'il est un malheureux. C'est précisément la réputation d'un homme de parole, en quoi consiste cette bonne renommée dont parle Salomon. *Elle est meilleure que la vie*, dit-il; *c'est un parfum précieux, & quand un homme l'a perdue une fois, il ne lui reste rien qui mérite d'être conservé.*

L'unique ressource d'un tel homme, c'est de s'aller cacher dans quelque coin du monde: car il ne doit pas s'attendre au moindre commerce avec les hommes qui ont une ombre d'honneur. Ceux qui ont le moindre soin de leur réputation, seroient au désespoir qu'on les vît dans sa compagnie : chacun l'évite comme s'il étoit pestiféré.

Il y a certaines gens qui affectent une grande ponctualité dans la manière d'accomplir leurs promesses, & qu'on ne sauroit pourtant appeler honnêtes gens, parce qu'ils donnent dans d'autres vices & dans d'autres irrégularités qu'ils veulent pallier avec cette seule vertu. Par ce procédé ils rendent justice au mérite de l'honnêteté, puisqu'ils la considèrent comme le masque le plus beau & le plus propre à cacher les autres difformités de leur cœur. De cette manière, l'honnêteté est employée, comme l'extérieur de la religion, pour masquer un hypocrite, & pour attirer à une ombre de vertu, l'estime qui est dûe à l'essence même. Si l'honnêteté n'étoit pas considérée comme la qualité la plus excellente, on ne s'en serviroit pas comme du prétexte le plus spécieux. Aussi faut-il avouer qu'il n'y a certainement pas un moyen plus sûr de ménager à un hypocrite le titre d'homme de bien, qu'une ponctualité apparente à garder religieusement sa parole. Rien ne lui est même plus utile. Dès qu'un homme est assez habile pour répandre généralement le bruit de l'inviolabilité de sa parole, il n'y a rien de si précieux qu'on n'ose lui confier, rien de si difficile qu'on ne s'engage, avec plaisir, à effectuer en sa faveur.

Tout le monde rend hommage au caractère d'honnête homme; les scélérats le respectent, les imbécilles l'adorent, & les gens de bien l'aiment de la manière la plus tendre. Pour l'hypocrite dont je viens de parler, il est plus dangereux pour les honnêtes gens, que vingt scélérats reconnus pour tels. Ceux-ci ressemblent à des bancs de sable, près desquels on a placé un fanal pour éloigner les pilotes; au lieu que l'hypocrite est semblable à une fosse couverte d'herbe, ou à quelque rocher que les ondes dérobent à la vue, au milieu de la mer. Je ne sais que trop jusqu'à quel point ils sont pernicieux, & je l'ai appris à mes dépens, en me livrant avec trop de confiance, à leurs protestations de probité. L'estime que j'ai eue toujours pour cette qualité, la plus précieuse dont le ciel favorise les hommes, n'a fait que me rendre plus propre à être la dupe de l'image extérieure de cette vertu.

A mesure que je me suis éloigné, à l'exemple de bien d'autres, de ce noble principe de l'intégrité, soit par le penchant vicieux de mon naturel, soit par la force de certains désastres & de certaines tentations, je me crois obligé de confesser que j'ai été extravagant & criminel; j'en demande pardon à mon créateur, & j'en marque de la confusion à mon prochain.

Je me ferai un devoir d'avouer à mes lecteurs, quels qu'ils puissent être, que j'ai plus d'une fois deshonoré l'auteur de mon être, & avili l'excellence de ma propre nature, en ne rendant point à ce principe de droiture, ce que je lui devois, selon le dictamen de ma propre conscience. Je le confesse ingénuement, & je prie ceux qui ont été plus justes à l'égard d'eux-mêmes, & de celui qui distribue aux hommes les penchans & les lumières, de se réjouir plutôt de leur bonheur, que de triompher de l'infirmité des autres.

Cependant, avant de se livrer à une joie si raisonnable, qu'ils examinent bien si, en toute occasion, leur conduite a répondu à leurs talens; qu'ils se persuadent sur de bons fondemens que leur intégrité est inaltérable, & en état de soutenir les plus rudes épreuves, où les peuvent exposer une fortune délabrée, de fortes tentations, & les chagrins les plus vifs. Qu'ils ne se glorifient de rien, s'ils ne se sont pas encore trouvés dans de pareils dangers; qu'ils ne posent les armes que lorsqu'ils auront remporté la victoire; & quand ils se verront effectivement maîtres du champ de bataille, alors je leur rendrai justice, & je confesserai qu'ils ont moins besoin de repentance que moi.

Ce n'est pas que je prétende, comme je l'ai déjà insinué, que ces circonstances malheureuses me justifient devant Dieu; je veux simplement inférer de ce que j'ai dit, qu'elles doivent fournir de fortes raisons aux gens raisonnables, de me juger plutôt digne de pitié que de reproches, parce que, si leur intégrité avoit souffert les mêmes assauts, ils se seroient peut-être rendus aussi lâchement que moi & que mes semblables.

Pour mettre dans tout son jour la nature de la véritable honnêteté, & pour en tirer occasion d'établir quelques règles fondamentales de cette admirable vertu, en voici trois qui me paroissent dignes de la plus grande attention.

1. On court grand risque de faire une brêche à sa propre honnêteté, quand on a un grand penchant à relever & à censurer les foiblesses des autres.

2. Il n'est pas possible d'être honnête homme, lorsqu'on condamne son prochain légèrement, & sans être persuadé par de fortes raisons, qu'il est coupable.

3. Quand même les fautes du prochain seroient palpables, un honnête homme doit être porté à les excuser, par le sentiment de sa propre foiblesse.

Mais il est tems de revenir de cette digression & de retourner à mon but principal; savoir, à l'exactitude avec laquelle un homme d'honneur doit accomplir ses promesses.

Je me représente ici un négociant qui vient de demander inutilement de l'argent à un de ses voisins. Quelle misère ! dit-il, je viens de chez monsieur un tel, qui m'avoit promis de me payer; mais autant en emporte le vent : il passe pour honnête homme; mais la manière dont il me renvoie d'un jour à l'autre, me fait croire que c'est un grand fripon; il ne se fait pas une plus grande affaire de manquer de parole, que de boire un verre de vin; je suis sûr que, dans un mois de tems, il m'a débité cinquante mensonges; & voilà encore un des honnêtes gens de la ville! Parbleu, si tous les honnêtes gens comme lui étoient pendus, le négoce n'en iroit que mieux.

Quoique je n'aie aucune envie de parler pour les gens qui promettent absolument ce qu'ils ne sont pas sûrs de pouvoir exécuter, & qui ne fondent leurs promesses positives que sur un certain degré de probabilité, je ne suis pourtant nullement d'opinion, que tout homme qui ne tient pas ce qu'il a promis, ou qui ne s'acquitte pas de sa parole à point nommé, doit passer pour un fripon ou pour un menteur. Dieu soit en aide aux deux tiers des habitans de cette ville, si une pareille maxime est recevable.

Pour donner des idées nettes de cette matière, il est bon de la considérer sous toutes ses différentes faces.

D'un côté, quand on promet le paiement d'une dette pour un jour fixe, persuadé que la chose est impossible, ou du moins qu'elle n'est pas probable, & lorsqu'on ne fait pas tous ses efforts nécessaires pour remplir un tel engagement, il est constant, qu'on se rend coupable d'un mensonge prémédité & de fourberie formelle ; on mérite de passer pour une ame basse, & d'être confondu avec les derniers des hommes.

D'un autre côté, ces sortes de promesses doivent être considérées, & par celui qui les fait, & par celui à qui elles sont faites, comme soumises à tous les accidens qui influent généralement sur toutes les affaires humaines, & que la prudence la plus consommée est incapable d'éviter. De cette manière, si un homme, qui s'est engagé à me payer aujourd'hui, me dit que, par un cas inattendu, il ne sauroit accomplir sa promesse, mais qu'il me payera, sans faute, la semaine prochaine, je n'ai pas le moindre droit de soupçonner sa probité.

Il n'a pas eu la moindre intention de me tromper ; il n'a rien négligé pour me satisfaire, & il lui a été impossible de prévenir l'accident qui l'empêche de remplir ses engagemens. Quoiqu'il n'ait pas limité sa promesse par la restriction mentionnée, il est évident qu'il n'est coupable ni de mensonge ni de fourberie. Si un tel débiteur mérite les noms de menteur & de mal-honnête homme, que ceux qui sont innocens à cet égard-là, lui jettent la première pierre ; tout autre n'en a pas le droit.

Il est vrai qu'il est naturel de distinguer ici un

cas particulier d'avec une pratique constante. Je veux dire qu'il y a de la différence entre une personne qui fait valoir souvent de pareilles raisons de manquer de parole, & entre une personne qui ne s'en sert que rarement. On peut plutôt soupçonner la probité de l'un que de l'autre ; mais, dans le fond, ce n'est qu'un plus grand degré de probabilité, qui ne laisse pas de pouvoir être trompeuse. Celui qui emploie de bonne foi, à quarante différentes reprises, les raisons dont je viens de parler, est plus malheureux que celui qui ne les allègue qu'une fois ; mais il n'est pas plus coupable, si ce n'est pas un crime de manquer de parole de cette manière-là ; & si c'est un crime, celui qui le commet une fois est coupable, aussi-bien que celui qui le commet quarante fois.

Que personne ne prenne mes expressions de travers, & qu'il n'en tire point des motifs pour être prodigue en promesses inconsidérées. Le sentier dont il s'agit est glissant, & si près de l'abîme de la friponnerie, qu'on y tombe de nécessité, pour peu que le pied glisse. Il y a plusieurs choses requises pour conserver le caractère d'honnête homme, en manquant de parole.

1. Le malheur qui oblige un homme à manquer de parole, doit avoir été imprévu. Sans cela la probabilité qu'il avoit de remplir son enga-

gement a été mal fondée, & le crime qu'on trouve, dans son manque de foi, a été réellement dans la témérité de sa promesse.

2. S'il n'a pas fait tous les efforts nécessaires pour se mettre en état d'accomplir sa promesse, il a tort de dire, mon malheur me rend incapable de garder ma parole; il doit avouer qu'il s'est mis lui-même dans cette impuissance par paresse, ou par un manque de bonne volonté; ce qui ne signifie rien, sinon, je suis un mal-honnête homme, j'étois le maître d'accomplir ma promesse, mais je n'ai pas assez estimé le caractère d'honnête homme pour conserver ce titre aux dépens de quelques soins & de quelques efforts.

Il faut donc qu'en promettant de payer dans un tems fixe, non-seulement on ait une évidence morale de pouvoir le faire, mais encore qu'on soit industrieux à employer tous les moyens possibles pour n'y pas manquer. Il paroît par là que la matière est fort délicate, & qu'il n'est pas si aisé qu'on le croit d'ordinaire, d'être, à cet égard, parfaitement honnête homme; ce qui me porte à conseiller aux gens d'honneur, d'éviter, autant qu'il est possible, les promesses absolues & sans condition, non parce que la probité l'exige essentiellement, mais parce que c'est un sûr moyen de dérober sa réputation aux moindres apparences du crime,

A l'égard de la nature de la chose même, il est évident que ces conditions sont sous-entendues, & qu'en manquant de parole on est honnête homme, quand on a eu véritablement l'intention de la garder, & que l'on a fait tous les efforts possibles pour se mettre en état de la tenir.

―――――――――――

Du caractère d'honnête homme, relatif à certains devoirs particuliers.

L'HONNÊTETÉ n'est pas seulement une vertu simple & aisée, c'est encore une vertu générale qui s'étend sur toutes nos actions. Un homme peut s'attirer justement des éloges par rapport à une des branches de sa conduite, & mériter des censures tout aussi-bien fondées à l'égard de quelqu'autre. On peut avoir de la probité dans son négoce, & être injuste par rapport à ses parens; un saint en comm... ...e peut être un diable dans son domestique. ...Il n'est pas impossible qu'un observateur religieux de sa parole ne soit peu exact dans les devoirs de l'amitié. Mais ce n'est pas là le caractère d'honnête homme. L'homme d'honneur est, pour ainsi dire, tout d'une pièce, toute la suite de ses actions s'accorde d'une manière naturelle aux principes de la probité & de l'équité. La raison le tient toujours dans une distance égale des deux extrémités entre lesquelles on trouve la vertu.

L'honnêteté a différentes relations aux différens devoirs de l'homme, & je ne comprends pas d'où vient que cette honnêteté relative occupe si peu les réflexions des hommes, qu'à peine on en a une idée distincte. Je ferai mes efforts pour éclaircir ce sujet, en appliquant mes remarques à quelques exemples ordinaires dans la vie civile, afin de les mettre de niveau à la portée des esprits les moins cultivés.

Les différentes relations que nous avons avec nos familles, nous imposent certains devoirs auxquels nous sommes absolument obligés de satisfaire ; en les négligeant on est aussi mal-honnête homme que si on refusoit de payer ses dettes ou un contrat formel. Certains devoirs des enfans envers leurs pères, & des femmes envers leurs maris, sont changés en quelque sorte en devoirs qui regardent directement la divinité. Dieu, qui veut absolument, pour le bien de la société, qu'il y ait de la subordination parmi les hommes, les a obligés, par des loix expresses, à s'acquitter de ce qu'il y a de plus important dans ces devoirs. Mais celui qui obéit exactement à ces loix, sans se mettre en peine de plusieurs autres obligations que l'honnêteté exige de lui à cet égard, n'a pas examiné cette matière avec assez d'attention, & il raisonne sur de fort mauvais principes.

Un père ne raisonne guères mieux, quand il s'imagine que certaines obligations de sa part ne doivent pas répondre aux devoirs que Dieu & la nature imposent à sa femme & à ses enfans. Il se trompe encore grossièrement, quand il se met dans l'esprit que tout ce qu'il doit à sa famille, se borne aux soins qu'il est obligé d'avoir de la subsistance de ceux qui le touchent de si près. Il est vrai que, s'il le néglige, il est pire qu'un infidèle ; mais il ne s'ensuit point qu'il est honnête homme, parce qu'il ne le néglige pas. Sa femme & ses enfans sont ses créanciers de plus d'une manière ; il faut qu'il s'acquitte de toutes ses dettes à leur égard, s'il veut mériter le titre d'homme d'honneur.

Une des plus considérables dettes d'un père, à l'égard de ses enfans, c'est l'éducation. Si son état ou son peu de lumières ne lui permettent pas de les instruire lui-même, il doit leur donner des précepteurs : mais cela ne suffit pas. Il s'agit encore de bien choisir ces précepteurs, d'étudier le génie & le caractère des enfans, & de leur faire apprendre les sciences qui ont rapport à leurs inclinations, & à leur tour d'esprit. Tel jeune homme, capable de se distinguer dans une certaine profession, ne fera que ramper dans une autre, & c'est faute d'avoir étudié, avec attention, les caractères & les penchans de la jeunesse, que notre île est si remplie de savans stupides, pédantesques, qui deshonorent les sciences, & que l'étude ne fait que rendre plus méprisables. Ce n'est pas assez que de prendre tous les soins imaginables pour faire instruire ses enfans comme il faut; un père doit être encore le gouverneur en chef de sa famille, veiller sur les actions de ses enfans, leur donner de bons préceptes, & donner du poids à ses leçons par son exemple; on a beau payer ce qu'on doit à ses créanciers, si on ne s'acquitte pas de ses dettes envers sa famille, on est indigne du nom d'homme d'honneur.

La plupart des hommes ont une idée impertinente de la véritable honnêteté; ils ne la considèrent que comme une vertu de négociant, ou, tout au plus, ils la bornent à ce qui est juste & injuste au tribunal du juge civil. Ils s'imaginent d'ailleurs qu'il est fort aisé d'acquérir cette vertu, & qu'il est encore plus facile de la perdre. D'un côté on peut la conserver avec les crimes de David, quand les fautes sont passagères, & que le fond du cœur continue à être bon; d'un autre on peut se flatter en vain de la posséder, quoiqu'on soit de la dernière exactitude à remplir les devoirs de la vie civile, que nous imposent les loix positives.

Un homme paye ses dettes avec la plus grande ponctualité, sa parole lui est sacrée; n'est il pas honnête homme, homme d'honneur ? Si vous le voulez savoir, suivez-le dans le sein de sa famille; si vous voyez qu'il tyrannise sa femme, qu'il ait une complaisance d'Héli pour les vices de ses enfans, qu'il néglige de les instruire, & & de les exhorter, c'est un mal-honnête homme: il néglige également ce qu'il doit à Dieu, & ce qu'il doit à sa famille.

Outre l'éducation, la vertu dont je parle exige encore d'autres soins, également importans à un père de famille. Elever ses enfans & les laisser là, c'est ressembler aux brûtes qui abandonnent leurs petits, dès qu'ils sont en état de chercher leur nourriture eux-mêmes. Il s'agit encore d'introduire nos enfans dans le monde d'une manière conforme à l'état de nos affaires & à leurs inclinations. Ce devoir est d'une telle importance, que bien souvent la fortune, non-seulement, mais encore la bonne conduite des enfans en sont entièrement dépendantes. Ne pas introduire nos enfans dans le monde, c'est les ruiner d'une manière négative; les y introduire sans discernement, sans avoir égard à leurs inclinations, à leurs talens, & à l'état de nos affaires,

affaires, c'est travailler positivement à les rendre malheureux. Je pourrois entrer dans un grand détail sur ce sujet; mais je me contenterai d'indiquer, seulement, quelques inconvéniens terribles qui suivent la manière ordinaire d'introduire les jeunes gens dans le monde, sans faire attention à leurs penchans, & à leurs dispositions de corps & d'esprit.

Combien ne voit-on pas d'ames guerrières condamnées aux soins paisibles du négoce, dans le tems qu'on gâte un excellent corps de crocheteur, en masquant d'une robe d'avocat, ou d'un habit ecclésiastique ses membres massifs & nerveux.

Combien de jeunes gens grossiers & sans adresse voyons-nous élevés pour la chirurgie, ou pour la musique instrumentale, quoiqu'en nous montrant leurs doigts épais & mal emboîtés, la nature nous apprenne elle-même qu'elle les avoit destinés à manier le marteau du maréchal, la hache du charpentier, le fouet du fiacre, ou la rame du batelier?

C'est au même défaut de discernement & de prudence, que nous sommes redevables de ce grand nombre de jeunes gens qui entrent dans le barreau, ou qui montent en chaire avec des voix rudes & peu sonores, avec une langue embarrassée & bégayante, & que nous voyons des corps lourds & engourdis, & des jambes torses & cagneuses, destinées à faire les membres d'un sauteur & d'un maître à danser.

Quoique je puisse me servir d'un grand nombre d'autres exemples, je n'allègue que ceux-ci, parce qu'ils s'offrent le plus fréquemment à la réflexion du public. Il n'est pas possible que des personnes si fort déplacées dans le monde, ne maudissent mille & mille fois, pendant le cours de leur vie, l'injustice de leurs pères, qui, en manquant de payer ce qu'ils devoient à eux & à la nature, les ont exposés au mépris & à la raillerie des autres hommes.

Entrant un jour dans un cabaret à Londres, je vis une espèce de négre, assis parmi plusieurs honnêtes gens, & engagé avec eux dans une conversation assez animée. Je pris une chaise pour lui prêter attention, à l'exemple de toute la compagnie, qui sembloit écouter ses discours avec beaucoup de plaisir. Je trouvai qu'il n'avoit certainement pas tort ; il les entretenoit sur plusieurs matières importantes & épineuses, avec beaucoup d'esprit, de savoir & de jugement ; l'étude paroissoit faire ses plus grandes délices, & je vis qu'il avoit choisi dans les sciences, ce qu'il y a de plus noble & de plus utile. Etonné d'une particularité si extraordinaire, dans un homme de sa couleur, je pris à la fin la liberté de lui demander s'il étoit né en Angleterre. « Monsieur, me répondit-il avec beaucoup de » politesse, mais les larmes aux yeux, je puis » vous assurer que je suis Anglois, né dans la » Grande-Bretagne ; je dois le dire à la honte » de mon père, qui, étant né Anglois lui-même, » a eu la lâcheté de s'unir à une Indienne, quoi- » qu'il dût être persuadé que les enfans qu'il » auroit d'elle, maudiroient à jamais la mémoire » d'une action si lâche, & qu'ils auroient en » horreur le nom de leur père, toutes les fois » qu'ils y penseroient. Oui, oui, continua-t-il, » je suis Anglois, né d'un légitime mariage, & » je me croirois heureux si j'étois plutôt bâtard, » & mis au monde par la femme la plus débau- » chée de l'Europe, par la plus maussade des ser- » vantes. Peut-être mon père, en contractant cet » indigne mariage, a-t-il satisfait à ce qu'il de- » voit à sa noire maîtresse ; mais certainement » il n'a pas songé à ce qu'il devoit à ses futurs » enfans. Si je n'avois pas, sur le visage, cette » maudite teinture de démon, j'aurois pu me » pousser dans le barreau, ou parvenir à quel- » que dignité ecclésiastique ; mais, à présent, les » études qu'on m'a fait faire, ne sauroient aboutir » qu'à me rendre savant valet-de-chambre. Je » ne saurois m'imaginer pour quelle raison mon » père m'a envoyé au collège. Il a gâté un bon

» laquais, en s'efforçant de me donner l'esprit
» & les sentimens d'un honnête homme. Puis-
» qu'il avoit envie d'épouser une esclave, il au-
» roit agi conséquemment, en prenant la réso-
» lution de n'avoir que des enfans esclaves, &
» de les élever d'une manière conforme à leur
» naissance. Mais il a mieux aimé me rendre
» doublement malheureux; il m'a procuré ce
» visage terrible, que vous me voyez, & a pris
» soin de mon éducation : mais plus il a formé
» mon esprit, plus il m'a rendu mon sort sen-
» sible ».

Ce discours, qui finit par un ruisseau de larmes, me parut extrêmement touchant, & je crois que je ne l'oublierai de ma vie, sur-tout parce qu'il fut prononcé par un homme qui me parut le plus judicieux, le plus modeste & le plus digne d'estime.

Je finirai, par cette histoire, ce que j'avois à dire sur ce sujet, persuadé que je ne saurois y ajouter rien d'aussi pathétique. J'en conclus, qu'une bonne méthode d'élever les enfans & de les introduire dans le monde, est une dette réelle, qu'il faut payer absolument, si l'on a la noble ambition d'avoir place parmi les gens d'honneur.

Le même principe d'honnêteté nous oblige de nous acquitter de nos devoirs envers une femme & envers un domestique, à proportion que les liens qui nous attachent à l'une & à l'autre, sont plus ou moins étroits.

CHAPITRE III.

Des Vices qui règnent dans le commerce civil, & des Irrégularités ordinaires de la conduite des hommes.

Le commerce mutuel des hommes est la partie la plus brillante de la vie; c'est un emblême des plaisirs qu'on goûtera dans le ciel; car les agrémens dont on jouit dans une bonne compagnie, représentent véritablement les délices qui accompagneront la société mutuelle des bienheureux. Le commerce bien entendu & bien dirigé fait cette partie de la vie, qui ne distingue pas seulement l'homme de la brûte, mais l'homme raisonnable de l'homme insociable & farouche.

Peut-être suis-je plus sensible qu'un autre aux douceurs du commerce mutuel, parce que j'ai senti le chagrin & la mortification d'en être privé : cependant j'ai lieu de croire que mes malheurs ne m'ont fait sentir que plus fortement cette vérité, & tous les gens sensés conviennent avec moi, que la fociabilité eft un des caractères diftinctifs d'un être raifonnable.

Il s'enfuit qu'une des plus grandes bénédictions que la providence puiffe donner à l'homme fur la terre, c'eft de lui faire rencontrer des gens de mérite, dont l'humeur foit conforme à la fienne. Il s'enfuit encore que le meilleur caractère d'un homme, après la piété & la probité, c'eft d'être fociable, & propre à contribuer aux agrémens de la vie civile.

Quel charme n'eft ce pas de voir fur le vifage de quelqu'un la bonté de fon naturel qui y brille, la férénité de fon ame continuellement peinte fur fon front! Quel charme de le voir toujours dans une humeur égale, agréable à lui-même & aux autres! fon cerveau eft débarraffé de chimères; & fon cœur libre d'inquiétudes, communique fa tranquillité aux opérations de fon efprit. Un tel homme eft fans ceffe paifible poffeffeur de lui-même; fa vie eft une anticipation fur le bonheur éternel, dont la paix & la tranquillité feront la partie la plus effentielle.

Si un tel homme eft acceffible au chagrin, ce n'eft que lorfque la raifon n'eft pas entièrement contente d'elle-même, où lorfqu'elle compatit aux malheurs d'autrui : ces paffions violentes & tumultueufes, qu'on peut confidérer comme les orages de l'ame, lui font entièrement inconnues;

ou, du moins, elles ne sont chez lui qu'une bourasque passagère. C'est le seul homme capable d'observer ce divin précepte de l'écriture sainte, *soyez fâché & ne péchez pas* ; & si jamais il s'abandonne à la colère, elle n'est excitée que par les inexactitudes qu'il remarque dans sa propre conduite.

Voilà ce qui s'appelle véritablement une personne sociable, & propre à faire les délices d'une compagnie de gens sensés ; sa conduite est plutôt à portée de l'admiration. Il y a une espèce de vertu à lui porter envie, & à sentir de la mortification, en cherchant en vain, en soi-même, les aimables qualités qu'on trouve dans tout l'enchaînement de sa conduite.

Quoique j'aie distingué d'abord le caractère d'un homme pieux d'avec celui d'un homme sociable, parce qu'on peut considérer une même personne sous ces deux différentes faces, je prie mon lecteur d'être persuadé que cet homme heureux que je viens de peindre, est toujours un homme attaché aux devoirs de la religion. C'est une erreur grossière de s'imaginer qu'une ame noircie par le vice, affaissée par le crime, balottée par l'extravagance, peut être susceptible de ce calme, former ses pensées libres & dégagées, répandre sur les visages cette sérénité, & soutenir l'humeur dans cet agrément perpétuel.

Il faut de nécessité, que dans une ame criminelle, il y ait des intervalles sombres & ténébreux ; les orages qui naissent dans la conscience, doivent absolument couvrir la physionomie de nuées obscures ; & quand il fait mauvais tems dans l'ame, il n'est pas possible que la sérénité soit dans l'air du visage. Le sourire d'un tel homme a quelque chose de contraint, qu'il est facile de découvrir : son naturel peut le porter à la joie ; mais les remords de sa conscience interrompent souvent cette joie, au milieu de sa plus grande vivacité ; & il cherchera en vain la pure volupté, elle le fuira toujours.

Voulez-vous vous convaincre de cette vérité par vos propres yeux ? Examinez, dans une compagnie, un homme coupable de quelque mauvaise action ; portez votre attention sur tout son air ; dans les plus grands emportemens de sa joie, vous verrez souvent qu'un chagrin involontaire s'empare de son ame, & en force l'entrée : il s'en apperçoit, il en détourne sa pensée avec violence ; mais au milieu d'un grand éclat de rire, il est encore interrompu par des soupirs dont il n'est pas le maître. La chose est réelle, elle ne sauroit être autrement, & je n'ai jamais de ma vie fréquenté un homme vicieux, sans découvrir évidemment en lui ce symptôme. C'est une espèce de respiration d'une ame à qui on ne donne pas le tems de se laisser persuader par les principes de la raison; ce sont les soupirs d'une vertu que l'on charge de fers, c'est un soulèvement de l'esprit contre la tyrannie des mauvaises maximes dont on lui impose le joug. Dans l'homme pieux, au contraire, la tranquillité est suivie & durable, parce qu'elle est naturelle. Il est toujours de bonne humeur, parce qu'il ne rougit pas de lui-même.

La bonne humeur constante & inaltérable, ne sauroit jamais procéder que d'un fonds de vertu, & par conséquent le proverbe, qui veut que le bonheur consiste, d'une manière vague, dans le contentement de l'esprit, est aussi mal fondé qu'il est adopté généralement. Il deviendra vrai & raisonnable, dès que l'on supposera que ce contentement est fondé sur une base dont un bon sens épuré puisse être content; sans cela, on peut dire qu'un habitant des Petites-Maisons est souvent le plus heureux des hommes. Il chante dans sa prison, il danse dans ses chaînes; la vapeur qui le maîtrise, en fait à son gré, un ministre d'état, un prince, un roi. C'est de cette sorte de contentement dont, à ce que l'on dit, jouissoit autrefois certaine duchesse, qui s'étoit mis dans l'esprit qu'elle étoit impératrice; ses laquais étoient armés de javelots & habillés à l'antique;

elle se faisoit un plaisir de les regarder par une fenêtre se promener dans cette mascarade, persuadée que c'étoient ses gardes. On la servoit à genoux, on l'honoroit du titre de majesté impériale. Pendant qu'on avoit toutes sortes de complaisances pour sa chimère favorite, & qu'on l'amusoit par l'image de choses qui n'avoient aucune réalité; elle étoit assez malheureuse pour être hors d'état de porter ses réflexions sur les vérités où elle avoit le plus grand intérêt. Elle étoit, sous la conduite des tuteurs, réellement misérable; & le triste objet de la compassion publique.

Le seul contentement qui puisse porter l'homme à un bonheur digne de l'excellence de sa nature, doit avoir sa base dans les principes de vertu. La satisfaction digne de l'homme est la paix d'une ame raisonnable. Le dérangement de l'esprit & le vice n'ont rien à démêler avec elle. De quelle paix l'ame peut-elle jouir, quand elle est dominée par le crime, qui a pour ses satellites le trouble & l'inquiétude ? La paix ne sauroit régner dans un cœur, quand les remords lui font la guerre, & que des desirs extravagans & criminels l'attaquent de tous côtés. Comment l'esprit peut-il être tranquille, quand au-delà des plaisirs qui s'offrent à lui en foule, il découvre une perspective de malheurs qui l'empêchent de jouir du présent, par des appréhensions & par des craintes, qui ne sont que trop bien fondèes? Il n'y a pourtant que cette paix de l'ame, qui puisse embellir la physionomie de cet air agréable qui plait tant dans la société, & qu'il est impossible de contrefaire.

Douce paix de l'esprit, heureux repos de l'ame,
Source des vrais plaisirs, seul & parfait bonheur,
Le mortel vous détruit, tandis qu'il vous réclame,
Et pour vous acquérir vous bannit de son cœur.

L'avare vous recherche, &, d'un fol espoir, ivre,
Il vous ensevelit dans les goufres des flots;
Bien loin de vous trouver, aux troubles il se livre
Pour amasser matière à des troubles nouveaux.

Qu'il creuse, affamé d'or, ces ténébreux abîmes,
Où le ciel l'a caché par de sages arrêts;
Il y pourra trouver cet instrument des crimes :
Mais la tranquillité ne s'y trouva jamais.

Non, pâle adorateur de la riche abondance,
N'attends pas ce trésor de ses prodigues mains :
De sa corne qui verse un ruisseau d'opulence,
Ne vois-tu pas couler des fleuves de chagrins ?

Sous le chaume rustique, on trouve la retraite,
Où l'aimable repos se présente à nos yeux.
Mais de soucis ailés une troupe inquiète,
Vole autour des lambris des palais orgueilleux.

L'ambitieux souvent encense par le crime
L'autel ensanglanté du criminel honneur.
A mesure qu'il monte, il se creuse un abîme
Dont l'effroyable aspect trouble & glace son cœur.

Que le peuple, ébloui d'une apparence vaine,
Admire le bonheur de ces fiers souverains;
Portraits vivans de Dieu, leur amour ou leur haine
Est l'arbitre du sort des timides humains.

Mais rangée autour d'eux, leur garde redoutée,
Du peuple calme en vain les flots séditieux;
Elle n'arrête pas dans leur ame agitée,
Des desirs turbulens le flux tumultueux.

L'homme inquiet veut fuir le trouble qui l'agite,
Et sous un autre ciel croit trouver le repos;
Mais, triste compagnon du chagrin qu'il évite,
Il traîne, en tous climats, la source de ses maux.

Et toi, qui sur les pas des fiers héros du Tibre,
A ta folle valeur immoles l'équité,
En trouvant criminel quiconque ose être libre,
Montes de crime en crime à l'immortalité.

Tu mesures ta gloire aux malheurs qu'elle cause,
De l'univers en feu s'élève ton encens;
Vois croître tes lauriers, plus ta main les arrose
Des pleurs des malheureux, du sang des innocens.

Scélérat admiré, dont les crimes deviennent,
A l'abri du succès, les titres du héros,
Dans la route sanglante où tes fureurs t'entraînent,
Dis, moderne Pyrrhus, cherches-tu le repos?

Mais apprends que toujours l'insatiable gloire
Aux plaisirs du triomphe arrache les guerriers,
Et ne leur fait jamais trouver dans la victoire
Qu'une route facile à de plus beaux lauriers.

Mortel infortuné, rampant sous la chimère,
Veux-tu servir toujours, né pour la liberté ?
Ton bon sens, du repos est le dépositaire,
Et l'arbitre absolu de ta félicité.

D'un bien toujours futur que l'attente peu sage
Cède au choix d'un bonheur sûr, présent, accompli ;
En bornant tes desirs, étend ton héritage.
Un desir reserré vaut un desir rempli.

Oui, va jouir des droits de ton indépendance,
De ta seule raison esclave bienheureux.
Dans ta modicité va trouver l'abondance,
Et tire ta grandeur des bornes de tes vœux.

Alors chrétien sensé, philosophe intrépide,
Tu peux, calme au milieu des orages du sort,
Saisir de chaque instant l'utilité solide,
Et goûter des plaisirs affranchis du remord.

Tu peux, dans cette paix, doux présent de la grace,
T'élever au-dessus du peuple forcené,
Et n'en point distinguer, sage dans ton audace,
Un monarque, du vice esclave couronné.

Félicité pour nous jusqu'ici ténébreuse,
Bonheur du ciel couvert par des voiles épais !
L'ame dans votre sein ne sauroit qu'être heureuse.
Il suffit, vos plaisirs ont pour base la paix.

Ceux-là se trompent grossièrement, qui s'imaginent que la religion & une morale sévère, altèrent la bonne humeur, donnent quelque chose de farouche à l'esprit, & rendent l'homme incapable de contribuer aux douceurs du commerce. Quelle extravagance de se mettre dans l'esprit, que le vice seul, rend quelqu'un propre à briller dans une compagnie! Il vaudroit autant soutenir que la joie dépend de la folie; l'agrément, de l'impertinence; & la bonne humeur, d'un transport au cerveau. Pour moi, je suis si éloigné de cette bisarre imagination, que je crois fortement que l'on ne sauroit être véritablement gai sans être véritablement vertueux: l'esprit même est aussi compatible avec la religion, que la religion est compatible avec les bonnes manières.

La morale n'est resserrée dans aucunes limites, qui l'empêchent d'influer sur les plaisirs de la société. Si elle en bannit les discours vicieux & indécens, elle augmente par-là l'agrément de la conversation, bien loin de le diminuer. On remarquera même toujours que la joie d'un homme vertueux est de beaucoup supérieure à celle d'un homme plongé dans le libertinage: elle est plus naïve, plus aisée, mieux suivie, mieux assortie à l'homme, en qualité d'homme poli, d'homme sage, & d'homme de bien. Les gens vicieux n'en disconviennent pas même, quand ils sont de sang-froid, & accessibles à la réflexion.

***

De ce qui rend les hommes incapables de contribuer aux agréments raisonnables de la société.

Avant que d'entrer en matière, il ne sera pas hors d'œuvre de dire quelque chose touchant les moyens par lesquels les hommes semblent s'efforcer eux-mêmes de se rendre peu propres à goûter & à faire goûter les plaisirs d'une société raisonnable. Nous n'en sommes que trop incapables par nos foiblesses naturelles, sans nous procurer d'autres désavantages, pour ainsi dire, de propos délibéré. La seule intempérance, sans la considérer comme un vice, est une espèce de maladie qui peut nous ôter l'aimable caractère d'homme sociable. Elle nous rend farouches, chagrins, tristes & sombres. Je sais bien que des gens dévoués à une bonne chère excessive, se vantent quelquefois de leur politesse, de leurs belles manières, de leur gaieté, & de leur belle humeur. Peut-être aussi les éloges qu'ils se donnent si libéralement, sont-ils fondés pendant un certain tems; mais suivez-les jusques dans leur vieillesse, vous les verrez difficiles, obstinés, grondeurs, acariâtres. Il est vrai qu'on voit rarement un vieil ivrogne;

ce vice a cette bonne qualité, entre bien de mauvaises, qu'il ne souffre pas que ses esclaves incommodent long-tems les honnêtes gens: mais s'il arrive encore quelquefois qu'on voye un ivrogne âgé, du moins puis-je dire que je n'ai jamais vu un vieil ivrogne qui fût de bonne humeur.

C'est une chose fort étrange qu'il y ait des gens dans le monde assez extravagans pour s'étudier à se rendre peu sociables. Comment peuvent-ils ignorer que la *sociabilité* est le caractère du monde le plus propre à s'attirer l'estime & l'amitié des gens du plus solide mérite, & procurer à celui qui le possède la plus grande félicité dont on puisse jouir sur la terre? Il y a même des personnes qui se sont fait une idée de mérite à part, & qui, se plaisant dans la singularité de leurs manières & de leurs sentimens, se font un honneur de leur *misantropie*, qui n'est qu'un orgueil impertinent & ridicule. Ce n'est être ni honnête homme, ni homme religieux. Pour mériter ces titres, il faut suivre le précepte de S. Paul, être affable, prévenant, humble, & estimer chacun plus excellent que soi-même. Ce n'est pas la misantropie seule qui nous écarte de cette règle si sage: ce sont encore d'autres branches de la vanité & de l'amour-propre qui nous en éloignent: généralement parlant, tous les hommes ont la sottise de se préférer à tous les autres, non-seulement quand il y a quelqu'apparence de vérité, mais même quand la supériorité des autres sur eux, est évidente & généralement reconnue.

L'estime qu'on a pour son propre individu, est d'ordinaire grande à mesure que la base en est petite; & en général ceux qui ont du mérite, ont assez de lumières, pour en connoître les bornes, & pour ne les pas étendre excessivement, dans leur imagination. Cette vanité outrée est le plus grand inconvénient du *commerce civil*; elle détruit les agrémens de la société, aussi-bien que l'esprit de celui qu'elle domine; elle l'empêche d'éclairer son ame & de profiter des lumières des autres. Un tel homme, bien loin d'être dans la disposition d'apprendre, se croit fait exprès pour endoctriner les autres.

Aussi remarque-t-on d'ordinaire la vanité la plus excessive dans les plus grands fous; l'impertinente estime qu'ils font de leur habileté, les confirme dans leur folie, & les empêche d'en sortir jamais. Être convaincu de sa sottise ou de son ignorance, c'est cesser d'être sot & ignorant.

Peut-être, me dira-t-on, que l'extravagance & la vanité peuvent être un grand obstacle aux agrémens du commerce, & le rendre utile à ceux qui en sont possédés, comme elles le rendent choquant & désagréable à ceux qui ont affaire avec ces fous orgueilleux; mais qu'elles ne font rien au sujet que je me suis proposé; savoir, à ce qu'il y a de vicieux dans la conversation.

Je conviens avec ceux qui pourroient me faire cette objection, que, quelquefois, la folie & la vanité peuvent procéder d'une foiblesse d'esprit naturelle, & par conséquent être moins des dispositions criminelles, que des dispositions malheureuses. Mais s'ils sont capables de faire quelques réflexions, ils voudront bien aussi m'avouer que bien souvent, ces défauts ont leur source plutôt dans le cœur, que dans l'esprit, & qu'il est très-possible, qu'ils dérivent du vice ou de la négligence. Les fous de cette dernière classe, ne le seroient pas, s'ils vouloient bien se donner la peine de prêter quelqu'attention à leurs idées & à leurs sentimens, & ils peuvent être arrêtés sur le bord du précipice, par de bonnes exhortations.

C'est quelquefois faute d'une attention légère, & très-praticable par les esprits les plus foibles mêmes, que certains fous, bouffis de vanité, vont, dans leurs actions, bien plus loin que leur foiblesse d'esprit ne devroit les mener naturellement. Pour le faire sentir, je rapporterai ici une querelle aussi forte que furieuse, & irréconciliable, que j'ai vu arriver entre deux fous orgueilleux; elle venoit de ce que l'un des deux avoit traité l'autre de fou, quoique malheureusement il méritât lui-même ce titre dans toute son étendue. Ils dégaînèrent sur le champ; mais étant séparés par leurs amis communs, ils se donnèrent rendez-vous pour se battre en duel : on en fut averti, & il ne leur fut pas possible, pendant longtems, d'exécuter leur impertinent dessein. Enfin ayant trompé la vigilance des surveillans, ils se battirent de nouveau, & ils furent blessés tous deux; l'un en mourut, & l'autre fut obligé de s'enfuir de sa patrie, sans espoir d'y retourner jamais. Le premier, avant que de mourir, avoua naturellement qu'il étoit fou; ce qui diminuoit en quelque sorte sa folie : mais il disoit qu'il ne lui avoit pas été possible de supporter d'être traité de fou, par un homme qui étoit infiniment plus fou que lui. Pour l'autre, il avoit une grande opinion de sa propre capacité, & un profond mépris pour la sottise de son ennemi; vanité qui l'abaissoit réellement au dessous du caractère de l'autre champion. C'est la seule chose qui m'empêche de dire qu'ils se querellèrent absolument pour rien, le sujet de leur querelle étant une dispute sur la supériorité du mérite.

J'aurois ici un vaste champ pour m'étendre sur la folie, ranger les fous en différentes classes, & dépeindre la beauté variée que toutes ces nuances de déréglement d'esprit doivent répandre dans leur commerce & dans leur conversation. Outre le fou, dont parle Salomon, qui est le fou vicieux & criminel, j'ai trouvé trente-sept autres espèces de folies, chacune, dans sa sorte, admirablement bien qualifiée, pour priver la société de tout agrément, & pour la rendre ennuyeuse, choquante & ridicule. J'y ai ajouté différens échantillons de leurs discours, j'ai dépeint leurs fades répétitions, leurs quolibets, leurs mots à double entente, par lesquels ils tendent comme des pièges aux gens sensés, sans risquer, que très-rarement, de manquer leur coup ; j'ai décrit leur manière de rire, leurs gestes, leurs grimaces & leurs contorsions, pour s'attirer le titre de drôles de corps, propres à divertir toute une compagnie. Afin de ne pas choquer mes compatriotes, j'ai partagé tous ces caractères d'extravagance entre les nations étrangères, & j'ai dépeint le fou François, le fou Espagnol, Portugais, Russien, Chinois, Indien, &c. Mais j'ai résolu de renfermer tous ces matériaux dans un traité à part, & je le donnerai au public dans une autre occasion. Le sujet que j'ai entrepris de traiter à présent, est trop grave & trop sérieux, pour l'inonder de tous ces caractères extravagans.

Par la conversation dont il seroit utile de bannir plusieurs vices, je n'entends pas ici un certain babil vain, dont les fous sont infiniment plus capables que les gens sensés. J'entends une conversation qui répond à la dignité de notre nature, & qui, dirigée par la vertu & par la politesse, est propre à faire jouir l'homme, de la félicité la plus parfaite qui puisse lui tomber en partage dans cette vie. Plus cette sorte de conversation est excellente en elle-même, plus les vices qui s'y sont glissés imperceptiblement, méritent d'être mis dans tout leur jour, & exposés à la réflexion & au mépris de ceux qui aiment la vertu & leur propre bonheur.

Des Vices de la conversation en général.

Je m'attends ici à une objection de la part de certains critiques, qui se font un plaisir de traverser, par leurs chicanes, ceux qui plaident pour la vertu & pour les bonnes manières. Ils me soutiendront, sans doute, que le vice suppose l'action, & que par conséquent, ce terme n'est pas applicable au discours. Pour leur fermer la bouche, il sera bon, avant que de passer outre, de définir ce que j'entends par conversation vicieuse. C'est une conversation contraire aux bonnes mœurs, une conversation indigne d'un homme vertueux & raisonnable, ou parce qu'elle est profane & contraire à la religion, ou parce qu'elle choque la modestie, ou enfin, parce qu'elle s'éloigne de la charité, en donnant dans la médisance & dans la calomnie.

A tous ces différens égards, parler est agir: la profanation est une action impie; l'obscénité du discours est une action immodeste. La force des paroles est telle, que l'homme fait autant de crimes de la langue, que des mains; d'ailleurs les idées qui entrent dans notre esprit par l'oreille, sont sujettes à rester long-tems dans l'imagination, où elles font les impressions les plus profondes.

Quelques-uns des crimes les plus odieux ne sauroient être commis que par la langue; tel est le blasphême, qui est un crime de haute trahison contre la majesté divine; telles sont les imprécations, les malédictions, les mensonges & les calomnies, sans parler d'un nombre infini de petites irrégularités, que la mode autorise, & qui, selon l'opinion ordinaire, ne valent pas la peine d'être relevées.

Graces à Dieu, après des siècles entiers d'une corruption aussi générale qu'avouée par ceux qui auroient dû réprimer le vice, nous voyons dans la Grande-Bretagne le crime privé de ses plus fermes soutiens. Notre monarque (1) ne néglige rien pour en détourner ses sujets, & il faut espérer, qu'à présent que la guerre est finie & que

---

(1) Le roi Guillaume.

ses ennemis du dehors lui donnent quelque repos, il fera tous ses efforts pour abattre & pour détruire cet ennemi domestique.

La reine Marie, dont la mémoire nous doit être toujours précieuse pour sa piété & pour les modèles de vertu qu'elle nous a tracés dans toute sa conduite, a fait pendant sa vie les plus grands efforts, pour défendre & pour soutenir les bonnes mœurs. Elle a encouragé les magistrats à punir le vice avec sévérité; elle les a armés de nouvelles loix, & il a semblé que la justice même étoit descendue sur la terre, pour revendiquer ses propres droits. Cependant les effets salutaires que ces efforts vertueux ont produits, ont été renfermés dans des bornes assez étroites. Ce n'est pas la faute du souverain ni du parlement; les loix & les édits ne sont pas capables d'effectuer une réforme générale, si une bénigne influence du ciel ne se répand pas sur les mœurs de certaines personnes, qui, par leur rang, sont placées hors de la portée des loix. Ce seroit d'ailleurs quelque chose d'assez inutile de publier des édits contre les paroles; autant vaudroit établir un asyle contre la foudre. Les brèches qu'on feroit à ces réglemens, seroient si nombreuses, qu'il faudroit autant de juges que de criminels. Il y auroit autant de transgresseurs de ces loix, que de sujets, & plusieurs personnes seroient obligées de passer tous les instans de leur vie, devant le tribunal des juges.

La conversation en général a reçu une certaine teinture du vice, qui est dégénérée en agrément, & qui ne sauroit être effacée que par une espèce de mode, qui, par une heureuse cascade, descendît des premiers du royaume jusqu'au peuple. La force n'y fera jamais rien. Quand une passion devient agréable à un homme, il est bien difficile de l'en guérir; il a de l'aversion pour le remède, par cela même que cette passion lui plaît. Je le répète, il n'y a qu'une mode contraire qui puisse détruire le charme attaché à la mode d'être vicieux. La mode est jusqu'ici la source de la plupart des crimes, par le pouvoir despotique qu'elle usurpe sur les esprits. Veut-elle qu'on donne dans la débauche : vous voyez aussi-tôt des gens qui n'y sont pas portés par leur naturel, renoncer à la pudeur, & risquer la santé de leurs corps & le salut de leurs ames, simplement pour avoir de belles manières, pour s'attirer le titre de joli homme. Si les petits maîtres de la cour se font plaisir du blasphême & de la profanation, tout le reste suit le torrent. Il faut renier son créateur, & faire profession ouverte d'athéisme, pour avoir de l'esprit & du monde. Les marchands & les artisans eux-mêmes, pour paroître éclairés & polis dans les compagnies, exercent leur bel esprit sur les choses sacrées; ils s'occupent à sonder les profondeurs des mystères, & cherchent à pénétrer dans les secrets impénétrables du ciel. La divinité de Jesus-Christ, la durée éternelle d'une vie à venir, sont les sujets ordinaires de leurs discussions; ils veulent qu'on leur donne des démonstrations de choses qui, par leur nature même, n'en sont pas susceptibles, & ils se croient les plus habiles gens du monde, quand ils s'imaginent qu'il est impossible de satisfaire à leurs demandes extravagantes.

De cette source se répandent en foule les hérésies & les opinions les plus bisarres. En voulant découvrir ce qui par soi-même est impénétrable, on se jette dans le doute; on va même jusqu'à refuser la réalité à certaines choses, parce que l'on n'aura point d'idée, & parce qu'on ne sauroit comprendre la manière dont ces choses existent. Folie semblable à celle d'un homme qui a la vue courte, & qui nie l'existence de tous les objets où ses yeux ne sauroient atteindre. La trinité est hors de la portée de leur raison, & cette fière raison s'en venge en niant ce dogme; ils dépouillent le fils de Dieu de sa divinité, & de son union hypostatique avec le père, parce qu'il leur est impossible de distinguer les actions qu'il a faites en sa qualité de médiateur, d'avec celles qu'il a faites en vertu de sa toute-puissance divine.

J'ose regarder toutes ces opinions erronées, qui se multiplient si fort dans notre âge & dans notre patrie, comme une punition divine que nos compatriotes s'attirent par leur insolence effrénée de profaner les mystères de la religion, par le motif de passer pour gens d'esprit. Dieu permet qu'à force d'avancer des opinions impies qu'ils ne croient pas, & à force de les défendre avec chaleur, ils commencent à s'en persuader; comme certains menteurs, qui répètent si souvent leurs mensonges, qu'à la fin leur imagination est incapable de les distinguer de la vérité.

Si la fatuité de nos petits-maîtres, se bornoit au ridicule de l'ajustement & du geste, un homme sage se contenteroit d'en rire, ou d'en avoir pitié. Mais il est tems de ramasser toutes les forces de l'esprit & de la raison, pour la combattre & pour la terrasser, quand on voit que, pour complaire à la mode, des libertins font les derniers efforts d'imagination pour se rendre criminels au suprême dégré, par méthode & par système; quand on voit tous les talens naturels de l'esprit, tous les talens acquis par l'éducation, & tous les secours qu'on peut tirer de l'art, & de l'étude même, rangés en bataille contre le ciel, & faire une ligue, pour rendre le genre humain plus méchant & plus détestable.

Des Moyens de réformer la conversation.

Il n'importe guères, dans le fond, d'examiner avec une exactitude bien scrupuleuse les sources d'où la corruption s'est répandue sur les discours des hommes. Il est infiniment plus important de rechercher, avec soin, les moyens de les débarrasser de tous les defauts qui l'avilissent. Du moins seroit-il à souhaiter qu'on trouvât une méthode sûre, pour rendre assez d'autorité à la vertu & à la tempérance, afin qu'on n'eût plus le front de les outrager par des discours insolens.

Cette entreprise est d'une très-grande difficulté.

Facilis descensus averni;
Sed revocare gradum superasque evadere ad auras,
Hoc opus, hic labor est.
      Virg. Æn. VI. 126.

L'accès à l'empire des ombres
Est facile à chacun;
Mais on ne revient pas de ces demeures sombres
Par un effort commun.

Il seroit bien plus facile de trouver une telle méthode, que de la mettre en pratique; mais on ne peut pas dire cependant que la chose soit absolument impossible; &, malgré la connoissance que j'ai des bornes de mes lumières, je veux bien poser ici quelques règles, qui pourroient rendre cette reforme praticable.

Cet heureux succès dépend, en partie, d'une exécution sévère des loix; nous avons des loix excellentes pour réprimer le vice, & nous en faisons encore, tous les jours, de très-propres à nous mener au même but; mais toute la force des loix, consiste dans l'exécution, sans laquelle elles perdent toute leur vigueur, & non-seulement elles deviennent inutiles & méprisables, mais elles font plus de mal que de bien.

J'avois d'abord dessein d'inserer ici un traité intitulé: *Essai sur l'inutilité des loix & actes du parlement de la grande-Bretagne*; mais ayant considéré la chose plus mûrement, j'y ai renoncé, pour ne pas mêler des traits satyriques aux réflexions sérieuses dont j'ai resolu de remplir cet ouvrage. Je me contenterai de dire ici que la grande défectuosité de nos loix, consiste dans le manque de loix propres à reformer nos légisfateurs mêmes. Par là, la roue de la justice exécutive, seroit interrompue dans son mouvement, & les édits parviendroient au but où naturellement ils doivent tendre.

Le succès en question dépend encore très-essentiellement de la conduite des gens de condition, que le peuple prend d'ordinaire pour les modèles de ses actions & de ses manières. Je sais bien qu'il est beaucoup plus mal-aisé de porter la multitude à l'imitation du mal, qu'à celle du bien. Ce seroit faire un grand pas vers la réforme générale de la nation, que de porter ceux qu'on nomme d'ordinaire honnêtes gens, à conspirer unanimement, pour priver le vice de l'appui de l'exemple.

Si l'on pouvoit parvenir à ces deux points, bientôt la honte s'attacheroit de nouveau au vice; un homme qui voudroit donner dans l'ivresse, ou dans l'impudicité, le feroit dans l'obscurité, semblable aux voleurs qui attendent la nuit pour piller les maisons.

Si l'on peut déraciner une fois l'amour du vice, du cœur humain, la réforme deviendroit inutile; & comment seroit-il possible que l'on continuât à l'aimer, si on l'examinoit de près, & si l'on en faisoit l'anatomie, pour pénétrer jusques dans ses entrailles? On verroit bientôt jusqu'à quel point il est peu convenable à l'homme, en qualité d'homme, d'honnête homme & de chrétien. On verroit jusqu'à quel point le crime est méprisable, dans le tems même qu'il nous fait jouir de ses plaisirs les plus sensibles; combien il est pernicieux pour notre santé, pour notre fortune & pour notre reputation ; & combien il est propre à nous confondre avec les brutes, sur lesquelles nous prétendons avoir de si grands avantages.

Comme la plupart des personnes, à qui je parle ici, sont des gens qui n'admettent point la réligion, ou du moins qui en doutent, je ne citerai contr'eux aucune preuve de l'écriture-sainte, ni des effets les plus marqués de la providence. D'ailleurs, je ne me donne pas pour théologien, & par-là j'ai du moins cet avantage, que ceux que j'attaque ici, ne m'accuseront ni de pédanterie, ni de fraudes pieuses, & que je ne cours pas le moindre risque de choquer la mode, qui ne veut rien avoir à démêler avec la bible. Je prendrai la chose d'un autre biais, & je prierai mes lecteurs de considérer que, quand il n'y auroit ni Dieu ni providence, ni démon, ni vie à venir, il leur siéroit mal de se livrer à l'ivrognerie, à la débauche, à l'emportement & à l'esprit de vengeance. Ces vices sont si peu compatibles avec notre nature, si irréguliers, si turbulens, on y découvre tant de grossiereté, de folie & de fatuité, qu'ils doivent exciter le mépris & le dégoût dans l'esprit de tout homme sensé, pourvu que la mode lui permette d'en juger d'une manière impartiale.

La vertu & les bonnes mœurs sympathisent mieux avec notre nature, & ont quelque chose de plus mâle & de plus noble, que le vice & l'intempérance : elles répondent infiniment mieux aux véritables fins de la vie humaine & de la société, comme aussi de la paix des familles & des nations entières. S'il ne s'agissoit que de faire un choix par les simples vues de l'intérêt & de l'amour-propre, il faudroit préférer le chemin uni de la vertu, aux routes tortueuses & embarrassées du vice. Le vice tend à la confusion, à l'oppression, à la discorde, à la guerre. La vertu est discrète, réglée & paisible : c'est le lien le plus sûr de la société ; au lieu que tout homme a tout à craindre, si ses semblables n'ont ni tempérance, ni retenue. Il doit s'attendre à tout moment à être volé par le brigand, massacré par l'ivrogne, & à voir sa femme & ses filles, la proie des débauchés.

Je pourrois faire ici une digression assez utile, pour examiner, si l'impudicité & l'ivrognerie ne sont pas, pour ainsi dire, les deux irrégularités, mères de tous les vices à la mode. Je ne mets pas au nombre de ces vices, le vol, le rapt & le meurtre. S'en abstient-on par la crainte des loix ? Se persuade-t-on que l'on peut se rendre hardiment coupable de l'ivrognerie &

de l'adultère, & qu'il y auroit une cruauté enorme à faire pendre un homme pour ces sortes de bagatelles?

Ces excès criminels descendent avec rapidité de la conduite des grands dans celle du peuple, & les simples gentilshommes ne doivent pas s'imaginer que je les ai exclus de ma censure, en mettant les débauches de la populace sur le compte de nos Dieux. Les payens avoient des Dieux de différentes classes, & nos gentilshommes peuvent fort bien passer pour des divinités subalternes ; ce sont des Silènes & des Faunes, Dieux campagnards, qui ne négligent rien pour communiquer leurs vices aux bergers & aux laboureurs, qui leur adressent leurs hommages.

De la Conversation avilie par l'athéïsme & par la profanation.

JAMAIS les hommes ne sont arrivés à un aussi haut degré de justesse d'esprit & de lumières, & par conséquent jamais il n'ont été aussi capables de glorifier leur créateur, source de la sagesse, qui est certainement la plus grande bénédiction, dont il puisse favoriser l'être qu'il a créé à son image. Quelle horreur n'est-ce donc pas de ne se servir de cette supériorité de sagesse, que pour insulter la divinité, & pour ménager quelque probabilité à l'opinion, qui lui refuse l'existence? Quel crime que de n'employer ce haut degré de lumières, que pour autoriser la plus noire de toutes les ingratitudes, & pour surpasser les extravagances les plus signalées des aveugles payens! Les philosophes les plus fameux ont du moins reconnu une première cause dont le pouvoir influoit sur l'univers, & dont la sainteté devoit s'attirer l'hommage & l'adoration des hommes. Le diable même, le plus grand ennemi de Dieu, & qui souvent s'est servi de la stupidité de certaines nations, pour s'ériger lui-même en divinité, n'a jamais soufflé aux peuples les plus barbares, l'horrible extravagance de nier l'existence de leur créateur. Il y a de l'apparence qu'il a eu trop bonne opinion de l'esprit humain, pour le croire accessible à une notion si absurde & si bisarre. Il en est assez mal payé, puisque nos esprits-forts, irrités, pour ainsi-dire, du refus qu'il fait de conspirer avec eux pour nier l'existence divine, nient encore l'existence de cet ennemi du genre-humain.

Rien n'est plus digne de remarque, que les foibles argumens dont les plus rafinés d'entre les athées défendent l'impertinence de leurs idées contre les démonstrations sur lesquelles la nature & la raison fondent l'éxistence d'un premier auteur de toutes choses. Quelle torture ne donnent-ils pas à leur pauvre raison, pour se persuader à eux-mêmes une opinion à laquelle leur corps, leur ame, chaque instant de la vie, les raisonnemens mêmes dont ils se servent, donnent continuellement le démenti? Sur d'autres sujets, ils raisonnent avec méthode, ils ne veulent admettre qu'une évidence entière, & ne se rendre qu'aux raisons les plus fortes ; ici ils se contentent des plus pitoyables sophismes, des suppositions les plus trompeuses, & des plus misérables subterfuges ; tout leur est bon, pourvu qu'ils puissent parvenir à s'éblouir d'une fausse lueur, qui les entretient dans leurs égaremens.

Les argumens qui plaident pour l'éxistence d'une divinité, sont en si grand nombre, si bien mis dans tout leur jour par d'habiles gens, & portés jusqu'à un tel degré d'évidence, qu'il n'est pas nécessaire de les alléguer ici, puisqu'il n'est pas possible d'y ajouter une nouvelle force.

On n'a qu'à fouiller dans soi-même, pour trouver les démonstrations les plus incontestables de cette vérité. Je veux seulement faire quelques demandes à nos athées.

1. Qu'ils me disent avec sincérité, s'ils en

font capables, s'il ne leur arrive jamais, dans la chaleur même de la dispute, de porter leurs réflexions sur leur propre nature, & de démentir en secret les sophismes qu'ils allèguent d'un air triomphant. Je sais du moins que le comte de Rochester, un des plus fameux docteurs de cette science infernale, reconnut dans son lit de mort que ces sortes de reproches secrets lui avoient été très-familiers, & qu'une espèce de mouvement convulsif avoit souvent accompagné chez lui l'action horrible d'attaquer la majesté divine.

La nature, en tremblant, rend au ciel ses hommages :
Il a d'un sceau divin marqué tous ses ouvrages.
A l'effacer, l'impie est souvent empressé ;
Mais son cœur en frémit, & l'appelle insensé.

2. Je voudrois demander à l'athée le plus intrépide & le plus déterminé, quelle certitude il a de sa proposition négative, & s'il ignore les risques qu'il court, si, par sa faute, il se trompe sur un sujet si important. Il suffit d'une étendue d'esprit médiocre, pour comprendre que, supposé qu'il nous fût difficile de prouver, par des démonstrations formelles, la proposition positive, il y a un Dieu, il doit être infiniment plus difficile d'appuyer la proposition négative, sur des preuves démonstratives. Est-il d'un homme prudent de risquer tout sur des suppositions incertaines,

destituées de tout principe incontestable ? S'il y a une cause première, il n'est pas naturel qu'elle accorde facilement le pardon à des gens qui se font fait une occupation de l'insulter en niant son existence, & en communiquant leur incrédulité aux autres, sans y être portés par aucun motif plausible.

Ils seroient encore en quelque sorte excusables, si, dans une malheureuse situation, ils s'étoient conduits en personnes sages & raisonnables, & si, mortifiés d'un doute involontaire sur un sujet si grave & si respectable, ils avoient pris le parti de la vertu, par simple prudence. Mais agissant à l'égard du doute, comme si c'étoit la plus forte des démonstrations, ils font les agréables & les beaux esprits sur cette matière : c'est la source intarissable de leurs bons-mots ; ils tournent en ridicule tous les articles de foi, comme manifestement atteints & convaincus de fausseté, & ils ont la hardiesse d'attaquer la bible par des chansons satyriques ; tel est, par exemple, ce digne couplet de milord Rochester.

Religion, fatras risible & respectable,
  Enfant bien aimé de la fable,
  Que vous naquîtes à propos !
 Nous vous devons nos plus chers avantages :
 Vous êtes, dans la main & des grands & des sages,
  Un frein propre à brider la canaille & les sots.

Ce qu'il y a de particulier dans la conduite de ces meſſieurs, c'eſt qu'il leur eſt impoſſible de lancer le moindre trait ſur la religion, ſans qu'il retombe ſur eux, & que tout l'eſprit qu'ils prodiguent à cet égard, ne fait que prouver qu'ils n'ont pas le ſens commun. Si effectivement la religion eſt un effet de la politique, ſi elle ne ſert qu'à attacher la ſotte populace au bon ſens des ſages, n'eſt-il pas impertinent d'aller découvrir aux dupes une fourberie ſi inutile aux eſprits forts ? N'eſt-ce pas démentir groſſièrement la prudence des prétendus ſages de l'antiquité, qui ont été aſſez heureux pour attraper dans un même coup de filet tout le genre-humain ? Nos ſages modernes ne péchent-ils pas contre leur propre intérêt, qui doit être l'unique règle de leurs actions, & ne ſe privent-ils pas de tous ces précieux avantages, dont ils croient être redevables aux premiers inventeurs des ſyſtêmes de religion ?

Tout le procédé de ces beaux eſprits n'eſt qu'une ſuite continuelle de coups d'étourdis. Il faut s'étonner ſur-tout de leur ſtupide intrépidité. S'il y a un Dieu aſſez juſte & aſſez puiſſant pour récompenſer la vertu, & pour punir ceux qui l'outragent avec la dernière arrogance, on peut dire qu'ils jouent gros jeu, en s'expoſant à une éternité de malheurs, par le ſimple plaiſir de dire un bon-mot. Si ce bon-mot est fondé en raison, ils n'y gagnent pas grand'chose ; & si ce n'est qu'une turlupinade en l'air, ils perdent tout.

Je ne sais pas si je me trompe ; mais il me semble que, dans les vers infâmes qu'ils composent sur ces sujets sérieux, il n'y a d'ordinaire rien que de fade & de plat; l'on diroit que la muse n'est pas aussi athée que le poëte, & que leur génie, qui est propre à briller sur d'autres matières, se refuse à la profanation & au blasphême. Il est apparent que, dans l'entendement des plus grands libertins, il y a un sentiment secret de la divinité, qu'on ne contraint qu'avec peine à seconder l'imagination dans les insultes qu'elle machine contre la divinité.

J'observerai encore que les athées sont la plus fâcheuse espèce de pédants, & qu'il n'y en a point qui choquent avec plus de fatuité la politesse & les belles manières. Il n'est pas possible d'être en compagnie avec un athée, sans voir que toutes ses pensées roulent dans le même cercle de railleries & de quolibets lancés contre Dieu & contre la religion ; tout son esprit se concentre dans cet unique sujet, comme dans un tems de contagion toutes les maladies aboutissent à la peste. Il sait que ses affreuses bouffonneries doivent, de nécessité, être importunes à la plupart de ceux qui les écoutent ; il ne laisse pas de pousser sa pointe, & vous êtes forcé de le laisser parler ou de lui rompre en visière.

Il y a des gens tout aussi ridicules que ceux dont je viens de parler, mais moins odieux en apparence, qui daignent avouer qu'il y a un Dieu, pourvu qu'il leur soit permis de régler ses attributs ; ils veulent qu'il ait le caractère d'un gentilhomme bien élevé & d'un bon naturel. Selon eux, il n'a jamais eu le cœur de souffrir que son fils fût crucifié par les Juifs, & il a trop de générosité pour condamner ses créatures à des supplices éternels. Conformément à ces belles idées, ils font main basse sur les dogmes de la repentance & de la foi, & sur tous les autres moyens d'être réconcilié à Dieu par Jésus-Christ. Il y a, disent-ils, de bonnes histoires dans la bible ; mais pour ce qui regarde la vie & les miracles de notre sauveur, ce n'est qu'une légende assez mal arrangée.

Outre ceux-là, nous avons encore une foule d'Ariens & de Sociniens, disciples d'un ancien hérétique, qui sortoit toujours de l'église dès qu'on commençoit à entonner le *Gloria Patri*, & qui s'asseyoit lorsque, dans les prières publiques, il étoit fait mention de la divinité de Jésus-Christ.

De telles iniquités, comme s'exprime Job,

devroient être punies par les juges ; ce sont elles qui ont le plus contribué à la ruine de nos bonnes mœurs. Il n'y a point de méthode qui puisse tendre plus directement à rendre le peuple criminel au plus haut degré, que de le dégager de la crainte d'un Être suprême. Aussi-tôt qu'un homme commence à se persuader qu'il n'y a point de Dieu, il ne lui reste aucune règle de conduite, qu'un amour-propre, grossier & brutal. S'il n'y a point de législateur souverain, il n'y a point de loi qu'il faille respecter ; on n'a qu'à éluder la force des loix civiles, & pour le reste, on peut prendre pour règle ses appétits déréglés, par le seul droit naturel.

Quoique nous vivions dans un siècle où la plus grande impiété a inondé la nation comme un déluge, il est certain pourtant que la religion est publiquement professée dans notre patrie, que le nom de Dieu y est avoué & adoré, & que le christianisme y a les loix pour appui ; rien n'empêche, par conséquent, de se servir de ces loix, pour défendre cet établissement salutaire contre les invasions des athées, des déistes & des hérétiques, comme l'ordre, le repos public sont défendus contre les attentats des brigands, des voleurs & des assassins.

Il n'y a pas la moindre probabilité de réussir à réformer les mœurs de la nation, si on laisse un libre cours aux maximes qui ont pour but de détacher nos compatriotes des principes de la religion. Quelle symétrie y a-t-il dans un gouvernement où le moindre vol est puni de mort, dans le tems qu'on attaque impunément le Dieu du ciel & de la terre, qu'on renverse l'autorité des livres sacrés, qu'on se joue des dogmes principaux du christianisme, *de la mort du sauveur & du salut de l'ame* ?

Si un homme s'avise de parler contre les ministres, ou s'il est assez hardi pour dire des impertinences au roi, on le met en prison : mais lui est-il permis de tenir des discours séditieux sur la majesté divine, de nier la divinité de son rédempteur, & de lancer des railleries contre le saint-Esprit, dont nous adorons cependant le pouvoir efficace ? Aucune crainte de punition n'arrête cette langue effrénée dans son insolence ; ce sera beaucoup, si quelqu'un de ceux qui l'écoutent, le prie honnêtement de mettre des bornes à de pareils discours.

Où voit-on l'homme de cour, ou le particulier, soutenir l'honneur de son créateur, d'une manière proportionnée à la grandeur du sujet ? Si dans une compagnie on donne un démenti à un homme de naissance, il le prend pour un cruel affront, il s'emporte, cherche querelle à celui qui l'a offensé, se bat avec lui, & bien souvent le tue. Il arrive même qu'on prend avec la même chaleur le parti d'un ami absent, quand on le voit calomnié, & attaqué dans son honneur. Mais où est l'honnête homme, qui s'intéresse assez dans la querelle de Dieu, quand un scélérat l'outrage, & donne le démenti à ses attributs, & même à son existence, pour ne le pas entendre sans émotion, & sans la moindre envie de punir cette insolence outrée ?

Je crois qu'il n'est pas nécessaire d'avertir ici, que je ne suis pas d'opinion, qu'il faudroit se battre pour soutenir la cause de Dieu ; je suis sûr qu'il ne faut jamais le faire que dans une extrême nécessité, que nos loix le défendent, & qu'en cela, elles sont conformes à la volonté divine : j'ai voulu simplement mettre ces deux cas en parallèle, & faire voir qu'il n'y a rien de plus indigne dans notre conduite ordinaire, que d'être jaloux de notre honneur & de celui de nos amis, sans marquer le moindre dévouement pour la gloire de notre créateur. Il me semble du moins qu'il seroit raisonnable, si l'on voyoit un fat se donner des airs de petits-maîtres aux dépens de la divinité, de lui faire sentir fortement qu'on est choqué de son insolence, & de le traiter comme un faquin, s'il en marquoit du ressentiment. Rien ne conviendroit mieux à un homme de qualité, que de mépriser, même de punir sévèrement un homme qui oseroit devant lui s'évaporer en plaisanteries blasphématoires sur la religion. Si l'on continue à confondre la profanation avec l'esprit, la crainte de s'attirer des railleries est capable de rendre les gens esprits-forts, pour ne pas passer pour des imbécilles.

Du Discours obscène.

L'OBSCÉNITÉ a quelque chose de si bas & de si choquant, qu'un homme bien né devroit n'en être pas seulement soupçonné. Quoique le chevalier Georges Mackenzie l'ait dépeinte avec ses couleurs convenables d'une manière très-ingénieuse, j'espère qu'il me sera permis de faire un petit nombre de réflexions sur le même sujet.

Ceux qui se distinguent le plus à cet égard, sont des personnes aussi incapables de gouverner leurs langues, que leurs passions brutales, qui se font une espèce d'honneur de passer, dans le monde, pour ce qu'ils sont réellement.

Aussi n'est-ce pas à eux que j'ai destiné mes réflexions. Si de pareils gens vouloient parler d'une manière sage, & conforme à la pudeur, leur imagination seroit dans une contrainte perpétuelle; ils seroient déplacés; ils sortiroient de leur caractère, & ils auroient eux-mêmes leur bonne part de l'ennui, qu'ils donneroient aux autres. Je n'ai donc rien à leur dire ; je leur pardonne leur extravagance : mais qu'un homme bien élevé, mêle dans ses discours des expressions de la canaille & contraires à la pudeur, c'est une incongruité, qui me paroît aussi bizarre qu'insupportable.

Je laisse-là ce qu'il y a de criminel dans ces sortes de discours, pour n'examiner que ce qu'il y a d'impoli & d'indécent : mon principal but n'est pas de considérer l'obscénité comme un péché par rapport à Dieu, mais comme grossièreté, capable de troubler l'agrément de la société civile ; & comme un affront qu'on fait avec insolence à toute une compagnie d'honnêtes gens.

Je sais bien que la pudeur, qui nous porte à couvrir nos corps, est un effet de la chûte de nos premiers parens ; que c'est une conséquence du crime, qui a, pour ainsi dire, abâtardi notre nature, & que, par conséquent, ce n'est pas une vertu en elle-même. Il n'y a point de partie du corps humain, qui n'eût pu être exposée à la vue, si le péché n'avoit établi une distinction nécessaire entre les unes & les autres. Mais il s'ensuit de-là même, que les discours impudiques péchent contre la coutume & contre la bienséance. Pourquoi la langue découvriroit-elle de propos délibéré, ce que la nature ne sauroit exposer à la vue, qu'en rougissant, & que la bienséance a condamné aux ténèbres ? Si la pudeur est la suite du péché, si elle n'est pas une vertu par elle-même, il faut avouer que le péché nous a mis dans la nécessité de la considérer comme une vertu, & que le vice auroit une double influence sur nous, si, par un excès de dérèglement, nous secouions le joug de la pudeur, que le vice nous impose.

Celui donc qui permet à sa langue la liberté de dévoiler sans retenue, ce que la honte cache avec tant de prudence, déclare qu'il n'a pas la moindre mortification des maux qui sont dérivés du premier péché comme de leur source, tout comme s'il étoit exempt des malheurs qui ont leur origine dans la chûte d'Adam. Cependant tous les hommes en sentent les tristes influences, & s'il y a quelqu'un qui peut se vanter avec justice, qu'il ne sent pas dans son naturel, le moindre penchant au mal, la moindre corruption, c'est le seul qui peut, couvert de son innocence, ne pas remarquer sa nudité, ni celle des autres ; il ne sauroit rien dire d'indécent, & de contraire à la pudeur ; rien ne sauroit s'offrir à ses yeux, qui soit capable de les choquer.

Pour ceux qui trouvent à propos de couvrir leur nudité, il est certain qu'ils n'agissent pas conséquemment, en la dévoilant par leurs discours. S'il y a des actions que la nature condamne à la nuit & aux ténèbres, & s'ils ne les comettent eux-mêmes que dans la retraite, pour les dérober à la vue des hommes, quel motif peut les porter à en parler en public?

S'ils veulent qu'il y ait de la liaison & un plan dans leur conduite, qu'ils bannissent de leur bouche les expressions de certaines choses, & de certaines actions, ou bien qu'ils ne se fassent pas une affaire de se livrer à ces actions, à la manière de Diogène; qu'ils en prennent le public pour spectateur, & qu'ils mènent leurs femmes & leurs maîtresses aux marchés, ou à la bourse, pour se divertir avec elles à la face du ciel & de la terre.

Qu'on prenne le scélérat le plus abominable, le débauché le plus familiarisé avec l'obscénité, & qu'on le place en présence de sa mère, on aura bien de la peine à le porter à tenir son langage ordinaire, devant celle qui l'a mis au monde. Il y a là-dedans quelque chose qui répugne trop, pour en croire capable l'homme le plus infâme : cependant il y a quelque chose de semblable dans le discours obscène en général. Par les expressions impudiques, on affronte la nature, qui est la mère commune des hommes, & l'on en découvre la nudité.

Je ne comprends pas même quel esprit, quel

agrément on peut trouver dans ces paroles malhonnêtes, ni comment on peut les considérer comme une source de joie & de plaisirs. Selon l'idée que les gens du monde ont du plaisir, il peut y en avoir dans les actions mêmes dont ces discours sont d'infâmes tableaux ; mais ce n'est que par grossièreté & par mauvais goût, qu'on peut se déterminer à prononcer & à entendre de pareilles sottises ; c'est manque d'esprit, c'est manque de trouver dans son cœur & dans son imagination, des sources de divertissement, plus convenables à un homme poli & sensé.

Je ne doute pas que les hommes, qui ont toujours quelques raisons pour pallier les choses les moins raisonnables, ne trouvent encore ici quelque excuse en faveur de ce dérèglement d'esprit. Ils me diront que ces expressions ne paroissent choquantes, que parce que la coutume les empêche d'être familières, & qu'il n'y a point de crime à exprimer ce qu'il n'est pas criminel de faire.

Supposons, avec ces messieurs, que la seule coutume a donné aux expressions dont il s'agit, cette indécence qui choque si fort les règles de la politesse. La coutume n'est-elle pas respectable ; le consentement unanime des honnêtes gens a banni ces termes de la conversation : pourquoi les rappeler de leur exil, si l'on n'y est porté par des raisons supérieures à la force de la coutume ?

Je pourrois m'étendre davantage sur cette matière, si mon but n'étoit pas de faire des essais, plutôt que des traités en forme.

Des Discours contraires à la vérité.

Mon dessein n'est pas d'entrer dans un grand détail sur tous les péchés compris sous le nom de mensonge. Je suppose que tous ceux qui liront cet ouvrage, reconnoîtront avec moi que c'est-là le vice le plus scandaleux qui puisse avilir la nature humaine. Il n'y en a point qui soit d'une aussi grande étendue, & si fécond en autres vices; tous les crimes en ont un besoin absolu; ils ne sauroient s'en passer quand ils veulent tromper, trahir, voler ou détruire. Le mensonge est le voile général de tout ce qui est contraire à la vertu; c'est la peau de brebis sous laquelle le loup se cache. C'est la prière du pharisien, le rouge de la courtisanne, le fard de l'hypocrite, le manteau du voleur, le souris de l'assassin. C'est l'embrassement de Joab, le baiser de Judas; en un mot, c'est le vice favori du genre humain, & le caractère distinctif du diable.

Mais

Mais ce n'est pas-là proprement le sujet que je me suis proposé de traiter; mon intention n'est que de parler d'une certaine licence qu'on se permet de dire des choses contraires à la vérité, sans avoir dessein de nuire par-là à qui ce soit. On considère cette liberté comme un badinage innocent devant le tribunal de Dieu & devant celui des hommes; mais j'espère faire voir la fausseté de cette opinion, en considérant quelques branches de cette licence inconsidérée.

Les conteurs de profession sont fort sujets à ce vice; leur unique but est de divertir une compagnie & de la faire rire; vaine satisfaction, & qui ne vaut certainement pas la peine que, pour en jouir, on parle contre la conscience, & qu'on manque de respect à la vérité.

Il y a des gens qui s'abandonnent si fort à ces démangeaisons, qu'insensiblement ils ôtent tout crédit à leurs discours, & que ceux qui les fréquentent ont une incrédulité générale pour tout ce qui sort de leur bouche.

Il arrive quelquefois que les histoires qu'ils débitent ont quelque fondement dans la vérité; mais à force d'additions & d'ornemens étrangers, elles parviennent à un volume monstrueux, dont les différentes parties sont tellement incompatibles, qu'elles perdent toute probabilité, & que souvent même elles deviennent entièrement contradictoires. Cependant le conteur est si fort chatouillé de la satisfaction d'en avoir fait un bon conte, qu'il est aveugle sur les absurdités dont il a enveloppé le fait, & qu'il attend avec impatience une occasion favorable de le débiter de nouveau effrontément, même devant des personnes assez pénétrantes pour en saisir d'abord la fausseté.

J'entendis un jour un homme qui auroit été au désespoir d'être traité de menteur, raconter une histoire dont la vérité seroit absolument impossible ; néanmoins il assura positivement que c'étoit un fait, & qu'il en avoit été un témoin oculaire. Un cavalier qui étoit à côté de lui, & qui étoit trop bien élevé pour lui rompre en visière, le regardant fixement : tout de bon, monsieur, lui dit-il, avez-vous vu la chose vous-même ? De mes propres yeux, répondit l'autre. Puisque cela est ainsi, reprit le cavalier, je suis obligé de vous en croire sur votre parole ; mais je puis vous protester que je n'en croirois rien, si je l'avois vu moi-même. Cette spirituelle répartie excita un grand éclat de rire dans toute la compagnie, & dévoila mieux le mensonge qu'on venoit d'entendre, que n'auroit pu faire un démenti dans les formes, qui auroit pu d'ailleurs, donner lieu à une querelle.

Cette licence d'altérer les faits pour les rendre plus remarquables, va souvent si loin qu'il est difcile de les démêler d'avec la broderie, & que le conteur a de la peine lui-même à se souvenir de la réalité sur laquelle il avoit travaillé d'abord. Par cette pratique générale, il arrive d'ordinaire que la même histoire rapportée par deux différentes personnes qui en ont été toutes deux témoins oculaires, ressemble si peu à elle-même, qu'il est naturel de croire qu'elle roule sur deux faits différens. Ces sortes d'historiens se familiarisent si fort avec leurs propres inventions, qu'ils sont eux-mêmes les dupes de leurs chimères, & qu'ils les prennent à la fin pour des vérités.

Il est surprenant qu'on ait tant d'indulgence pour ce tour d'esprit, qui s'occupe uniquement à ces sortes d'inventions. On ne songe pas que ces outrages qu'on fait à la vérité, font peu-à-peu dans le cœur une brèche, par où l'habitude de mentir se peut glisser avec beaucoup de facilité. Dès qu'une fois on commence à ne pas respecter la vérité dans les bagatelles, on court grand risque de s'accoutumer à la braver dans les affaires importantes. De cette manière on tend des embûches à sa propre vertu, dans le tems qu'on ne songe qu'à faire rire une compagnie, ou bien à y causer un étonnement extraordinaire. C'est-là l'unique récompense que se proposent ces conteurs de profession; & s'ils arrivent à leur but, ils sont tontens comme des rois, & ils se felicitent de la fertilité de leur imagination.

Il est difficile d'assigner à cette coutume la place qu'elle mérite parmi les habitudes vicieuses. S'il y a moins de crime que dans les autres mensonges, il y a en récompense infiniment moins de bon sens. Ceux qui mentent, pour tirer de leur crime un gain considérable, s'y abandonnent du moins par un motif qui peut avoir de la force. Ce motif, il est vrai, ne les excuse en aucune manière; mais il les fait agir conséquemment & par principe; aussi mentir par forme de divertissement, c'est choquer sa conscience pour le seul plaisir de se rendre fou de propos délibéré. Quel plaisir! En vérité, ceux qui en sont si charmés mettent leur mauvais sens au-dessous de l'extravagance des habitans des Petites-Maisons.

Rien n'est pourtant plus commun; il semble que le caractère entier de certaines personnes est composé de contes; point de conteurs qui, en débitant leurs histoires, ne donnent des preuves authentiques du vide de leur esprit; semblables à un colporteur, qui va porter sa maigre boutique de maison en maison, ils n'ont qu'un petit nombre de contes qu'ils promènent par toute la ville, & qui deviennent à la fin si usés, qu'ils montrent la corde, & qu'ils perdent tout leur lustre.

Il n'est pas nécessaire d'avertir que tous ces conteurs sont presque tous coupables de la fiction dont je viens de parler ; la chose est évidente ; rarement habillent-ils leur histoire de la même façon ; ils en altèrent même les circonstances les plus essentielles : mais ils ont beau faire, cette variété ne les masque pas suffisamment pour leur faire conserver les graces de la nouveauté.

J'avoue que les termes me manquent pour bien exprimer la bassesse de cœur & le dérèglement d'esprit qui règnent dans la conduite de ces pauvres gens, qui péchent sans dessein, sans motif, sans réflexion, & qui, bien loin d'avoir un mauvais but, n'en ont point du tout. Etrange caractère que celui d'un homme qui, sans penser à mal, affronte la vérité, trompe ses amis, se décrédite lui-même, & n'a pour fruit de son invention & de ses chimères que la gloire de jouer le rôle de bouffon, & de faire, d'une compagnie où il se trouve, un parterre que ses extravagances divertissent pour rien !

Le meilleur conseil que je puisse donner à un fou de cette espèce, est de continuer à mentir tout son soul. L'expression paroît donner dans le paradoxe ; mais je me crois en état de prouver qu'elle ne s'écarte pas du bon sens. Le seul moyen pour un tel homme de ne plus mentir, c'est de continuer à mentir de toutes ses forces

La qualité essentielle du mensonge, c'est d'en imposer; mais il est impossible à un menteur, reconnu pour tel, d'en imposer à personne; tous ses discours, quelque faux qu'ils puissent être, deviennent des fonds vides, qui ne produisent aucune idée, & ceux qui y attachent le moindre sens, sont leurs propres dupes.

Les conteurs de profession peuvent être distribués en différentes classes. Il y en a qui débitent des histoires qui sont entièrement dues à leur imagination, & qu'ils forgent pendant quelque insomnie, pour se dédommager des rêves dont le défaut de sommeil les prive. Ils glissent ces sortes d'histoires dans la conversation, par cet exorde ordinaire & usité; *Un jour il y avoit un homme*, ou, *il y avoit un jour une femme*; & par ce commencement ils semblent avertir les auditeurs qu'ils vont débiter une fable.

D'autres fabriquent dans la même forge de leur invention des fables mieux circonstanciées, & par cela même plus imprudentes. Pour ménager du crédit à leurs histoires, ils les font arriver à des personnages fixes, & ils ne manquent jamais de déclarer, dans leur préambule, qu'ils ont connu familièrement l'homme ou la femme dont ils vont parler.

Il ne faut pas confondre ces sortes de contes avec des paraboles ou des fables allégoriques, qui sont d'une nature toute différente. La vérité est le but naturel de ces fictions, elles tendent à une instruction agréable, & plus propre à se glisser dans l'esprit qu'une morale sèche & dénuée d'agrément. Telles sont les paraboles que l'on trouve dans les livres sacrés ; telles sont les *Aventures de Télémaque*, & telles sont encore celles de votre bon ami *Robinson Crusoè*.

D'autres conteurs, dont j'ai déja parlé, se contentent de falsifier la vérité, & d'en faire un mélange monstrueux avec le mensonge tout pur, parce qu'il est plus propre à tromper.

Quelquefois on ensevelit des faits véritables sous tant d'additions & d'ornemens étrangers que le fondement en disparoît entièrement ; il arrive même que ces contes sont si souvent retouchés, corrigés, retournés, raccommodés, qu'ils ressemblent à cette vieille galère de Venise, où l'on avoit mis tant de planches nouvelles de tems en tems, qu'à la fin il ne lui resta rien de sa matière primitive.

Il y a encore une autre classe de conteurs, dont les fables sont pleines de malice & d'allusions propres à noircir la réputation du prochain ; mais ils ne sont pas de mon sujet ; il ne s'agit que d'une espèce de diables blancs, pour ainsi dire, qui n'ont aucune malignité dans leurs desseins, uniquement mauvais, parce qu'ils sont déraisonnables. Ils ne font proprement tort qu'à eux-mêmes ; semblables à la cigale, qui, en mourant de faim, divertit les voyageurs par son chant.

La conversation de ces gens est un vide perpétuel ; & pour parler le langage de l'écriture-sainte, la vérité n'est pas en eux ; ils la considèrent comme un objet qui n'a pas la moindre valeur & qui ne mérite ni estime, ni hommage. Ils tournent leurs crimes en raillerie & en divertissement, ils péchent en riant, & l'on peut dire qu'ils jouent de leur ame comme d'un violon, pour faire danser les autres. S'ils font naître quelquefois la joie dans une compagnie, c'est à leurs propres dépens ; ils jouent la comédie pour ceux qui les écoutent, & la tragédie pour eux-mêmes.

Je serois bien-aise, que ce que je viens de dire sur ce sujet, fût capable de détourner de cette sotte bouffonnerie ceux qui y donnent, sans perdre absolument le sens commun, en leur faisant honte de leur impertinent badinage & en tournant leurs réflexions sur ses dangereuses conséquences. Les livres sacrés nous ordonnent de parler vérité à notre prochain : si nous voulons nous mettre au rang des conteurs de profession, choisissons des contes qui n'ont pas besoin de fard & de broderies; & si nous doutons de leur vérité, disons-le naturellement, pour laisser à chacun la liberté d'en croire ce qu'il trouvera à propos.

Sans cette précaution, le mal qu'il y a à débiter des fables, sur le pied des vérités, se répand au long & au large, & va de bouche en bouche tromper tous ceux qui y prêtent attention. C'est en cela précisément que ces contes ont une différence essentielle avec les fictions allégoriques, qu'on donne d'abord au public sans en dévoiler le sens, pour essayer la pénétration des lecteurs. Plusieurs personnes peuvent n'en pas sentir le véritable but; mais dès qu'on l'a une fois développé, l'histoire disparoît, pour ainsi dire, & rien ne reste que la morale seule à laquelle elle avoit servi d'enveloppe & de voile.

Il en est tout autrement des contes en question; leur fausseté fait toute leur essence; la manière dont ils sont perpétués répond à leur invention; ceux qui les tiennent de l'inventeur, assurent la vérité du fait avec la même confiance dont ils en ont été assurés eux-mêmes. A les entendre parler, on croiroit qu'ils en ont les preuves les plus authentiques.

C'est ainsi qu'on communique une tradition de mensonges à la postérité, qu'on lui en donne en même tems la matière & le modèle, & qu'on rend ses derniers neveux complices des affronts qu'on fait à la vérité.

On pourroit m'objecter, que par les préceptes que je donne ici, je condamne les premiers volumes de cet ouvrage, & que pensant censurer les autres, je me censure moi-même. Mais je prie ceux qui pourroient me faire objection, de suspendre leur jugement, jusqu'a ce qu'ils voyent le dénouement de la pièce, qui découvrira le mystère, & je ne doute pas qu'alors ils n'avouent que l'ouvrage répond au dessein, & que le dessein justifie l'ouvrage.

CHAPITRE IV.

Essai sur l'état présent de la religion dans le monde.

Dans cette partie de mon ouvrage, que j'ai appelée l'histoire de ma vie, j'ai fait mention plus d'une fois de ce penchant insurmontable de mon cœur, où tous mes desirs aboutissoient, & qui me portoit sans relâche à une vie errante, quoique j'y fusse continuellement balotté par les plus fâcheux accidens, & par les catastrophes les plus propres à me dégouter de mes courses.

Il y a presque dans tous les naturels une fougue inconsidérée, qui nous fait suivre le torrent de nos plaisirs par une action presque involontaire, & qui nous fait faire un grand nombre de choses, sans que nous ayons d'autre but, que de nous assujettir à notre volonté, ou, pour mieux dire, à nos passions. En nous conduisant de cette manière, nous ne consultons pas seulement notre raison; & quand nous avons achevé ces actions indignes d'un être raisonnable, il nous est impossible de leur assigner un motif plausible.

En suivant le fil de mon histoire allégorique, on peut me supposer arrivé, après un long enchaînement d'incidens, à ce période de la vie humaine, qu'on appelle vieillesse. On peut supposer encore que je compose cet ouvrage dans cette saison, où naturellement chaque homme devroit être capable de faire des réflexions judicieuses sur le passé, de justes décisions sur le présent, & des conjectures probables sur l'avenir.

Au commencement de cet état tranquille d'une vie réglée, qui est, à parler sagement, le commencement de ma vie même, je demandai un jour à ma propre raison, quelle devoit être naturellement l'occupation d'un vieillard raisonnable? Je n'eus pas besoin de faire de longues discussions pour me répondre, que c'étoit la réflexion sur les choses passées, & une attention forte & serieuse pour les choses futures.

Ayant partagé en ces deux classes les affaires qui demandoient tout mon loisir & toutes mes pensées, je commençai d'abord par la première, & quand la matière accabloit trop mon imagination, je me servois de la plume pour l'en décharger de tems en tems; ce qui me mit en état de communiquer au public une grande partie de mes réflexions.

Pendant que ces méditations occupoient toutes les facultés de mon ame, je me trouvai un jour, par hasard, chez un ami, où, parlant d'une manière fort étendue de mes voyages, selon la louable coutume de tous les voyageurs, je remarquai qu'une dame assez avancée en âge écoutoit mon récit avec une très grande attention. Comme je m'arrêtai un peu, elle se servit de cet intervalle : je vous prie, monsieur, me dit-elle, permettez-moi de vous faire une question. " De tout mon cœur madame, lui » répondis-je, » & là-dessus nous entrâmes dans le dialogue suivant :

La Dame. N'avez-vous pas remarqué, monsieur, dans tous vos voyages, ce que les hommes font principalement, & quelle est leur occupation générale & essentielle ?

Robinson Crusoé. En vérité, madame, il n'est

pas aisé de répondre à une pareille question. Les hommes s'occupent de mille différentes manières, selon leur tempérament & selon leurs différentes passions; cette variété s'augmente encore à l'infini, quand on porte ses réflexions sur les différentes parties du monde, & sur tant de nations, qui ont chacune leurs coutumes & leurs préventions particulières.

La Dame. Il me semble, monsieur, avec votre permission, que vous ne touchez pas à la question que je prends la liberté de vous faire. Je comprends, sans peine, la variété que les différentes coutumes de plusieurs peuples doivent jeter dans un bon nombre de leurs actions. Ce que je voudrois savoir, c'est uniquement si dans la nature de tous les hommes il n'y a pas une fin générale & essentielle, qu'ils se proposent, qui soit marquée dans toute leur conduite, & qui soit comme le centre commun de toutes leurs occupations.

Rob. Cr. Il me semble, madame, que vous venez d'ajouter une autre question à la première, & qu'elle est d'une nature différente.

La Dame. Quelle est donc cette question, monsieur?

Rob. Cr. Si je vous entends bien, vous voulez savoir de moi de quelle manière le genre-humain emploie son tems. Il est très-certain, que la grande moitié des hommes ne l'emploie point à ce qu'ils reconnoissent pour le but principal de leurs occupations ; & par conséquent ces deux questions sont entièrement différentes.

La Dame. Je vous prie, monsieur, de ne me pas écarter de mon sujet par vos distinctions ; je parle seulement de ce que les hommes en général reconnoissent comme la principale fin de la vie humaine, & comme le centre de toutes leurs actions.

Rob. Crus. Pour vous parler naturellement, madame, je crois que les hommes s'occupent principalement à deux choses ; premièrement, à manger & à boire ; & en second lieu, à chercher de quoi manger & de quoi boire. Si vous y ajoutez les peines qu'ils se donnent pour se nuire les uns aux autres, vous voyez leur principale occupation dans toute son étendue.

La Dame. Fort bien : mais ce n'est là que leur occupation animale, qui les confond avec les brutes.

Rob. Crus. Il est vrai, madame : se nourrir & chercher de quoi se nourrir, c'est l'occupation qui les met de niveau avec les bêtes ; mais leur occupation, en qualité d'hommes, savoir, celle de se détruire les uns les autres, les met fort au-dessous des brutes, que leur fière raison méprise tant. Les animaux, privés de la raison, ne détruisent jamais leur propre espèce, & ils n'attaquent les autres que pour assouvir leur faim, & pour se conserver la vie; au lieu que l'homme, par des motifs infiniment plus bas, se porte à ruiner & à massacrer son prochain, & quelquefois sa propre famille. Cette vérité est parfaitement bien dépeinte dans les vers que je m'en vais vous réciter :

Voit-on les loups brigands, comme nous inhumains,
Pour détrousser les loups courir les grands chemins ?
Jamais, pour s'aggrandir, vit-on dans sa manie
Un tigre en faction partager l'Hyrcanie ?
L'ours a-t-il dans les bois la guerre avec les ours ?
Le vautour, dans les airs, fond-il sur les vautours ?
A-t-on vû quelquefois dans les plaines d'Afrique,
Déchirant à l'envi leur propre république,
Lions contre Lions, parens contre parens,
Combattre avec fureur pour le choix des tyrans ?
L'animal le plus fier qu'enfante la nature,
Dans un autre animal respecte sa figure ;
De sa rage avec lui modère les accès ;
Vit sans bruit, sans débat, sans noise, sans procès.
Un aigle sur un champ prétendant droit d'aubaine,
Ne fait point appeler un aigle à la huitaine.
Jamais contre un renard, chicanant un poulet,
Un renard de son sac n'alla charger Rollet.
Jamais la biche en rut n'a, pour fait d'impuissance,
Traîné du fond des bois un cerf à l'audience.
Et jamais juge entr'eux ordonnant le congrès,
De ce burlesque mot n'a sali ses arrêts.

On ne connoît chez eux ni placets, ni requêtes;
Ni haut, ni bas conseil, ni chambre des enquêtes;
Chacun l'un avec l'autre en toute sûreté
Vit sous les pures loix de la simple équité.
L'homme seul, l'homme seul, en sa fureur extrême
Met un brutal honneur à s'égorger lui-même.
C'étoit peu que sa main, conduite par l'enfer,
Eût paîtri le salpêtre, eût aiguisé le fer;
Il falloit que sa rage, à l'univers funeste,
Allât encor de loix embrouiller un digeste,
Cherchât, pour l'obscurcir, des gloses, des docteurs;
Accablât l'équité sous des monceaux d'auteurs,
Que l'équité trouvât son tombeau dans le code,
Et qu'on forçât Thémis à protéger la fraude.
La raison, instrument des plus affreux excès,
Ne sert qu'à rafiner sur nos plus noirs forfaits.
Si les brutes au meurtre animent leur courage,
Leur faim sert & d'excuse, & de borne à leur rage;
Mais d'orgueil, de malice, un projet concerté,
Fait en nous, ce qu'en eux fait la nécessité.
L'altière ambition, la cruelle vengeance,
Outragent la foiblesse, oppriment l'innocence;
Et de crimes si bas, orateurs spécieux,
Nous savons les farder par des noms glorieux.

La Dame. Je crois que ce que vous venez de dire est véritable; mais tout cela ne satisfait pas à la question. Il faut de nécessité qu'il y ait dans le genre-humain une occupation, qui soit reconnue pour le but général vers lequel la sagesse veut que nous dirigions notre conduite. Il me paroît qu'il doit y avoir quelque chose de fixe dans la raison humaine; un centre commun où doivent aboutir les réflexions & les penchants de tous les peuples.

Rob. Cruſ. En vérité, madame, je ne le crois pas. Il y a une grande partie du genre-humain, & beaucoup plus grande que nous ne croyons, dont la nature est abâtardie par une vie sauvage & barbare. La fin principale de cette vie, ne paroît consister simplement que dans l'occupation de chercher la nourriture, & dans le plaisir d'en faire usage. Si vous en exceptez la faculté de parler & l'idolâtrie, il n'y a rien qui distingue ces nations malheureuses, des bêtes les plus féroces; leur vie est précisément la même que celle d'un tigre ou d'un lion.

La Dame. Je crois pourtant qu'on pourroit alléguer plusieurs choses qui mettent une différence entre les bêtes & les sauvages; mais ce n'est pas là ce dont il s'agit présentement; l'occupation principale & universellement reconnue pour la véritable fin de la vie humaine, ne consisteroit-elle pas dans la religion? Vous venez de faire mention vous-même de l'idolâtrie qui règne parmi les sauvages, & qu'ils honorent apparemment du titre de religion.

Rob. Cruſ. Vous avez trop bonne opinion des

hommes, madame; rien n'est plus difficile que de trouver quelque religion dans le monde: d'un côté, ce n'est que crasse ignorance; de l'autre, ce n'est que noire hypocrisie.

La Dame. Il me semble, monsieur, que vous vous étudiez à éluder le sens véritable de ma question; je sais bien qu'une partie du genre-humain est dévote d'une manière aveugle, & qu'une autre l'est d'une manière scélérate; mais ce n'est pas là le cas dont il s'agit : je vous demande seulement, si du moins les hommes ne font pas, en général, profession de reconnoître la religion pour la fin principale.

Rob. Cruf. Mais qu'appelez-vous religion, madame ?

La Dame. J'appelle religion un culte adressé à un Être suprême, à un Dieu connu ou inconnu, n'importe ; pourvu qu'on lui rende hommage, comme à un être dont on dépend.

Rob. Cruf. Je vous dirai, madame, qu'effectivement il y a très-peu de nations assez stupides pour ne pas faire profession de croire une divinité, un pouvoir suprême.

La Dame. J'en suis bien persuadée ; mais ce n'est pas encore véritablement ce dont je voudrois m'informer. J'aurois envie de savoir si, avec cette idée d'une divinité, dont tous les peuples sont redevables à leurs lumières naturelles, ils n'en ont pas une autre dérivée de la même source, qui les porte à un certain culte, à des hommages, à l'adoration, & sur-tout à la prière.

Rob. Cruſ. Je crois vous entendre à préſent, madame; vous me demandez ſi l'idée de l'exiſtence d'un Être ſuprême, & l'idée d'un culte que nous lui devons, ne découlent pas dans l'eſprit du genre-humain, du même principe naturel.

La Dame. Voilà préciſément ma queſtion, pourvu que nous entendions tous deux la même choſe par le terme de culte.

Rob. Cruſ. Et moi, j'entends par-là l'adoration.

La Dame. Pour moi, j'y donne un autre ſens; je crois que ce terme doit ſignifier, ſur-tout dans le cas dont il s'agit, la ſupplication ou la prière.

Rob. Cruſ. Hélas! madame, la plus grande partie des Indiens ne connoiſſent dans leur culte, rien que l'adoration.

La Dame. Je ſuis d'opinion, monſieur, que vous vous trompez; je ſuis perſuadée que l'adoration de ces pauvres gens eſt une ſupplication réelle. Ne nous avez-vous pas dit vous-même qu'ils lèvent leurs mains vers leurs idoles, de peur qu'elles ne leur faſſent du mal?

Rob. Cruſ. Je l'ai dit, & il y a beaucoup d'apparence à cela.

La Dame. Votre eſclave Vendredi, & les

femmes sauvages, dont vous nous avez rapporté l'histoire, ne vous parlèrent ils pas de leur idole Benamuckée, & de leur manière de lui rendre leurs hommages?

Rob. Cruſ. Sans doute.

La Dame. Vendredi ne vous dit-il pas que les vieillards de sa nation montoient des collines pour dire, O! à leur divinité? Que veut dire cet O! sinon, O! ne nous puniſſez pas, ne nous tuez pas? O! guériſſez nos maladies; car vous êtes tout-puiſſant: O! donnez-nous tout ce dont nous avons beſoin; car vous êtes plein de bonté: O! épargnez-nous; car vous êtes miséricordieux. Je conclus de-là, que toute leur adoration conſiſtoit dans la ſupplication, & que l'hommage qu'ils rendoient aux différens attributs divins, aboutiſſoient à la prière.

Rob. Cruſ. Je tombe d'accord, madame, de tout ce que vous venez de dire; mais quelle conſéquence en tirez-vous, & quel est le but de votre queſtion?

La Dame. Les conséquences que j'en tire, monſieur, ſont pour ma propre utilité; elles ne ſont pas aſſez importantes pour vous être communiquées, & je n'ai garde de me croire capable de vous inſtruire.

J'aurois cru que cette judicieuſe dame auroit pouſſé plus loin cette converſation; mais elle l'évita, & m'abandonna à mes propres réflexions, qui sortirent en foule du discours que nous avions eu sur un sujet si important. La première chose sur laquelle mes pensées roulèrent, c'étoit l'examen de la manière dont la religion subsiste dans le monde; il n'étoit pas nécessaire de la pousser bien loin, pour m'appercevoir qu'il y a parmi les hommes plus de dévotion que de religion, plus d'hypocrisie que de véritable culte.

De-là mon intention se tourna, par une transition assez naturelle, sur mes voyages, & je considérai avec la dernière mortification, que dans toutes les courses que j'ai décrites dans mes deux premiers volumes, je n'avois presque pas mis le pied dans un pays chrétien, quoique j'eusse parcouru trois parties du monde. Excepté le peu de tems que j'ai demeuré dans le Brésil, où les Portugais font profession de la religion catholique romaine, qu'on peut appeler chrétienne, pour la distinguer du paganisme, je n'ai pas vu un seul pays habité par des chrétiens; l'on en sera convaincu, quand on voudra se rappeler avec attention mes voyages. Ils commencèrent par les côtes de Salé, d'où je partis, en me sauvant de l'esclavage. De-là je parcourus la mer Atlantique, ayant les côtes d'Afrique d'un côté, & les Caraïbes de l'autre; ensuite je vis

Madagascar, Malabar, la Baye de Bengale, Sumatra, Malacca, Siam, Camboye, la Cochinchine, l'empire de la Chine, les déserts du Karakathai, les tartares Monguls, les Sibériens, les Samojèdes, & je n'eus le bonheur de me trouver parmi des chrétiens, que dans la Russie noire, à quatre ou cinq journées d'Archangel.

Rien au monde n'est plus triste, que d'observer que l'ignorance la plus grossière & la plus excessive brutalité sont tombées en partage à tant de millions d'hommes, doués des mêmes facultés naturelles que nous, fournis des mêmes talens, &, à plusieurs égards, aussi accessibles à la conception des choses les plus grandes, & les plus sublimes. Cette observation est fondée, non-seulement par rapport à la religion, mais encore à l'égard de toutes les sciences & de tous les arts, qui peuvent perfectionner notre nature, & contribuer aux agrémens de la vie.

Il est difficile de déterminer ce que la sagesse divine a trouvé à propos de résoudre sur le sort de ce nombre infini d'ames, & je n'ai nullement le dessein téméraire d'entrer là-dessus dans de profondes recherches. Je me contenterai de faire une seule remarque : si, selon l'opinion de plusieurs personnes, Dieu doit leur faire grace dans le jugement à venir, à cause qu'ils n'ont pas péché contre la lumière salutaire de l'évangile, on peut dire que les ténèbres du paganisme, dont ils ont été enveloppés, sont plutôt une faveur qu'une malédiction. D'être né au contraire sous la lumière de l'évangile, & élevé dans la connoissance de la volonté relevée de Dieu, ce ne seroit pas une si grande grace du ciel que nos docteurs veulent nous le persuader. Dans le cas supposé, le christianisme contribueroit, en quelque sorte, plus à la damnation des hommes, qu'à leur salut, & en perdroit un plus grand nombre, qu'il n'en sauve; ce qui est une opinion abominable, s'il y en a une au monde.

De l'autre côté, si toutes ces nations éloignées de la science du salut, doivent être condamnées à être pour jamais privées de la présence de Dieu, privation, qui constitue ce qu'il y a de plus affreux dans les supplices de l'enfer, par quelle méthode la philosophie humaine conciliera-t-elle avec la bonté infinie de Dieu, la résolution de damner des millions d'ames, uniquement pour n'avoir pas cru en celui dont la connoissance n'a jamais été offerte à leurs lumières naturelles? Il y a de grandes difficultés de côté & d'autre, & la prudence veut, que nous suspendions plutôt notre jugement, que de chercher à développer ces mystères impénétrables, & de sapper les fondemens de la religion par des recherches téméraires & infructueuses. Je reviens à l'exemple de l'état dans lequel la religion se trouve parmi les hommes.

Je commencerai par les Maures qui habitent la Barbarie. Ils sont Mahométans, mais de l'espèce la plus abâtardie, & la plus impolie du monde. Ils sont aussi cruels que des bêtes féroces, débauchés, insolens, & aussi vicieux, que la nature le peut permettre. Les vertus & les bonnes mœurs leur paroissent si peu recommandables, qu'ils ne les mettent pas seulement au rang des bonnes qualités. Un homme a beau être sobre, sage, judicieux, sociable, intègre, juste, il n'en est pas plus estimé. La gloire chez ces peuples consiste dans la violence & dans le brigandage. Ils prostituent le titre de grand homme à un homme riche, possesseur d'un grand nombre d'esclaves, qu'ils traitent avec la dernière dureté. Chaque homme est un petit prince despote à part ; il ne se croit pas obligé à la bonté, à la justice & à la civilité, ni à l'égard de ses inférieurs, ni à l'égard de ceux qui sont au-dessus de lui, & il se conduit avec toute la liberté effrénée à laquelle il est porté par ses passions & par ses caprices.

La religion, dans ce pays barbare, est bornée par le Bairam, & par le Ramadan, par les jours de fête, & par les jeûnes, par la Mosquée & par les bains. Tout l'exercice de la dévotion y consiste à lire l'alcoran, & à se laver le corps. La sociabilité y est ensevelie sous mille coutumes féroces & barbares. L'humanité & la confiance mutuelle y sont des choses inconnues. On ne s'y voit pas, on ne se fie jamais l'un à l'autre. Chaque homme y représente une bête féroce, qui détruiroit toutes les autres, si elle en avoit le pouvoir.

Ce que je remarquai dans ce pays me donna occasion de faire une réflexion à l'avantage de la religion chrétienne. On peut dire qu'elle est distinguée des autres religions par ce caractère essentiel; que, par-tout où elle a été professée, elle a eu toujours la force de civiliser les nations, lors même qu'elle n'a pas eu le pouvoir de les sanctifier. Elle a produit d'heureux effets sur les manières, sur le gouvernement, & même sur le naturel des peuples. Elle les a portés à la pratique des vertus civiles, les a dégagés des coutumes barbares, qui auparavant les avoient abrutis, en faisant couler dans leur tempérament quelque chose de doux & d'humain; & les a guidés vers une vie régulière relevée par les agrémens que la générosité & la charité sont capables de répandre dans le commerce mutuel des hommes. En un mot cette religion leur a enseigné à vivre en êtres raisonnables : elle leur a fait reconnoître, pour principes de leur conduite, la douceur, la bénignité, l'humanité, & toutes ces vertus sociales, qui sont si dignes de l'excellence de notre nature, & si conformes aux règles éternelles de la justice & de l'équité.

Il est de la dernière évidence encore, que lorsque la religion chrétienne a été exilée d'un pays, & qu'elle a fait place de nouveau au paganisme & à l'idolâtrie, la barbarie & la férocité y sont rentrées d'ordinaire en même tems ; le naturel des peuples s'est altéré tout aussi-tôt, les principes de générosité en sont sortis ; la douceur & la bonté en ont été effacées ; & ces malheureux se sont plongés de nouveau dans la cruauté & dans le brigandage.

On pourroit tirer, contre cette remarque, une objection de la sagesse, de la politesse, & de la grandeur d'ame des Romains & des Grecs, chez qui l'étude de la philosophie & un gouvernement sage & bien réglé, avoient rendu familiers les principes de l'honneur & de la vertu. Il est vrai, que la générosité & l'héroïsme ont brillé avec éclat dans ces nations à différens égards. Elles ont été fertiles en personnes illustres, qui ont porté la vertu à sa plus grande sublimité ; qui se sont sacrifiées pour leur patrie ;

avec tout le zèle, & avec toute la fermeté imaginables. Les Romains sur-tout se sont signalés par mille actions non-seulement héroïques, mais encore humaines, équitables & généreuses; ils avoient horreur de tout ce qui est bas & lâche, & ils trouvoient indigne du nom Romain, de conserver la vie, même par le moindre détour qui pût les éloigner de la probité la plus scrupuleuse.

Mais cette objection, bien loin de détruire ce que j'ai avancé, ne fait que le confirmer. Ces Romains, si grands, si magnanimes, ne laissoient pas, malgré les lumières que leur donnoit la philosophie, d'avoir encore des restes considérables de barbarie & de férocité. Ils étoient tyrannisés par des coutumes directement contraires à l'humanité, témoins leurs spectacles, dans lesquels ils exposoient les criminels aux bêtes les plus cruelles, & forçoient des gladiateurs dressés exprès, à s'égorger avec la dernière fureur.

Qu'on ne me dise pas qu'il est indifférent, de quelle manière on punit des scélérats, & des gens qui mettent le désordre dans la société. Sans alléguer ici, que les malheureux qu'on forçoit à se massacrer de cette manière, n'étoient pas toujours des malfaiteurs, je ferai remarquer qu'on se faisoit un des plus grands divertissemens de ces spectacles inhumains. Les dames mêmes, malgré le penchant qu'elles ont à la douceur & à la pitié, y assistoient en foule, & cinquante esclaves, taillés en pièces à leurs yeux, ou déchirés par les lions & par les tigres, leur fournissoient un plaisir assez piquant pour leur tenir lieu d'un bal, ou d'un opéra. Ce qu'il y a d'affreux dans cette seule coutume, fait voir assez qu'il y avoit bien de la différence encore entre les Romains, & un peuple adouci par les bénignes influences de la religion. Ce qui rend la chose évidente, c'est qu'aussi-tôt que le christianisme s'est introduit chez cette nation, elle eut horreur de cette même cruauté qui faisoit auparavant ses plus chères délices : ses amphithéâtres & ses cirques furent renversés, comme leurs ruines nous le témoignent encore.

Il doit même paroître clair à des juges impartiaux, que, parmi les chrétiens, ceux dont la religion est la plus conforme aux livres sacrés, sont plus humains & plus sociables que les autres. Dans les pays chrétiens, la douceur & le support mutuel sont infiniment plus remarquables que dans les autres pays, & il ne me seroit pas difficile de le faire voir au long, par l'histoire & encore par l'expérience.

Je retourne aux Maures de Barbarie, qui

sont un exemple vivant de l'abâtardissement où l'exil de la religion chrétienne d'un pays peut jeter les peuples, qu'elle avoit fait renoncer autrefois à leur naturel farouche, & à leur brutalité.

J'ai examiné d'assez près cette terrible nation, pour être persuadé qu'elle est la plus misérable d'entre toutes celles qui couvrent la surface de la terre. Une ame grande, sensible à la compassion & à la charité, y est absolument inconnue. La nature y a perdu tout le lustre & tous les excellens avantages qu'elle peut tirer de la religion, & cependant le christianisme y a fleuri autrefois pendant plusieurs siècles.

Au sortir de là, je vis les peuples payens d'Afrique, dont plusieurs ne donnent pas la moindre marque d'un culte religieux, si j'en puis juger par ceux que je vis à bord de notre navire ; car je n'eus pas occasion de leur aller rendre visite à terre.

De-là je m'en fus dans le Brésil, où je trouvai les habitans du pays adonnés à un culte d'une fort grande étendue, qu'ils ont conservé même pendant que les Portugais ont fait leur demeure parmi eux. Ils n'ont que trop de religion, mais c'est une religion sanguinaire, cruelle & extravagante ; ce qu'il y a de plus essentiel consiste en sacrifices humains, en fortilèges & en cérémonies, qu'ils croient propres à invoquer les démons; en un mot je les estime fort au-dessous des négres d'Afrique, qui paroissent être entièrement destitués de la connoissance d'un être qui mérite les hommages des hommes.

Pour les Cannibales, dont j'ai souvent parlé dans mes volumes précédens, en rapportant les descentes qu'ils firent dans mon île, à plusieurs reprises, je ne puis pas donner un compte fort exact de leur culte religieux. Pour ce qui regarde leur affreuse coutume de se repaître de chair humaine, il faut la considérer plutôt comme une fureur guerrière, que comme une pratique civile, où l'on s'abandonne de sang-froid; ce qui paroît évidemment, en ce qu'ils ne mangent jamais que ceux qu'ils font prisonniers dans les combats.

Si l'on vouloit secouer un moment le joug que la coutume impose à notre imagination, & examiner cette pratique par la raison seule, je crois qu'on la trouveroit peu différente de ce qui se passe dans les armées européennes, pendant la chaleur de l'action, où il arrive très-souvent qu'on refuse quartier à un ennemi qui jette ses armes, & qui n'est plus en état de nuire aux vainqueurs. Tuer de tels malheureux, ou les manger, c'est à peu près la même chose;

& il est difficile de faire voir une différence essentielle entre ces deux actions inhumaines. Excepté cette habitude choquante, j'ai trouvé ces sauvages aussi propres à être civilisés qu'aucun peuple du monde.

Je passe aux Indiens, car pour les habitans de Madagascar, j'en ai vu fort peu de chose, & je crois qu'on peut les comparer aux nègres qu'on trouve sur les côtes de Guinée, excepté qu'ils sont un peu plus accoutumés aux manières des Européens, par le fréquent commerce qu'ils ont avec eux.

Les Indiens, en général, sont Mahométans ou payens, mais leur culte est mêlé de tant de coutumes barbares, que le mahométisme même y est corrompu & abâtardi. Cette corruption, par rapport aux dogmes, influe sur la morale & sur la conduite de ces peuples. Ils sont bien éloignés de marquer dans leur commerce cette justice & cette intégrité qui sont observées parmi les Mahométans de l'Europe, avec lesquels on peut négocier en toute assurance; au lieu que les Indiens volent & trompent autant qu'il leur est possible, & qu'ils se font une gloire d'en être crus capables.

Il est vrai que dans l'empire du grand-Mogol il y a une politesse extérieure dans toute la forme du gouvernement, & que les habitans de

Ceïlan sont soumis à des loix fort sévères. Cependant quelle difficulté n'y a-t-il pas à négocier avec eux? Leur économie même les porte à la fraude, & ils n'ont pas seulement le loisir de porter leurs réflexions sur les principes naturels de la justice & de l'équité.

Il est vrai que les Chinois passent pour fameux par leur sagesse, c'est-à-dire, qu'ils ont eux-mêmes une opinion si étendue de leurs lumières, que, par une espèce de honte, on leur en attribue beaucoup plus qu'ils n'en ont réellement. Pour leur rendre justice, il faut dire que ce sont des gens sages parmi les fous, des fous parmi des gens sages.

Pour ce qui regarde leur religion, elle est toute concentrée dans les maximes de Confucius, dont la théologie me paroît une vraie rapsodie de politique, de morale & de superstition, sans liaison, & bien souvent sans raisonnemens. On lui feroit trop d'honneur en la considérant comme un paganisme épuré. A mon avis, il y a des dogmes mieux raisonnés dans la théologie de plusieurs payens de l'Amérique, que dans celle de cette nation, dont on nous débite de si grandes choses; & s'il faut croire ce qu'on nous a rapporté du gouvernement de Montézuma, dans le Méxique, & des Incas leurs peuples bien plus de régularité & de bienséance, que dans celui des prétendus sages de la Chine.

Par rapport au génie des Chinois, il est sûr qu'il éclate le plus dans leurs ouvrages mécaniques. Mais si l'on y prend garde de près, on verra sans peine que de ce côté-là même, qui est leur endroit brillant, ils sont fort au-dessous des habitans de notre Europe.

Pour avoir une idée juste de leur sagesse, il sera bon d'entrer dans un certain détail, & d'en examiner les différentes branches. Il est d'abord certain que leurs lumières ne les ont pas ménés si avant dans la connoissance de la religion, qu'ils auroient pu être guidés par les notions naturelles qui conduisirent autrefois les Romains & les Grecs dans la recherche de la vérité. Si ces anciens sages n'avoient pas une idée exacte de la divinité, ils la considéroient pourtant comme quelque chose d'immortel, de tout-puissant & d'infiniment élevé au-dessus de l'homme. Ils la plaçoient dans le ciel, ils lui accordoient l'empire du monde, & les images de leurs dieux & de leurs déesses représentoient d'ordinaire des attributs divins & des qualités dignes de s'attirer notre respect & notre admiration. Les noms dont ils distinguoient ces tuaires; Jupiter étoit appelé le foudroyant, à cause de son pouvoir, & le père des Dieux & des hommes, à cause de son autorité. Vénus étoit adorée pour sa beauté, Mercure pour son adresse, Apollon pour son esprit, pour sa musique, & pour l'art de la médécine qu'il avoit communiqué au genre-humain; Mars pour sa valeur & pour son intrépidité, & ainsi du reste. Que trouve-t-on de semblable dans le culte des Chinois, cette nation si célèbre pour sa politesse & par la grandeur de son génie? On la voit se vautrer dans la boue même d'une idolâtrie grossière, & si peu conforme aux principes naturels de la raison, que cette grossièreté paroit un effet de l'étude & du rafinement.

Leurs idoles, bien loin d'être les images de quelques vertus, ou de quelques qualités estimables, ne représentent pas seulement la moindre réalité; ce sont des figures plus que monstrueuses, & dans la composition desquelles il n'entre pas seulement la moindre partie de quelque animal qui existe; elles ne représentent rien qui puisse marcher, se tenir de bout ou voler; on n'y voit rien qui soit propre à voir, à parler ou à entendre; tout le motif qu'on paroît avoir eu, en les formant, est de remplir l'esprit des spectateurs d'effroi & d'horreur. C'est à ce qui s'offre à leurs yeux ; culte abominable au suprême degré.

Qu'on me permette de donner ici mon opinion sur le culte religieux, tel que la nature peut l'enseigner à des hommes qui ne sont pas instruits par une révélation de la véritable nature de Dieu. Il me semble que le soleil, la lune, les étoiles, qui étoient adorés par les payens de l'antiquité, aussi-bien que la représentation de certaines vertus & certaines qualités excellentes, comme la valeur, la fermeté, la bienfaisance, l'esprit, la sagesse, &c. sont des objets infiniment plus naturels d'un culte religieux que les affreuses idoles qu'on adore dans la Chine & dans le Japon. En vain vante-t-on les maximes d'état, sur lesquelles la sagesse de ces nations a fondé la forme de leur gouvernement. En vain veut-on nous donner les plus grandes idées de leur génie & de leur habileté, tous ces éloges hyperboliques n'empêcheront pas un homme sensé de trouver leur culte le plus brutal, le plus extravagant, & le plus contraire à la raison & à la nature, qu'il soit possible de trouver dans tout l'univers. Non-seulement elles se prosternent devant l'ouvrage de leurs propres mains, mais encore devant des chef-d'œuvres de laideur & de difformité, uniquement destinés à exciter l'horreur & l'effroi

M ij

dans l'ame de ceux qui les regardent; au lieu que des payens plus sages, se conformant à la nature, ont toujours donné à l'objet de leurs hommages, quelque chose d'aimable & de propre à s'attirer du respect & de l'estime.

Quel titre de pareils gens peuvent-ils avoir pour prétendre au caractère de sagesse, de politesse & d'habileté, quand ils se laissent maîtriser par une idolâtrie directement opposée au sens commun, & qu'ils adressent leur adoration à ce qu'on peut imaginer de plus méprisable & de plus dégoûtant?

Telle étoit l'idole que je vis un jour dans un temple, ou plutôt dans une chapelle attachée au grand palais de Pékin. Un mandarin, avec ses domestiques, étoit prosterné la face contre terre devant elle. Il n'y avoit rien qui représentât la moindre partie d'aucune créature de Dieu; tout en étoit dû à l'invention humaine, qui s'étoit donné la torture pour produire quelque chose d'affreux, qu'on ne pût pas regarder sans dégoût & sans aversion.

Il s'en trouve une pareille (à moins qu'elle ne soit renversée par quelque homme de bon sens) dans une chapelle qu'un mandarin Tartare a fait bâtir dans son jardin qu'on trouve à une petite distance de la ville de Nankin. Le peuple y accourt de tous côtés pour adresser à cette figure monstrueuse son aveugle dévotion, & comme je suis en état de la dépeindre exactement, je me crois obligé d'en donner le portrait à mes lecteurs.

Elle avoit quelque chose qui lui tenoit lieu d'une tête, mais ce n'étoit pas une tête proprement; & une gueule de travers qui n'étoit qu'une ouverture large & difforme, sans avoir la moindre ressemblance à une bouche d'homme, de quadrupède, d'oiseau ou de poisson. Ce monstre avoit des pieds, des mains, des doigts, des griffes, des jambes, des bras, des aîles, des oreilles, des cornes, le tout placé pêle-mêle, & sans le moindre arrangement; tous ces membres affreux, & par la figure & par le désordre, étoient attachés à une masse énorme, plutôt qu'à un corps; je ne sais pas si elle étoit de bois ou de pierre; mais je sais bien qu'elle avoit une figure à laquelle il étoit impossible de donner un nom. On pouvoit placer ce monstre à tout hasard, sans lui ôter la moindre partie de ses graces. De quelque côté qu'on le tournât, il étoit également horrible & dégoûtant, également propre à inspirer de l'aversion; & quand on l'auroit mis sur la tête, on ne lui auroit pas fait le moindre tort. Je ne l'ai pas encore dépeint dans toute sa difformité; mais si le lecteur y veut suppléer par un effort d'imagination, & y ajouter tout ce qu'elle peut lui fournir de plus abominable & de plus effrayant, il aura une idée à-peu-près juste de la divinité de ces sages Chinois, qu'on nous oblige d'admirer malgré nous. Il peut se représenter leurs mandarins & leurs plus grands seigneurs, qui lui rendent leurs hommages avec toute la pompe possible & avec toute l'humilité que le Dieu du ciel & de la terre pourroit exiger de ses adorateurs éclairés.

Si du tems que le paganisme servoit encore de bandeau à la sagesse des Romains, on avoit placé un monstre semblable dans un temple consacré au dieu de la laideur, comme ils en avoient un dédié au dieu de la beauté, on auroit admiré certainement l'art & l'invention du statuaire; mais sous tout autre titre, un tel monstre n'auroit pu paroître sur un autel de ces sages payens, sans s'attirer le mépris & l'exécration publiques.

Rien, à mon avis, n'est si capable de faire passer une nation pour ignorante & extravagante au plus haut degré, qu'un pareil travers d'esprit par rapport au culte religieux. Si la plus grossière ignorance touchant l'idée de la divinité, qui est si naturelle à la raison humaine, n'est pas capable d'approprier ce caractère à un peuple; je ne connois rien dans la nature qui nous puisse mettre en droit d'avoir mauvaise opinion de qui que ce soit.

Considérons encore, à quelques autres égards, la sagesse de cette nation; le gouvernement &

les arts sont les deux choses dans lesquelles ceux qui en ont une si grande opinion en Angleterre, prétendent qu'elle excelle.

La forme de son gouvernement consiste dans une disposition absolue & tyrannique, qui est la méthode de gouverner la plus aisée, par-tout où les sujets sont aussi disposés à obéir aveuglément, que leurs supérieurs le sont à commander d'une manière impérieuse. De quelles lumières, de quelle prudence, de quels rafinemens de politique a-t-on besoin pour conduire des hommes qui, quand on leur ordonne de se perdre eux-mêmes, versent quelques larmes efféminées, & exécutent ensuite cet ordre sans délai ? Les maximes de politique des Chinois, sont admirables parmi des Chinois, il en faut convenir; mais, parmi nous, elles ne produiroient que du désordre & de la confusion. Si la même chose n'arrive pas dans l'empire de la Chine, c'est uniquement parce que tout ce qu'un mandarin ordonne y passe pour une loi aussi respectable que si elle venoit immédiatement du ciel, & il est impossible que l'exécution ne la suive de près, à moins que Dieu ne fasse une espèce de miracle pour l'empêcher.

Quant à leur manière d'administrer la justice, tout ce qu'on y peut remarquer, c'est une décision prompte, suivie d'une exécution sans délai; c'est une observation assez exacte de la loi du talion, & un soin général d'empêcher les injustices. Leurs punitions sont cruelles & excessives, & sont mal proportionnées : ils coupent les mains & les pieds à un voleur, dans le tems qu'ils permettent à un meurtrier de se racheter du supplice.

Leurs mandarins jugent en dernier ressort dans un grand nombre de cas, tout comme nos juges de paix; mais d'ordinaire ils ne fondent leurs jugemens sur aucune loi écrite. Ils n'ont, pour toute règle, que la coutume, la tradition & leurs propres lumières, qu'ils ne consultent qu'à la hâte, sans se donner le tems de réfléchir & de corriger dans leurs sentences, selon les différentes circonstances des faits, ce qu'il pourroit y avoir de trop sévère. Ils ne savent ce que c'est de mitiger la punition, par la considération de la fragilité humaine, & de la force des motifs qui ont porté le coupable au crime.

J'en viens à la manière dont on prétend qu'ils brillent dans la mécanique & dans les arts. J'avoue que je n'y trouve rien qui puisse être la base de cette haute opinion que les Européens font profession d'en avoir. Nous ne les admirons, de ce côté-là, que parce que nous les comparons avec d'autres nations payennes de l'Asie & de l'Afrique, que nous trouvons à cet égard plongées dans la plus crasse ignorance. Cette comparaison est certainement avantageuse aux Chinois; mais elle ne devroit pas nous jeter dans un étonnement capable de nous éblouir & de suspendre en nous la faculté de raisonner. Cette supériorité n'est pas un pur effet du génie de cette nation. Il faut considérer qu'elle habite le continent de l'Asie, qui, malgré des déserts assez étendus, lui a pu permettre autrefois le commerce avec les nations savantes & polies, qui habitoient pour lors cette partie du monde; les Mèdes, les Perses & les Grecs. Il y a beaucoup d'apparence qu'ils ont reçu les premiers élémens de la mécanique, & les principes des arts, des Perses, des Assyriens & des Israélites, qui, selon l'opinion la plus commune, ont été transportés dans le pays des Parthes, situé sur les frontières du Karakathai, ou de la Grande-Tartarie, & qui ont dû naturellement communiquer aux peuples voisins l'adresse où ils excelloient à faire toutes sortes d'ouvrages.

Si cette conjecture est fondée, il est certain qu'il faut s'étonner de la stupidité des Chinois, plutôt que d'admirer leur génie. Examinons les progrès qu'ils ont faits dans les arts, à proportion de ceux qu'ont fait les peuples de l'Europe; rien n'est plus mince. Il est vrai qu'ils excellent par rapport à quelques ouvrages particuliers dont leur pays leur fournit la matière; mais certainement ils n'en sont pas redevables à leur génie. A cet égard-là même ils sont surpassés par nos artisans ordinaires, dont l'imitation laisse loin derrière elle les originaux qui passent pour les plus grands chef-d'œuvres.

Ils ont la poudre à canon & des armes à feu; c'est une particularité qu'on fait valoir extrêmement; il n'est pas certain s'ils ont appris l'art de les faire des Européens, ou s'ils en sont redevables à leur propre invention; mais il n'importe guères; il suffit de remarquer que leur poudre, bien loin d'être propre aux opérations d'un siège, n'a pas seulement la force de tuer un oiseau, à moins qu'ils n'en emploient une grande quantité. Leurs fusils sont plus propres à faire parade, qu'à produire quelqu'effet; ils sont pesans, grossiers, mal-faits & désagréables à la vue. Ils ne savent ce que c'est que des bombes, des carcasses, des grenades, des mines, &c. Ils sont si éloignés de posséder l'art d'attaquer & de défendre une place, qu'à peine ont-ils une idée de l'art de pointer un canon. Pour la discipline militaire, l'exercice, les évolutions, la manière de ranger une armée en bataille, leurs plus habiles généraux devroient venir à l'école chez le moins habile de nos sergens, qui en sait plus que toute la Chine ensemble.

S'ils ont eu l'usage de la poudre à canon pendant

tant de siècles, comme quelques-uns de leurs admirateurs l'ont rêvé, il faut avouer que leur stupidité est étonnante ; & s'ils ont appris à la faire depuis peu, ils ne sauroient encore excuser la bêtise qu'ils ont eue de ne pas perfectionner davantage une invention qu'il est si facile de porter au même degré où elle est parmi les Européens.

Passons à leur navigation, & convenons que de ce côté-là ils surpassent tous leurs voisins ; mais ayons trop de justice pour les comparer avec nous. De quelle étendue sont leurs courses, de quelle manière conduisent-ils leurs barques & leurs pauvres jonques ? Comment s'y prendroient-ils pour traverser avec elles l'Océan indien, américain ou atlantique ? Quels pauvres matelots ont-ils ! Quels pauvres pilotes ! Y a-t-il rien de plus mal-adroit & de plus grossier que toute leur manœuvre ? Quand on les mêle par nécessité avec nos gens, combien de coups de pied ne s'en attirent-ils pas à chaque moment, par leur défaut d'habileté & d'adresse ?

Ils ne sont pas plus habiles dans l'architecture navale, & ils n'auroient jamais le génie nécessaire pour bâtir un vaisseau de guerre un peu passable ; j'oserai même assurer que toute l'habileté de tous les habitans de la Chine ne suffiroit point pour construire un navire comme notre Souverain royal, quand il seroit sur les lieux pour leur servir de modèle.

Je pourrois encore examiner leur génie par rapport à la peinture, à l'art de faire des verres, des horloges, des montres, du ruban, de la dentelle, des bas, &c. & je pourrois faire voir qu'ils n'en savent rien, ou fort peu de chose, excepté les deux premiers arts, à l'égard desquels ils ne sauroient encore entrer en comparaison avec nos artisans médiocres.

On voit, par tout ce que je viens de dire, que leur grand génie, & tout ce que leur belle imagination a de plus ingénieux, se restreint aux porcelaines, dont on est bien moins redevable à leur adresse naturelle, qu'à l'excellente terre que leur pays leur fournit. Si nous avions le même bonheur, il est indubitable que nous les surpasserions à cet égard, comme nous excellons par-dessus eux, à tous les autres. Pour leurs manufactures de soie, de coton, d'étoffes d'or & d'argent, tout ce qu'on en peut dire, c'est que nos moindres tisserans ne leur cèdent en rien de ce côté-là.

Je ne leur rendrois pas justice, si je ne disois un mot de leurs cabinets vernissés. Il est certain qu'ils sont d'une grande beauté, grace aux matériaux excellens par lesquels la nature supplée à leur défaut d'habileté pour la construction de leurs cabinets mêmes; il est constant que nous les effaçons tellement, que nous ne manquons pas d'en envoyer de tout faits, d'Angleterre dans la Chine, pour être vernissés là, & pour nous être renvoyés.

Il ne me seroit pas difficile d'entrer dans pareil détail par rapport à toutes les branches de leur prétendue habileté; & par-là je ferois parfaitement bien voir l'imperfection presque incroyable de la sagesse & des talens dont ils sont si fiers: mais mon principal but a été de parler de l'état où la religion se trouve parmi eux; état si triste que les plus féroces des sauvages ont un culte moins barbare & moins ridicule que n'est le leur.

Cet empire a pour frontière une large étendue de pays de plus de deux milles d'Angleterre. Elle est en partie sous la domination des Chinois, & en partie sous celle des Moscovites. Mais elle est habitée partie par les Tartares-Monguls, par ceux de Karakathai, par les Sibériens & par les Samoïdes, dont les idoles sont à-peu près aussi hideuses que celles de la Chine, & dont la religion est dictée par une nature brutale & entièrement abâtardie. Pour en être persuadé, on n'a qu'à consulter le père le Comte, qui décrit la figure de plusieurs de leurs divinités, & les cérémonies dont on se sert pour leur rendre hommage

Au reste, cette idolâtrie grossière continue jusqu'auprès d'Archangel. C'est ainsi qu'en parcourant une si prodigieuse étendue de pays, qui est trois fois plus grande que le diamètre de la terre, on n'entend pas seulement prononcer le nom du vrai Dieu, excepté par quelques Indiens Mahométans; bien loin d'entendre parler du fils de Dieu, & de la sainte religion qu'il a donnée aux hommes.

Le zèle avec lequel j'ai examiné l'état de la religion dans les pays où j'ai voyagé, m'a porté à continuer cette recherche par la lecture, puisque mon âge n'est plus propre aux courses. Le motif qui m'y a porté, est l'idée que j'avois qu'il devoit y avoir beaucoup de religion dans les endroits que je n'ai pas vus; puisqu'il y en a si peu dans ceux où mon étoile ambulante m'a conduit. Mais ma lecture m'a appris à-peu-près la même chose que mes voyages; savoir, que toutes les nations sont presque dans les mêmes dispositions à l'égard d'un culte religieux. Elles ont toutes plus de dévotion pour rendre des hommages à quelque chose, qu'elles n'ont de curiosité pour examiner la nature de ce qu'elles adorent, & tous les peuples ressemblent assez bien aux Athéniens, qui avoient consacré un autel au dieu inconnu.

La chose paroît fort étonnante; mais on sera convaincu qu'elle est vraie, si l'on veut bien jeter les yeux sur les différens objets du culte, devant lesquels les nations se prosternent d'une manière qui semble passer la sphère de l'extravagance humaine.

Ce qui m'a paru de plus absurde & de plus bisarre dans l'idolâtrie usitée dans les pays que j'ai parcourus, c'est qu'excepté dans la Perse & dans quelques parties de la grande Tartarie, on s'adresse aux dieux en baissant les yeux vers la terre, au lieu de les porter du côté du ciel. Ce qui m'a fait penser que, dans l'idolâtrie même, le genre humain s'abâtardissoit de plus en plus, & que les travers d'esprit modernes alloient plus loin, en matière de religion, que les extravagances des anciens.

Les payens modernes ne placent pas leurs dieux d'ordinaire parmi les astres, à l'exemple des Grecs & des Romains, & ne leur assignent pas leur séjour au-dessus des nuées; mais ils les cherchent parmi les brutes, & ils en assemblent dans leur imagination des parties différentes, pour faire, après ce modèle, des idoles monstrueuses qu'ils adorent pour leur hideuse difformité.

De ces deux sortes d'idolâtrie, l'ancienne est, selon moi, infiniment préférable à la moderne. On peut excuser, sur-tout, à mon avis, celle des Perses qui adressoient leurs hommages au soleil. On ne sauroit nier que dans cet astre admirable il n'y ait quelque chose de grand, de divin & de propre à s'attirer le respect des hommes, & à solliciter, pour ainsi dire, l'adoration de ceux qui, uniquement guidés par la nature, vivent dans l'ignorance du vrai Dieu. Le soleil est le père du jour & l'auteur de la vie. Il semble la donner à tout le monde végétatif, & par ses influences bénignes, il anime, en quelque sorte, la vie raisonnable; il paroît si fort contribuer à la conservation de tous les êtres qui sont autour de nous, qu'on pourroit soupçonner qu'il a contribué à leur création.

Il paroît évidemment par les histoires, que les principaux adorateurs de cet astre, savoir, les anciens Perses, étoient autrefois la nation la plus éclairée du monde; & ce caractère paroît même, ce me semble, dans leur idolâtrie. Ce culte passa apparemment jusqu'aux nations voisines; du moins on prétend que la statue que Nabuchodonosor fit dresser, pour être adorée par tous ses sujets, avoit le soleil dans la main droite, & que c'étoit proprement à la représentation de cet astre magnifique, qu'il vouloit forcer tant de peuples à rendre hommage; d'où il s'ensuivroit que les Assyriens avoient la même vénération pour le soleil, que les Perses.

Nous apprenons encore dans nos livres sacrés, que

que plusieurs nations adoroient toute l'armée des cieux; ce qui est bien plus naturel & plus approchant du culte adressé au vrai Dieu, que d'adorer les animaux les plus vils & les plus difformes, & même les images & les représentations de ces animaux.

Ce que nous remarquons d'approchant de la vérité dans cette idolâtrie ancienne, ne peut que nous inspirer les réflexions les plus mortifiantes. Il est vrai qu'elle étoit pleine d'absurdités, & qu'on n'y pouvoit découvrir qu'un foible reste, une ombre de la connoissance du vrai Dieu, qui avoit été répandue au commencement du monde par toute la race humaine. Cependant ces absurdités ne sont rien en comparaison de certaines opinions & de certaines pratiques qu'on remarque à présent parmi plusieurs nations qui font profession de suivre dans leurs sentimens & dans leur conduite, les plus pures lumières de l'évangile. Combien d'opinions contradictoires n'admettent elles pas? Dans combien d'occasions n'agissent-elles pas d'une manière directement opposée à leurs principes & à leur profession? Avec quelle fureur, des chrétiens qui renferment tout le christianisme dans ce nom, ne se damnent-ils pas les uns les autres, pour une différence d'opinions ou de cérémonies très-souvent peu importantes, pendant qu'ils admettent les mêmes dogmes essentiels, & qu'ils espèrent tous le même salut?

De quel fanatisme plusieurs d'entr'eux ne mêlent-ils pas les dogmes d'une religion toute raisonnable, & dans quelles absurdités n'embourbent-ils pas leur dévotion? De quelles aveugles superstitions ne l'obscurcissent-ils pas? Jusqu'à quel point leur zèle n'est-il pas quelquefois enragé & furieux? Il y en a qu'un prétendu amour de Dieu & de religion, rend cruels & barbares; comme si le christianisme nous dépouilloit de l'humanité, & qu'en servant un Dieu de miséricorde, dont les compassions infinies font l'unique but de nos espérances, nous étions obligés de nous montrer inhumains & impitoyables envers notre prochain.

En traversant le Portugal, je me trouvai justement à Lisbonne, dans le tems que l'inquisition tenoit son lit de justice, ce qu'on appelle *Auto-da-fé*.

Ce sujet a été traité fort au long par différens auteurs, & il faut convenir que plusieurs catholiques romains mêmes, l'ont dépeint avec ses véritables couleurs; aussi ne prétends-je pas écrire ici une histoire de l'inquisition, ni entrer là-dessus dans une controverse; je veux rapporter uniquement un fait.

On mena à la grande église tous les criminels en procession. Il en parut d'abord huit habillés de robes & de bonnets de canevas, où étoient dépeints tous les tourmens de l'enfer imaginables : on y voyoit des diables qui rôtissoient & qui fricassoient des corps humains ; tout cela étoit relevé par des flammes & par tout ce qui est capable de donner une idée horrible des supplices des damnés.

Ceux qui étoient vêtus de ces habits épouvantables, étoient huit personnes malheureuses, destinées à être brûlées, sans savoir au juste le crime qui leur attiroit un si rude châtiment. On disoit qu'ils avoient manqué de respect à la sainte église & à la vierge, ce qui suffisoit pour exécuter cette cruelle sentence. Il y en avoit un qui disoit qu'il étoit bien aise d'être brûlé, & & qu'il aimoit infiniment mieux mourir que retourner aux prisons de l'inquisition, où il avoit souffert mille morts chaque jour. J'appris que parmi ces huit, il y avoit plusieurs juifs, dont le plus grand crime étoit d'être extrêmement riches, & quelques chrétiens qui seroient échappés de la cruauté de leurs juges, s'ils n'avoient pas été extrêmement pauvres.

Un spectacle si horrible me donna mauvaise opinion de ces inquisiteurs ; ils ne méritent pas le nom de chrétiens, & il y a plusieurs pays catholiques où l'on ne souffre pas l'établissement de ce tribunal abominable.

J'ai vu & lu un grand nombre d'autres exemples de l'extravagance & de la barbarie de ceux qui font profession de la religion chrétienne, & je puis protester qu'il y a des opinions & des coutumes reçues par des nations entières, qui feroient horreur aux payens. Ces sentimens & ces pratiques sont tellement propres à donner du scandale, qu'il faut avoir un grand attachement pour ce qu'il y a d'essentiel dans le christianisme, pour ne s'en pas prendre à cette religion même, de la conduite de ceux qui la professent.

Que les véritables amateurs de cette sainte religion ne s'offensent pas de ce que j'ose rapporter ici quelques échantillons de plusieurs de ceux qui se font une gloire de porter le nom de chrétiens; mon intention n'est, en aucune manière, de jeter un air de scandale sur la religion même; je ne veux que faire rentrer en eux-mêmes ceux qui la deshonorent par leurs sentimens & par leurs actions.

Je crois que je ne m'éloignerai pas de mon dessein en copiant ici les paroles d'un homme très judicieux qui, à son retour de la Turquie, traversa plusieurs provinces de l'Italie, & fit une attention particulière sur tout ce qu'il y a de remarquable dans les états du pape.

« Lorsque j'étois en Italie, je passai par le
» patrimoine de saint Pierre, où il est naturel de
» croire que la religion doit être dans toute sa
» pureté & dans tout son éclat.

» A Rome on peut admirer les habits reli-
» gieux & les cérémonies de la religion dans
» toute leur magnificence. Le pape & les cardi-
» naux se promènent par la ville avec une sainte
» gravité. Ils soutiennent avec un grand faste la
» dignité de leurs titres & de leurs charges.

» Rome a mis à l'interdit des royaumes entiers,
» & en a fait fermer les églises, uniquement
» parce qu'ils ne payoient pas quelques droits :
» elle pousse encore le scrupule jusqu'à purifier
» par le feu les indévots.

» L'inquisition fit brûler, pendant que j'étois-
» là, deux hommes, pour avoir parlé en termes
» peu honorables de la sainte vierge. J'avois résolu
» de ne plus faire la moindre recherche touchant
» la religion des Italiens, quand, par hasard, je
» rencontrai un Quiétiste, qui me dit que toute
» la religion devoir être intérieure, & que tous
» ses devoirs étoient concentrés dans la médita-
» tion & dans la prière éjaculatoire. Il invectiva,
» avec aigreur, contre la manière dont tout le
» clergé de l'Europe fait une espèce de comédie

» de la religion. L'Italie, selon lui, étoit un
» théâtre où les ecclésiastiques donnoient aux
» spectateurs un opéra magnifique en machines;
» en un mot, il parla judicieusement sur la
» religion des autres: mais quand il en vint au
» détail de la sienne, je n'y trouvai rien qu'un
» squelette difforme, tellement enveloppé de
» ténèbres, & enfoncé dans les cavernes les plus
» sombres de son ame, qu'il me fut impossible
» de m'en former une idée distincte; ce n'étoit que
» méditation sans culte, dogmes sans pratique,
» réflexion sans réforme, zèle sans connoissance;
» & tout ce que je pus apprendre de lui, c'est
» qu'en Italie sa religion est *incognito* ».

Cette idée de la religion des Italiens est exactement conforme avec celle que m'en ont donné d'autres voyageurs, & par conséquent je dois la croire juste, quoique je n'en sois pas convaincu par mes propres sens.

La religion des Polonois n'est pas moins digne de la plus forte censure: j'ai eu l'honneur de voyager avec un gentilhomme de ce pays-là, qui m'a donné une relation très-détaillée de tout ce qu'il y a de remarquable dans la religion de la Pologne & de la Moscovie.

Dans la Pologne, à ce que j'ai appris de lui, règne la plus grande confusion, & dans l'état & dans l'église; & malgré leurs guerres perpécruelles, les Polonois sont d'aussi grands persécuteurs, qu'il est possible d'en trouver dans le monde. Il est vrai qu'ils ont une si grande tolérance pour les juifs, qu'à Lamberg, & dans la Kiovie, on en compte plus de trente mille. Bien loin d'être persécutés, ils y jouissent d'un grand nombre de priviléges & d'exemptions, quoiqu'ils refusent à Jésus-Christ le titre & la dignité de messie. Mais il est certain aussi qu'ils marquent une ardeur détestable à persécuter les protestans, & à détruire les églises, par-tout où ils sont les plus forts.

Ces protestans cependant ne sont pas martyrs de la vérité, quoiqu'ils souffrent les dernières misères pour l'amour des dogmes qu'ils admettent. On les appelle Sociniens, & leur maître Lélius Socin a répandu si universellement ses erreurs par tout ce pays, qu'il y a dans toute cette vaste étendue un grand nombre de personnes, qui ne reconnoissent Jésus-Christ que pour un homme de bien, envoyé au monde pour instruire les hommes, & non pour les racheter par son sang, & pour les sanctifier par son esprit. Pour ce qui regarde la divinité du Saint-Esprit, ils ne daignent pas seulement s'en mettre en peine.

Après avoir rendu compte de la croyance & de la dévotion des peuples qui se soumettent à l'église catholique romaine, il ne sera pas hors de propos, ce me semble, de dire quelque chose des chrétiens de l'église grecque.

Il y a dans l'empire du Czar de Moscovie, un prodigieux nombre d'églises de bois; & peut-être que l'on pourroit dire du bien de la religion de ces pays-là, si les prêtres n'y paroissoient pas être de la même matière. Le peuple y est, en général, d'une dévotion extraordinaire, & rien ne seroit plus louable, si cette disposition n'étoit pas accompagnée de la plus crasse ignorance qu'il soit possible de rencontrer dans aucun pays où l'on fait profession du christianisme.

En traversant ces vastes états, j'ai trouvé que Jésus-Christ y étoit si peu honoré en comparaison de saint Nicolas, qu'on est forcé d'en conclure que la religion y est entièrement engloutie par la superstition. Ce qu'il y a de plus déplorable, c'est que la conduite du peuple, en matière de religion, y est fondée sur une opiniâtreté si outrée, péché originel de cette nation, qu'il est absolument inutile de songer à réformer ses abus les plus extravagans.

Peut-être aura-t-on de la peine à me croire quand je dirai qu'il n'y a pas dans l'univers entier un peuple plus grossièrement ignorant que les Moscovites, & plus excessivement entier dans ses opinions; mais on en tombera d'accord, si l'on veut bien prêter attention à l'histoire suivante, attestée par un grand nombre de personnes, dont la probité ne sauroit être revoquée en doute.

Après la bataille de Nerva, où le roi de Suède Charle XII. défit une grande armée de Russes, il entra dans leur pays avec ses troupes victorieuses, &, selon toutes les apparences, ses soldats y commirent d'assez grands désordres.

Les Moscovites, qui se trouvoient alors dans l'état le plus pitoyable, ne manquèrent pas d'avoir recours aux prières: j'en ai ouï quelques-unes; mais le nom de Dieu n'y est pas mentionné seulement; saint Nicolas y tient la place du créateur du ciel & de la terre, & l'on peut juger de la teneur de toutes, par celle-ci:

O toi, notre protecteur perpétuel dans nos misères, tout puissant saint Nicolas, quel crime avons-nous commis, & qu'elle offense t'avons-nous faite dans nos sacrifices, dans nos génuflexions, nos révérences, & nos actions de graces, pour que tu nous aies abondonnés de cette manière? Nous avons déja fait plusieurs efforts de dévotion, pour t'appaiser, & pour obtenir ton secours contre des ennemis & des destructeurs terribles, insolens, intrépides & furieux, lorsque, comme des lions, des ours & autres bêtes féroces qui ont perdu leurs petits, ils nous ont assaillis d'une si cruelle manière. Nous savons bien qu'ils n'ont pas pu réussir sans le secours des enchantemens, dans les entreprises qu'ils ont faites contre nous, qui sommes ton peuple, & qu'ils nous ont pris & tués par milliers, quoique nous nous fussions retranchés d'une manière imprenable pour défendre ton saint nom. Nous te prions derechef, ô saint Nicolas! de vouloir être notre champion, de porter notre étendard, & d'être avec nous dans la paix, dans la guerre, & dans toutes occasions où nous aurons besoin de ton assistance. Protége-nous à l'approche de la mort, contre cette troupe horrible & tyrannique de sorciers, & chasse-les loin de nos frontières, en les punissant selon leurs mérites.

Je me contenterai de donner ce seul échantillon de la dévotion des Russes, & je passe à l'état où la religion se trouve parmi les protestans. Je suis dans l'intention d'en rendre un compte impartial, & par là je me flatte qu'il sera exact.

Il y a certainement une grande différence entre la religion dont nous venons de parler, & celle de certains chrétiens réformés de l'Allemagne, appelés Luthériens. Cependant c'est papisme, & ce n'est point un papisme; ils n'ont point de transsubstantiation, mais ils ont une consubstantiation à la place. Leur service diffère de la messe; mais ce qui y manque, est rempli par le bruit des violons, des hautbois, des trompettes & des timballes; ce qui me fait croire que si dans le luthéranisme on n'est point dans le cas de tomber dans le catholicisme, on y est en danger au moins de donner dans la superstition.

Pour la piété qui fait l'essence de la religion, je n'en ai pas trouvé de fort grandes marques parmi ceux de cette secte, & c'est pourtant là le but principal de mes recherches; j'entends par religion, moins les dogmes qu'on fait profession d'admettre, & l'attachement qu'on a pour une certaine confession de foi, qu'une conduite qui répond aux maximes de la religion qu'on a adoptée. Qu'est-ce que c'est qu'une religion qui n'influe pas sur la pratique? Je ne contredis pas le sentiment de certaines personnes qui prétendent qu'une véritable religion ne sauroit subsister, si elle n'est pas fondée sur des principes raisonnables & certains. Ce n'est pas-là ce dont il s'agit; il n'est question que de ces chrétiens dont la doctrine peut être saine essentiellement, mais qui, malgré leur orthodoxie, donnent dans le déréglement, & négligent les devoirs de la piété.

En un mot, mon dessein n'est ici que d'examiner la religion du côté de la pratique. Je trouve une espèce de théorie presque par-tout, au lieu que la piété ne souffre presque nulle part à mon examen.

La censure équitable & judicieuse doit tomber sur-tout sur la négligence des hommes par rapport à cette partie de la religion. Un peuple à qui Dieu n'a pas accordé la bénédiction de le connoître, est plus digne de compassion que de reproches, & ce seroit faire une satyre qui retomberoit sur son auteur, que de faire le bel-esprit sur la stupidité des négres, & sur l'ignorance dans laquelle ils vivent de la doctrine salutaire de l'Evangile. Mais si l'on s'efforçoit à mettre dans tout son jour la brutalité des chrétiens habitans des Barbades & de la Jamaïque, qui, bien loin de se donner la peine d'instruire les sauvages, les méprisent assez pour leur refuser le baptême, on feroit une satyre juste & sensée.

J'en reviens aux luthériens, dont j'ai considéré de près la conduite dans plusieurs cours & dans plusieurs villes d'Allemagne. Ces cours se piquent de galanterie & de magnificence, jusqu'à un tel point, & avec tant de passion, qu'elles semblent vouloir effacer toutes les autres nations. Ils ont tant d'attachement pour ce rien appelé pompe, qu'ils y concentrent toutes leurs affections, & qu'il n'est pas possible qu'ils aient le loisir de songer à des objets que les gens sensés trouvent infiniment plus dignes des soins d'un être raisonnable.

La première chose qu'on sacrifie dans ces pays à l'ostentation & à l'envie de paroître, c'est la liberté des sujets, qui par la constitution du gouvernement, ou simplement par la coutume, sont soumis au pouvoir despotique du prince, & qui sont obligés de fournir non-seulement tout ce qu'ils peuvent épargner, mais encore tout ce qu'ils ont, aux penchans d'une cour entièrement dévouée au plaisir & au faste.

Par tout ce que j'ai pu remarquer de la manière de vivre des princes & des sujets, les derniers paroissent être créés exprès pour les prémiers. Il en est ainsi dans tous les états de l'Allemagne; c'est un joug que la coutume impose aux peuples, & qu'ils semblent subir sans contrainte. Le despotisme y est monté à un tel point, que les coffres des souverains y sont comme le réservoir général, vers lequel coulent tous les trésors du pays, & d'où ils se répandent de nouveau. De la même manière que tout le sang du corps passe dans un certain tems par le cœur, tout l'argent du pays passe une fois par an par les mains des trésoriers du prince.

Je ne sais pas trop bien si la pauvreté & la misère sont fort propres à inspirer de la dévotion à ceux qui en sont accablés ; mais je sais bien que si la piété est compatible avec le luxe, le faste, l'oppression & la tyrannie, il n'est pas impossible qu'il n'y ait beaucoup de religion dans les cours dont je parle.

Il est vrai que l'écriture sainte parle avec éloge de la magnificence du plus sage roi qui ait jamais gouverné le peuple de Dieu ; mais elle s'exprime là-dessus d'une manière qui dépeint moins la gloire du monarque, que l'état florissant de ses sujets, qui étoit un effet des soins paternels que ce prince se donnoit pour les rendre heureux. Elle nous dit que Salomon avoit rendu à Jérusalem l'or & l'argent aussi commun que les pierres des rues ; expression la plus forte dont il soit possible de se servir, pour donner une grande idée de la félicité d'une nation.

J'ai entendu dire que le roi de Prusse (1) se faisoit une gloire d'imiter, de tout son pouvoir, la conduite du grand roi d'Israël. Ses propres sujets le publient par-tout, & tous leurs discours sont remplis des qualités généreuses & véritablement royales de ce prince. Il étoit un père si tendre de ses sujets, qu'il appliquoit tous ses soins à faire fleurir leur commerce & leurs manufactures, & à augmenter leur nombre, en donnant

_____

(1) Aïeul du roi régnant.

des privilèges aux étrangers qu'il croyoit capables d'encourager son peuple, & de le rendre plus industrieux. Bien loin de songer à les opprimer, il écoutoit toujours leurs griefs, & ne manquoit jamais d'y remédier, dès qu'il en étoit instruit. En un mot, on voyoit briller dans toute sa conduite le caractère auguste & aimable d'un prince sage, juste & débonnaire, ce qui fait voir que, malgré cette sorte de gouvernement, dont la forme est tyrannique, un roi peut n'être pas un tyran. C'est là une heureuse exception à la règle générale; mais ce cas particulier n'empêche pas que la constitution du gouvernement, qui est à peu-près la même dans toutes les cours du nord, quelle qu'en puisse être la religion dominante, ne soit directement opposée aux véritables fins de la monarchie, qui n'a été introduite dans le monde, que pour le repos & pour la prospérité des peuples.

On remarque cette vérité généralement dans toute l'Allemagne, où la magnificence des cours & la prospérité des sujets ressemblent aux deux hémisphères du monde, dont l'un est brillant & lumineux, à proportion que l'autre est sombre & obscur.

Comment peut-on se flatter de trouver la religion dans un pays où le peuple doit être misérable, afin que les grands seigneurs aient un équipage pompeux; où les sujets sont forcés de mourir de faim, afin que le prince fasse gémir sa table sous mille mets inutiles; où ils doivent soupirer, afin qu'il se divertisse; en un mot, où le peuple doit contribuer jusqu'à son nécessaire, non pour la défense de la patrie, ni pour des efforts extraordinaires qui puissent mettre une nation en état de résister à un puissant ennemi, mais uniquement pour soutenir le faste, le luxe, l'ambition & l'extravagance du souverain?

Cette réflexion n'est que trop confirmée par la manière de vivre des ecclésiastiques de ces pays luthériens. Ils sont prodigieusement jaloux de leur hiérarchie; ils craignent à la mort une nouvelle reformation, ou plutôt une reformation poussée plus loin, persuadés que, comme elle a porté un coup mortel à l'église catholique romaine, elle pourroit bien encore faire le même effet sur leur gouvernement ecclésiastique. C'est pour cette raison qu'ils mettent, pour ainsi dire, une palissade devant l'église, pour en éloigner les autres protestans, & qu'ils semblent crier à pleine gorge : loin d'ici, car nous sommes plus saints que vous. De-là naît leur zèle persécuteur contre les autres réformés, qui ne conviennent pas de tous leurs principes, & qui cependant ne refuseroient pas de faire un même corps avec eux.

Ce

Ce zèle les ronge, les persécute à leur tour. Leur cœur est toujours rempli de troubles & d'agitation; il est inaccessible à la charité; & comment la religion peut-elle fixer son séjour dans une ame d'où la charité paroît bannie pour jamais? Par conséquent ce n'est pas encore sous ce climat, que je trouve cette religion dont je cherche les traces avec tant d'empressement.

J'ai voyagé moi même dans le cœur de la France, comme on le voit à la fin de mon premier volume, depuis les Pyrénées jusqu'à Toulouse, & de là par Paris jusqu'à Calais. Dans toute cette étendue de pays, j'ai trouvé le peuple si gai, & en même tems si misérable, que je n'ai pas su qu'elle idée j'en devois avoir. La pauvreté des gens du commun étoit telle, que naturellement toutes leurs pensées devoient rouler sur les moyens de porter leur fardeau, & que toute leur dévotion sembloit devoir aboutir à demander au Ciel leur pain quotidien. Cependant, grace à leur heureux naturel, ils rioient toujours; on auroit dit qu'ils alloient à l'église en dansant, & qu'ils en revenoient en chantant.

L'état de la religion n'est pas mieux dans ma patrie. Quelque tems après mon retour en Angleterre, lorsque j'étois le plus occupé à continuer, par la lecture, la recherche de la religion, que j'avois commencée par mes voyages, on ordonna en Angleterre une action de graces publique & solemnelle pour une victoire obtenue par les Anglois & par les alliés à... Il n'est pas nécessaire de désigner l'endroit où se donna la bataille, & d'en marquer le tems. Ces circonstances sont étrangères au recit que je vais faire de cette solemnité.

La nouvelle qu'on m'en donna me mit en extase, Je l'ai trouvée à la fin, dis-je en moi-même, cette religion ; & ce qui me charme le plus, c'est qu'après l'avoir cherchée en vain dans les pays étrangers, je la rencontre dans ma propre patrie. Là-dessus j'admirai mon extravagance de ne m'être pas épargné une recherche si pénible, en commençant mon examen par l'Angleterre, & je me reprochai d'être semblable à la plupart des voyageurs, qui se fatiguent le corps & l'ame pour se repaître de ce qu'il y a de curieux & de remarquable chez les étrangers, sans se mettre en peine de tout ce qu'il y a de digne d'attention dans le lieu de leur naissance.

Je ne manquai pas de prendre la résolution d'aller voir, à quelque prix que ce fût, cette pieuse cérémonie, & comme les préparatifs en étoient prodigieux, je demandai à mes amis en quoi elle devoit consister principalement ; personne ne fut capable de m'en instruire, parce que de mémoire d'homme, on n'avoit pas célébré une pareille fête dans la grande-Bretagne. Tout ce qu'on m'en put dire, c'est que ce seroit quelque chose de fort beau, que la reine y assisteroit elle-même avec toute la noblesse, & qu'il ne s'étoit rien vu de pareil depuis le règne de la reine Elisabeth.

J'étois ravi de plus en plus par ces magnifiques promesses, & mon imagination se remplissant des idées des solemnités religieuses qu'on avoit célébrées autrefois chez les nations dévouées au culte de la divinité, je ne m'attendois à rien de moins grand que la pieuse magnificence avec laquelle Salomon avoit fait la dédicace du temple, & que la fête de réformation qui avoit été célébrée sous le roi Josias. En un mot, j'espérois voir des cérémonies dont la pompe ne serviroit que d'ornement à une véritable piété.

Ce qui me choquoit un peu, c'étoit d'apprendre qu'on n'avoit jamais solemnisé un pareil jour depuis la reine Elisabeth. Je me mis d'abord dans l'esprit que la mode du pays ne permettoit qu'aux reines seules de publier un jour d'action de graces; mais cette pensée ne me satisfit pas entièrement, & pour contenter là-dessus ma curiosité, je feuilletai pendant assez long-tems nos histoires; mais j'y cherchai en vain la raison de cette particularité. Je m'adressai à la fin à un vieux royaliste, qui avoit autrefois servi dans les troupes du malheureux roi Charles: il me dit que rien ne lui étoit plus facile que de donner la raison de ce qui m'embarrassoit si fort. Depuis la reine Elisabeth, continua-t-il, jusqu'à nos jours, on n'a point adressé à Dieu d'actions de graces solemnelles, parce qu'il n'y a point eu de bénédictions publiques qui pussent en être le motif. Quelles victoires la nation a-t-elle remportées depuis ce tems-là, excepté deux ou trois, obtenues par le roi Guillaume en Irlande? On n'en a point témoigné de reconnoissance publique envers le ciel, parce qu'on étoit trop occupé, & que d'ailleurs ces avantages étoient contrebalancés par des pertes que nous souffrions dans d'autres pays.

Cette raillerie étoit piquante, mais il n'y avoit que trop de vérité. Elle ne m'empêcha pas néanmoins d'avoir une très-grande idée de la gravité & de la dévotion sérieuse que je m'attendois à voir éclater dans la joie même qui devoit accompagner cette action de graces. Cette espérance me porta à m'assurer d'une place hors de l'église & dans l'église même, pour pouvoir remarquer chaque partie de cette solemnité.

Le jour arriva enfin, & je crus d'abord que ce spectacle passeroit mon attente, quand je vis une troupe innombrable de personnes qui se pressoient pour entrer dans le temple avec une ardeur que ma charité stupide me fit prendre pour le zèle le plus estimable. Je considérois que le but de toute cette foule devoit être de rendre graces au ciel d'une victoire qui promettoit à la patrie la paix & la prospérité, & j'en concluois que j'allois voir éclater une joie semblable à celle des Israélites, quand, parvenus jusqu'au rivage, ils virent les Egyptiens qui les poursuivoient, engloutis par la mer avec leurs chevaux & avec leurs charriots. Je ne doutois pas qu'on n'entonnât des cantiques pareils à ceux que chanta Moïse dans cette occasion, & que l'on ne les entonnât avec la même piété fervente.

J'en fus bientôt désabusé, & je remarquai, en moins de rien, que la reine, avec la dixième partie du peuple, alloit servir de spectacle aux neuf autres parties, & que c'étoit-là où aboutissoit tout le flux & reflux inquiet de cette prodigieuse multitude.

Quand sa majesté arriva au vestibule du temple, & qu'elle descendit du carrosse, le peuple, au lieu de crier *Hosanna! bénie soit la reine qui vient au nom du Seigneur*, ne cria qu'*au secours, au meurtre!* On se fouloit aux pieds les uns les autres, & l'endroit où la reine venoit de passer, ressembloit à un champ de bataille.

On y voyoit des monceaux entassés de femmes

& d'enfans qu'on venoit d'arracher de la presse, & qui sembloient pousser les derniers soupirs. Je m'adressai à quelques-uns de ces malheureux, pour leur demander ce qui les avoit portés à se jeter inconsidérément au milieu de cette foule; ils me répondirent tous, d'une même voix, que c'étoit pour voir la reine, comme les autres.

Cette réponse me confirma dans l'opinion que le seul but de cette fête solemnelle, du moins hors de l'église, étoit de voir sa majesté. J'espérai pourtant que dans le temple même, les choses auroient une toute autre face, & je fus occuper la place que j'y avois louée, & qui me coutoit trois bonnes guinées tout au moins.

Il m'arriva justement d'être placé au milieu des sièges qui étoient remplis des ecclésiastiques qui devoient célébrer la gloire de Dieu, par le *Te Deum*, & par des antiennes. Je me faisois un plaisir de regarder leurs vêtemens & tout leur air; j'y trouvois de la gravité, de la bienséance; & quelque chose de conforme à cette espèce de triomphe religieux: je m'attendois à les voir s'acquitter de leur emploi avec la même gravité qui étoit ordinaire autrefois aux Lévites, qui sonnoient de la trompette dans le tems que le peuple poussoit des cris vers le ciel pour louer Dieu.

Mais il me fut impossible de rester long-tems dans cette opinion; je vis ces personnages, si sérieux en apparence dans certains intervalles, & lorsque ce n'étoit pas leur tour de chanter, prendre du tabac, ajuster leurs perruques, lorgner les dames & se parler à l'oreille, assez haut pour être entendus de ceux qui étoient près de-là, des charmes d'une telle jeune demoiselle, de la taille d'une telle lady, des ajustemens d'une telle héritière.

Il y avoit de l'indécence, non-seulement dans les paroles dont ils se servoient, mais encore dans les gestes dont elles étoient accompagnées. J'en rougis de honte pour eux, & je me dis à moi-même : ce ne sont pas-là les gens pour l'amour desquels je suis venu ici. Où peuvent se cacher ceux qui doivent être la bouche de tout le peuple, pour exprimer sa reconnoissance des bienfaits signalés qu'il vient d'obtenir du ciel ?

Dans le tems que j'étois occupé de cette triste réflexion, l'orgue entonne le *Te Deum*. Dans le moment même tous mes gens se lèvent, comme s'ils venoient de recevoir une inspiration d'en-haut, & se mettent à célébrer la gloire de Dieu par des antiennes toutes célestes, chantées avec beaucoup plus de graces que de dévotion.

Au milieu de cette musique, exécutée avec tout l'art imaginable, je me croyois presque enlevé dans le ciel, & je commençois à me réconcilier avec toute la solemnité, quand j'en fus détourné par le bruit de plus de cent pièces de canon, accompagné du tintamarre d'un grand nombre de tambours & des huzza du peuple, dont le bruit se joignoit à la mélodie du *Te Deum*. Je ne comprenois pas la raison de tout ce fracas, & je ne m'en mettois guère en peine; il me sembloit seulement qu'il n'y avoit pas beaucoup d'harmonie, & qu'il n'accompagnoit pas trop bien les voix & les instrumens, qui chatouilloient si agréablement mes oreilles, en portant mon ame à la dévotion. Heureusement cette dissonnance ne dura pas long-tems, & le service fut continué d'une manière tranquille.

Quand l'antienne fut achevée, & qu'on en fut venu à d'autres parties du service, je ne voulus plus tourner les yeux vers les messieurs qui composoient le chœur, & dont les manières & les discours m'avoient donné quelque scandale. J'aimai mieux les jeter sur la foule qui m'environnoit, pour voir si je n'y pourrois pas découvrir quelques personnes véritablement religieuses, dans l'air desquelles fussent peints les ravissemens & les extases de leur ame.

Hélas! c'étoit par-tout la même chose, l'unique occupation des dames étoit de regarder quelque cavalier plus agréable à leurs yeux que les autres; & les messieurs faisoient leur seule affaire d'attacher leurs regards sur quelque dame distinguée par ses agrémens. L'étoile & la jarretière d'un beau jeune seigneur, riche dans ses ajustemens, tout brillant de joyaux, & caractérisé par son ruban bleu, détournoient les yeux d'un si grand nombre de femmes de leur livre de prières, que les marguilliers auroient bien fait de faire sortir sa grandeur de l'église, afin qu'il ne troublât plus le service, & qu'il ne dérobât pas au Tout-Puissant les hommages dont il devoit être le seul objet.

Pour la reine, c'étoit l'étoile polaire du jour: plus d'yeux étoient fixés sur elle, qu'il n'y en avoit d'élevés vers le ciel, quoique la destination particulière de ce jour fût d'adresser uniquement ses pensées à la divinité.

Tout ceci, dis-je en moi-même, est extrêmement beau; mais je n'y découvre pas la moindre religion. Je prie le ciel de me tirer sain & sauf de cette foule, & je lui promets que je n'assisterai plus à une fête qui ne paroît être ordonnée que pour se moquer de la divinité. Quel ridicule empressement! le peuple ne peut-il pas aller voir la reine dans son palais, où l'on peut jouir de ce bonheur sans peine? Faut-il qu'il vienne ici pour profaner le temple de Dieu, & pour faire une idole de sa souveraine?

J'avoue que j'étois dans une grande colère, & contre les spectateurs, & contre toute la cérémonie même. Dans cette disposition d'esprit, je fis plusieurs autres réflexions satyriques sur tout ce qui venoit de frapper mes sens; mais je ne les communiquerai pas au lecteur; il seroit trop facile d'en faire l'application, & le pauvre Robinson Crusoé n'est pas d'humeur à désobliger qui que ce soit.

La fin de cette sainte journée étoit encore plus extravagante que tout le reste; l'action de graces étoit passée de l'église au cabaret; au lieu de la décence d'un triomphe religieux, on ne vit que le triomphe d'une indécence irréligieuse, & les antiennes & le *Te Deum* firent place aux fusées, aux feux de joie, à l'ivresse & aux coups de bâton.

Ce n'est pas mon affaire d'examiner jusqu'à quel point la divinité se plaît à toutes ces actions bruyantes, qu'on baptise du nom d'actions de graces solemnelles; c'est à ceux qui y sont intéressés à faire là-dessus les réflexions les plus sérieuses.

Des différens Sentimens en matière de religion.

Il n'est possible qu'à la divine sagesse seule de savoir pourquoi quelques parties de la religion qu'elle nous a révélées, & qui doivent régler nos opinions & les hommages qu'elle exige de nous, sont exprimées dans des termes susceptibles de différentes interprétations.

Par quelle raison faut il que le culte que nous devons à Dieu, ne soit pas un point aussi clair dans le détail, qu'en général; & que tous les hommes, persuadés qu'il faut rendre des hommages au maître du ciel & de la terre, soient pourtant si éloignés de convenir de la manière dont il faut s'acquitter de ce devoir indispensable? Comment est-il possible que l'esprit infaillible de Dieu, qui est l'unique guide qui nous conduit vers le ciel, souffre que quelques-uns de ses préceptes n'offrent pas à l'esprit un sens unique, qui frappe tous les hommes de la même manière?

Si toutes les maximes de la religion, aussi-bien celles qui regardent la doctrine que celles qui concernent les mœurs, avoient été exposées d'une manière si claire, que tous les hommes de tous les siècles & de tous les pays en eussent dû former la même idée, alors, comme il n'y a qu'une porte de salut où tous les hommes espèrent d'arriver, il n'y auroit qu'une seule & unique route à prendre; ce qui auroit ôté au genre humain mille sources de discordes cruelles & indignes de la religion.

Tout ce que nos foibles lumières nous permettent de dire sur un cas si embarrassant & si mortifiant, c'est qu'il a plu à Dieu, qui est la sagesse & la justice même, & qui ne fait rien qui ne soit juste & sage, d'en ordonner autrement, & de confondre par-là la foible sagesse des hommes, qui peuvent dire à cet égard, comme à celui des tems & des saisons, personne ne le sait.

A présent, dans cet état d'incertitude où nous nous trouvons, il arrive que deux hommes, croyant au même Dieu, professant une même foi, se confiant dans le même sauveur, & tendant vers la même fin, ne peuvent pas s'accorder sur la manière d'aller vers le ciel, d'adorer ce Dieu, & de mettre leur confiance dans ce sauveur; ils n'ont pas la même idée de Dieu, du ciel, du sauveur, ni d'aucun article de la religion chrétienne.

Il est vrai que les différens degrés de lumières naturelles & acquises, sont en partie cause de ces différentes conceptions; & il n'est pas possible que les hommes dirigés dans leurs recherches par des guides plus ou moins éclairés, voyent tous les objets dans un même jour.

Ce n'est pas tout; il arrive très-souvent que ceux qui ont le même degré de lumières, n'ont pas les mêmes dispositions du cœur, & qu'ils n'ont pas pour la vérité un amour également pur & impartial. Trois hommes, par exemple, examinent quelle notion ils doivent avoir de la trinité, ou de quelqu'autre dogme fondamental, & tous trois consultent là-dessus l'écriture sainte. Le premier lit, avec une espèce d'attention, tous les passages qui y ont du rapport; mais préoccupé de la première idée qu'il s'en étoit formée, & à laquelle il a juré fidélité, pour ainsi dire, il force chacun de ces passages à se conformer exactement avec cette idée chérie. De cette manière il ne peut que se confirmer dans son sentiment, il lui paroît si clair & si incontestable, que les preuves les plus fortes ne le porteront jamais à y renoncer, & qu'il lui est impossible d'avoir bonne opinion de tous ceux qui conçoivent la chose d'une autre manière. Il les traite d'ennemis obstinés de la sainte doctrine, dignes d'être chassés de l'église, & d'être privés de la communion; en un mot, il ne croit pas qu'ils méritent la moindre charité.

Un autre consulte les livres sacrés dans la même vue & dans de semblables dispositions; il examine les mêmes passages, & il en conçoit des notions directement opposées à celles que l'autre y a cru puiser; chaque texte lui semble donner à son opinion une nouvelle évidence, un nouveau degré de certitude; son sentiment lui paroît si bien fondé, si certain & si incontestable, qu'il ne comprend pas qu'on puisse en embrasser un autre sans s'aveugler de propos délibéré, & sans être ennemi déclaré de l'orthodoxie.

Le troisième parcourt les mêmes passages, uniquement pour la forme, & sans se mettre extrêmement en peine d'y trouver la vérité; & il lui est aisé pourtant d'avoir vu un peu ce dont il s'agit, quoique le succès de son examen réponde exactement à l'indifférence avec laquelle il l'a commencé, & qu'il soit aussi incertain dans ses opinions qu'il l'étoit auparavant.

Ces trois hommes seuls sont capables de remplir des provinces entières de controverses. Les deux premiers se rencontrent par hasard, & se croyant également sûrs de leur fait, ils sont également décisifs, également portés à soutenir leur sentiment avec la plus grande chaleur & avec la dernière opiniâtreté. Les argumens font bientôt place aux invectives; ils s'emportent, se donnent des marques de mépris, se censurent, se damnent, & contractant une haine mortelle l'un contre l'autre, ils se persécutent avec fureur.

Le troisième, qui n'a pas daigné seulement faire les efforts nécessaires pour s'instruire à fond de la question, & pour se déterminer à quelque sentiment fixe, se moque de l'un & de l'autre; il les traite de chrétiens enragés, qui se déchirent pour un dogme qui n'est pas nécessaire au salut,

& dont il n'est pas possible d'avoir une idée claire & distincte; à son avis, ce sont des fous qui se battent sur des chimères, ou bien sur des questions qui ne sauroient être décidées que dans le ciel. C'est ainsi que les deux premiers viennent à se haïr & à se persécuter, dans le tems que le troisième les méprise & les tourne en ridicule.

Si les hommes pouvoient différer en opinions avec humilité, ils différeroient encore d'une manière charitable; mais quoique cette manière d'embrasser des opinions opposées soit praticable dans les affaires politiques & civiles, elle ne sauroit jamais l'être dans la religion. Il semble qu'elle doive nécessairement payer tribut à une intempérance de l'ame, que l'on confond avec le devoir, & qu'on honore du beau nom de zèle. C'est ce zèle malheureux qui, comme une fièvre chaude, produit la rage & la fureur dans le cœur de ses esclaves; ce qui a fait dire à l'ingénieux Auteur de *Hudibras* :

> Les sots humains, ivres & fous de zèle,
>   Combattent avec passion
>   Pour madame religion,
>   Comme les bretteurs pour leur belle.

Ce n'est pas-là la destinée des chrétiens seuls, quoiqu'ils y soient soumis d'une manière toute particulière. Le zèle est ordinaire à tous ceux qui font profession d'avoir un grand attachement pour ce qu'ils considèrent comme la religion véritable. Les Persans & les Turcs se haïssent mortellement à cause de leur opinion différente touchant les successeurs de Mahomet. Autrefois une pareille haine régnoit parmi les Gentils & les Juifs, & l'on sait qu'un monarque Assyrien fut assez persécuteur pour jeter dans une fournaise ardente ceux qui refusoient de se prosterner devant l'image qu'il avoit érigée pour être l'objet du culte de toutes les nations qu'il voyoit soumises à sa puissance.

Dans l'église primitive, rien n'étoit plus familier que les persécutions, sous lesquelles on tâchoit de faire périr les chrétiens : *christianos ad leones*, « jetez les chrétiens aux lions », étoit un cri qu'on entendoit presque tous les jours. Quand les chrétiens se virent délivrés de toutes ces cruautés barbares par le grand Constantin, ils ne jouirent guères de cette tranquillité, & leur propre zèle les empêcha d'en goûter long-tems les douceurs. L'Arianisme s'éleva au milieu d'eux, & partagea l'empire en factions, & l'église en schismes. Sous deux règnes consécutifs, les Ariens persécutèrent les orthodoxes; & les orthodoxes, à leur tour, persécutèrent les Ariens avec la même fureur dont tout le corps des chrétiens

chrétiens ensemble avoit été persécuté peu d'années auparavant par les payens.

Depuis ce tems-là jusqu'à nos jours la persécution a toujours régné dans les différentes sectes, à mesure que leur zèle étoit soutenu par leur pouvoir. Nous voyons encore dans tous les pays du monde une haine mortelle entre les catholiques & les protestans, & si les premiers ont porté leur fureur trop loin, les derniers ne peuvent pas dire néanmoins qu'ils n'ont jamais rendu persécution pour persécution.

Combien de sang la guerre n'a-t-elle pas répandu dans l'Europe au sujet des différentes sectes qui partageoient l'Allemagne, jusqu'à ce que tous ces troubles furent appaisés par la pacification générale de Westphalie, lorsque les protestans ayant remporté les plus grands avantages, obtinrent l'établissement de leur religion & la liberté de conscience dans toute l'étendue de l'empire? Depuis cette époque, le corps protestant, délivré de ses ennemis étrangers, s'est abandonné à un zèle qui l'a rongé lui-même. Les Luthériens & les Calvinistes se sont persécutés les uns les autres, la charité s'est retirée d'entr'eux, & jusqu'au tems présent les Luthériens ne permettent pas aux réformés évangéliques, (c'est ainsi qu'ils appellent les Calvinistes) de faire dans leurs villes l'exercice de leur religion; qui plus est, ils refusent d'être enterrés dans les églises luthériennes.

J'évite de parler de l'état où la religion se trouve à cet égard dans ma patrie, & d'examiner les divisions malheureuses qu'il y a entre les Anglois & les Ecossois, les épiscopaux & les presbytériens, la haute-église & les non-conformistes. Je me contenterai de dire qu'il est évident que toute cette discorde a sa source dans la négligence des uns à s'instruire soigneusement de la vérité, & dans l'opiniâtreté des autres à vouloir appuyer la vérité par la force. Si tous les hommes vouloient seulement répondre à leurs lumières par leur conduite, & ne pas renoncer à la vertu & à la charité pour l'amour des dogmes, il seroit fort probable que nous nous trouverions un jour dans le ciel.

Je considère toutes les semences de la discorde en matière de religion, comme la mauvaise herbe que satan sème parmi le froment. L'on peut remarquer que, quoique les Assyriens aient persécuté les Juifs, & les Romains, les Chrétiens, néanmoins dans le pays où le diable a su se ménager un culte divin, la persécution est très-peu en vogue. Le diable jouit là d'une domination paisible, & il est bien-aise d'en éloigner toutes sortes de troubles; il ne souhaite aucune invocation, il est intéressé à laisser les choses sur le même pied.

Mais dès qu'on parle d'avoir d'autres Dieux devant sa face, il cherche d'abord à prévenir ce malheur en semant la division parmi ceux qui pourroient renverser son empire; car il a de commun avec les autres monarques le desir de régner seul.

J'entrerois ici dans un détail d'une étendue excessive, si je voulois seulement faire un dénombrement des différentes sectes qui se sont répandues dans nos royaumes; dès que deux personnes diffèrent sur la moindre opinion, quelque peu importante qu'elle soit, dans le moment, comme saint Paul & saint Pierre, ils se résistent en face l'un à l'autre, & ils portent la dispute, & la discorde, qui en est une suite presque nécessaire, aussi loin qu'elles peuvent aller.

Ce n'est pas-là proprement le sujet que j'ai résolu de traiter à présent; je n'examinerai pas non plus pourquoi il y a plus de différences marquées dans les sentimens qui regardent la religion, que dans les opinions qui concernent toute autre matière, ni pourquoi les disputes sur ces sortes de points sont poussées avec plus de chaleur que toutes les autres, & causent des haines plus irréconciliables. J'aime mieux examiner pourquoi les querelles religieuses sont plus fréquentes chez nous que dans les autres pays.

Certainement nous avons une manière toute particulière de porter jusqu'aux derniers excès ces sortes de dissensions. La chose est évidente, puisque le nombre des sectes différentes est si grand dans notre patrie, qu'il n'y en a pas tant, à beaucoup près, dans tous les pays protestans ensemble.

La solution la meilleure & la plus charitable que je puisse donner à cette difficulté, est une espèce de compliment pour mes compatriotes, & j'ose avancer que nous ne sommes partagés en tant de différentes communions, que parce que nous sommes plus dévoués à la religion que tous les autres peuples ; je veux dire qu'en général nous nous faisons une occupation plus sérieuse de pénétrer dans l'essence même de la religion, & d'en examiner la nature & les principes ; nous pesons plus attentivement les raisons de tous les partis, & nous nous intéressons plus tendrement dans les intérêts du ciel & de nos ames. Nous pensons avec raison que rien ne nous est plus important que la religion, & qu'il est de notre plus grand intérêt de distinguer, à cet égard, la vérité d'avec l'erreur, & de nous mettre dans une pleine certitude & dans une ferme conviction, par rapport aux points fondamentaux. Ce n'est que ce dévouement extraordinaire pour la religion, qui nous rend jaloux de la vérité, qui nous fait pousser la fermeté jusqu'à l'obstination, & qui nous empêche de soumettre notre jugement aux décisions du clergé, comme il arrive dans d'autres pays où les peuples examinent avec plus d'indifférence ce qu'on les oblige de croire, & où ils paroissent se mettre peu en peine de la certitude de leurs opinions.

Je sais bien que des étrangers se mettent dans l'esprit que la plupart de nos querelles religieuses viennent de ce que nous sommes plus emportés & plus furieux que les autres nations, plus décisifs & plus précipités dans nos jugemens, moins charitables, moins patiens & plus fiers de notre propre autorité. Cette raison est, à mon avis, aussi fausse qu'elle nous est désavantageuse. La véritable cause de cet inconvénient est, comme je l'ai déjà dit, que nous sommes moins indifférens que les autres peuples pour les vérités de la religion ; nous ne nous contentons pas d'un examen fait à la légère, nous ne nous rendons pas à la fausse lueur d'une subtilité scolastique, dont on se sert pour applanir les difficultés les plus épineuses. Nous voulons des raisons solides, des solutions tirées de la nature même des sujets : nous sommes sérieusement occupés à chercher les principes de notre foi dans leur véritable source; & sachant que l'écriture sainte est la grande règle de nos opinions & de notre conduite, nous y avons recours pour juger par nous-mêmes de la véritable nature des sujets dont il nous importe tant d'être bien instruits. Nous n'avons pas assez de catholicisme pour nous soumettre aux décisions d'un prétendu juge infaillible, ni assez de crédulité pour acquiescer à celles de notre clergé. Peut être allons-nous à l'excès de ce côté-là, & nous fions-nous trop à nos propres interprétations, même à l'égard de certaines matières sur lesquelles nous n'avons eu quelquefois ni les talens ni le loisir nécessaire de nous instruire.

Voilà ce qui me paroît la véritable cause de la ferveur outrée de nos controverses, & de ce grand nombre de différentes branches dans lesquelles nos schismes nous ont divisés.

Il y a des personnes qui veulent qu'on attribue cet inconvénient à l'affreuse confusion qui régnoit dans la grande-Bretagne pendant les sanglantes guerres civiles qui durèrent depuis l'an 1640 jusqu'à 1656, & à la liberté qu'eurent nos compagnons, durant ces troubles affreux, de professer ouvertement toutes sortes d'opinions. Mais cette solution ne satisfait pas à la difficulté: la question est de savoir pourquoi, ayant la liberté de professer toutes sortes d'opinions, qui devroit être donnée à tous les hommes, ils s'en sont servis plus que les autres peuples, qui en jouissent aussi, pour se séparer en un nombre infini de sectes. C'est-là le véritable état de la question, & je crois en avoir donné la seule solution qui sorte de la nature du sujet même.

Une autre difficulté, qui vaut bien aussi la peine d'être examinée avec attention, roule sur les remèdes qu'il seroit possible d'employer contre cette maladie de la religion. Pour aller à la source du mal, certaines gens pourroient nous conseiller moins d'attachement pour la religion, afin d'avoir moins de disputes sur ses différens points; mais ce remède seroit pire que le mal. Il vaut infiniment mieux avoir toujours présent à l'esprit le véritable but de la religion, l'humilité & la charité. Ces vertus nous inspireroient de la modération, & si elles n'étoient pas capables de diminuer le nombre de nos sectes, elles nous porteroient, du moins, à nous conduire dans nos disputes en gens polis & en chrétiens. Si l'on entroit dans les controverses avec un esprit de paix, avec un cœur tranquille, avec une tendresse fraternelle pour ceux qui n'ont pas précisément les mêmes idées que nous, il arriveroit très-souvent que les mêmes principes de raison, qui font communs à tous les hommes, les porteroient aux mêmes conséquences. Il est fort apparent même que, dans ces cas, une grande variété dans les opinions ne produiroit qu'un petit nombre de sectes, & que plusieurs sentimens qui passeroient dans notre esprit pour erronnés, ne nous obligeroient pas à nous séparer en différentes communions.

J'avoue qu'il paroît y avoir quelque chose de rebutant dans ce que je soutiens ici, savoir que notre attachement pour la religion, qui va plus loin que celui des autres peuples, est l'origine du grand nombre de nos sectes, & d'une espèce d'esprit de persécution qui les anime les unes & les autres. Il est triste encore de devoir soutenir que nous, qui avons si peu de religion, en avons encore plus que les autres nations chrétiennes : heureux si notre supériorité à cet égard étoit d'une plus grande étendue ! Elle est assez grande pour nous rendre plus capables que les autres peuples, de nous haïr les uns les autres, & il s'en faut de bien des degrés qu'elle soit assez grande pour nous lier avec nos compatriotes par les plus tendres liens de la charité mutuelle.

Le dégré de notre amour pour la religion n'est qu'un triste milieu entre le chrétien éclairé & pleinement convaincu de la vérité de ses sentimens par un examen raisonnable, & le chrétien indifférent & plein d'une malheureuse sécurité par rapport à ses plus grands intérêts. Je n'en dirai pas davantage, & je crois que ce que j'ai avancé sur ce sujet, est suffisant pour donner une idée de l'origine de nos opinions variées à l'infini sur les matières de la religion.

On me demandera peut-être encore où pourront finir nos fatales dissensions sur ces sujets importans. J'y pourrois répondre de plusieurs manières très-mortifiantes, surtout si j'avois envie d'entrer dans de certains détails ; mais j'aime mieux rendre ma réponse aussi générale & aussi charitable qu'il m'est possible. J'espère que toutes ces querelles finiront dans le ciel. C'est-là que se termineront toutes ces animosités si contraires à la douceur & à l'esprit de l'évangile. C'est-là que nous donnerons la main à plusieurs pécheurs réconciliés avec Dieu, dont nous abhorrons ici la société. C'est-là que nous embrasserons ce publicain, qui a été l'objet de notre mépris. C'est-là que nous verrons ce cœur froissé, que nous avons accablé ici par nos censures, par nos reproches & par nos invectives, entièrement guéri par le baume de Galaad, par le sang de notre rédempteur.

Nous verrons alors qu'il y a eu d'autres brebis que celles de notre bercail ; qu'il y a eu d'autres toutes vers le ciel que celles dont nous avons exclu les hommes; que plusieurs de ceux que nous avons excommuniés, ont été reçus dans la communion de J. C. & qu'un grand nombre de ceux que nous avons placés à la main gauche du souverain juge, ont un rang à sa droite. Nous verrons alors la plupart des sectes se réunir & se réconcilier entièrement. Le zèle mal entendu n'exercera pas son empire sur les ames, & ne nous jettera plus dans le plus funeste aveuglement; nous n'accuserons plus d'hypocrisie une vertu pure & sincère, & nous n'accorderons plus les honneurs de la véritable piété au fard imposteur d'un phariséisme adroitement ménagé; chaque objet sera mis dans son vrai jour; du premier coup-d'œil on en connoîtra la valeur réelle; personne n'aura la moindre envie de tromper, & personne ne sera sujet à être la dupe de l'imposture.

Dans ce séjour heureux de paix & de concorde, nous réparerons, par la plus vive tendresse, tout ce que nous aurons fait & même pensé d'injurieux à notre prochain; nous nous féliciterons mutuellement de notre commun bonheur, & nous louerons à jamais la bonté divine, qui a reçu en grace ceux que nous avions rejetés, & qui a assigné dans la joie éternelle une place à ceux à qui, dans l'excès de notre orgueil, dans notre disette de charité, nous en avions fermé l'entrée.

Combien d'actions dont nous n'avions considéré que l'extérieur, & que nous avions comdamnées sur un examen superficiel, n'y verrons-nous pas récompensées par ce juge infaillible qui sait démêler les intentions les plus secrettes du cœur ? Plusieurs opinions qui nous paroissent ici damnables, se trouveront parfaitement orthodoxes. Plusieurs notions qui, par nos décisions téméraires, s'étoient offertes à notre esprit, comme contradictoires, nous paroîtront alors consistantes avec elles-mêmes & conformes à la religion émanée de la fontaine de vérité.

Alors tout l'embarras que nous donnent à présent les idées des choses invisibles cessera entièrement, la doctrine de l'immutabilité des décrets divins paroîtra parfaitement compatible avec la liberté de la créature raisonnable; on verra que ces décrets sont stables & certains, & que cependant c'est avec fruit que les fidèles ont adressé au ciel leurs prières, pour éviter des maux, pour s'attirer des bénédictions, pour obtenir pardon, & pour détourner les fléaux qui sembloient déjà prêts à les accabler.

Si quelqu'un me demande pourquoi tous ces différens si scandaleux ne peuvent pas finir avant le tems où nous serons transportés dans le séjour de la paix, je lui réponds qu'ils prendroient effectivement fin sur la terre, si les hommes étoient fortement convaincus que toutes ces animosités finiront dans le ciel. Mais de la manière dont les esprits sont faits, il n'est pas possible que cette conviction soit générale. Les vérités les plus grandes & les plus évidentes ne font pas sur l'esprit de tout homme des impressions proportionnées à à leur force & à leur poids, & par conséquent je ne vois pas le moindre degré de probabilité dans l'espérance de voir finir ces malheureuses discordes, avant que nos ames soient dégagées de la matière & débarrassées des préjugés & des passions.

Il y a encore un autre moyen de réconcilier les esprits divisés sur des points de la religion, & la providence s'en est servie très-souvent pour réparer les brèches qu'un zèle mal-entendu avoit faites à la charité chrétienne. Ce moyen a été toujours fort efficace; mais c'est un remède amer qui ne fait son effet que de la manière la plus douloureuse. On en conviendra facilement quand j'aurai dit que c'est la persécution. La force de ce remède a bien paru dans l'église primitive, où la plus grande harmonie regnoit pendant tout le tems qu'elle a souffert sous l'inhumanité des empereurs payens. S'il y avoit quelques opinions différentes, elles n'éclatoient pas par le schisme ; on s'écrivoit des lettres les uns aux autres pour s'instruire mutuellement d'une manière paisible, charitable & fraternelle ; & l'on nommoit quelquefois des arbitres pour décider de ces sortes de différens. On ne savoit pas ce que c'étoit que d'excommunier des églises entières, pour quelque vétille touchant la manière de célébrer la pâque, & pour la question, s'il faut rebatiser les pénitens. Toute cette lie de la religion étoit consumée dans la fournaise de la persécution ; la fureur des tyrans retenoit les esprits dans l'humilité chrétienne ; les souffrances communes resserroient les liens de la charité, & tout le zèle se concentroit dans la noble fermeté d'essuyer plutôt les dernières misères, que de renoncer aux engagemens qu'on avoit pris avec le sauveur du monde.

On a vu la même chose dans la Grande-Bretagne, au commencement de la réformation. L'évêque Ridley, & l'évêque Hooper, l'un épiscopal, & l'autre presbytérien, ou peu s'en faut, ayant eu des différens, qu'ils avoient poussés avec la dernière chaleur, & s'étant résistés l'un à l'autre en face, comme saint Paul & saint Pierre, se réconcilièrent dès qu'ils se virent menacés du martyre. Leurs disputes finirent à la vue du bucher qui les devoit mettre en cendres ; ils comprirent qu'il étoit possible à l'un & à l'autre d'avoir un dévouement généreux & sincère pour les vérités les plus importantes de la religion, sans être du même sentiment sur quelques rites, & sur quelques cérémonies extérieures; ils s'écrivirent des lettres consolantes, & ils devinrent confesseurs également zélés, & martyrs de la même religion, qu'ils avoient en quelque sorte deshonorée & troublée, en se censurant mutuellement avec une véhémence, qui n'étoit pas proportionnée à la petitesse des sujets qui y avoient donné occasion.

Que tous ceux qui sont capables de réfléchir attentivement sur un remède si rude, se ressouviennent que les chrétiens turbulens, qui ont été réconciliés par la persécution, ont toujours trouvé, dans leur conduite passée de puissans motifs de se demander pardon l'un à l'autre. Plus ils avoient échauffé leur zèle par leurs passions, plus ils avoient choqué les devoirs de la charité par leurs censures & par leurs reproches, & plus ils se sont attachés l'un à l'autre par les liens de la tendresse fraternelle; marque certaine, que ce n'étoit ni leur raison ni leur piété qui leur avoient inspiré leurs emportemens, & que toutes les controverses poussées avec chaleur sur des points qui, dans l'esprit même de ceux qui disputent, ne passent point pour fondamentaux, ne servent à la fin qu'à couvrir de honte ceux qui s'y sont livrés inconsidérément.

De l'Excellence merveilleuse de la religion, & de la Vertu négative.

LE langage de la vertu négative, est le même que celui du pharisien de l'évangile; seigneur, je te rends graces, &c. Elle n'a pour but qu'une criminelle & ridicule ostentation; c'est une poupée habillée richement & avec magnificence : mais, dépouillée de tous ces affiquets, ce n'est qu'une grossière figure de bois, uniquement propre à amuser les enfans & les fous. C'est l'unique base des espérances d'un hypocrite; c'est un masque qu'on voudroit faire prendre pour un caractère réel. On ne s'en pare d'ordinaire que pour tromper les autres; mais à coup sûr, nous sommes toujours, par son moyen, nos propres dupes.

La vertu négative ne diffère pas beaucoup du vice positif, sur-tout chez ceux qui s'en servent de propos délibéré comme d'un masque pour en imposer aux autres, ou comme d'un brouillard pour s'aveugler eux mêmes. Si quelqu'un de ceux qui sont dans ces tristes cas, vouloit bien examiner avec attention la véritable nature de la situation où il se trouve, & la foible base sur laquelle il fonde la tranquillité de son esprit, il verroit qu'il n'est pas possible de s'imaginer une disposition plus malheureuse pour sortir de ce monde, & pour comparoître devant le trône du souverain juge.

Pour en être persuadé, on n'a qu'à réfléchir sur l'opposition qu'il y avoit entre le pharisien de l'évangile, & le publicain, qui étoit l'objet de son plus profond mépris. Nos gens à vertu négative ont une parfaite ressemblance avec le premier dans toute leur conduite ; toujours occupés des vices & des crimes d'autrui, toujours prêts à se féliciter de ne pas donner dans les mêmes excès. Mon voisin est un ivrogne ; un de mes fermiers est un voleur ; un tel jure comme un damné ; un tel richard se plaît dans la profanation & dans le blasphême ; le commissaire de notre quartier est un athée ; un tel scélérat est devenu voleur de grand chemin ; un tel petit-maître de la cour pousse la débauche jusqu'aux derniers excès. Pour moi, tout enveloppé de ma vertu négative, je vis d'une manière sobre, régulière & retirée ; je suis véritablement honnête homme & homme de bien, je ne m'empare du bien de personne ; personne ne m'a jamais entendu jurer, jamais un mot scandaleux n'est sorti de ma bouche ; j'ai toujours soin d'éviter dans mes discours la profanation

nation & l'obscénité, & l'on me voit les dimanches dans mon banc à l'église. Seigneur, je te remercie de ce que je ne suis ni débauché, ni voleur, ni assassin. Supposons que tous les éloges que ce saint homme se prodigue de cette manière, soient véritables; il n'y gagne pas grand chose, à mon avis; il vaudroit mieux pour lui qu'il fût coupable d'une de ces habitudes criminelles, & même de toutes ensemble, que de fonder une sécurité malheureuse sur son inaction, qu'il confond avec les devoirs les plus essentiels du christianisme.

La plupart des scélérats savent jusqu'à quel point ils sont criminels; de tems en tems leur conscience leur reproche les horreurs de leur conduite, & ils rendent quelquefois hommage à la vertu par des remords passagers. Dans l'état où ils se trouvent, il est très-possible que leur conscience se réveille tout-à-fait & les porte à une repentance sincère, dont la vivacité soit proportionnée à l'énormité de leurs crimes. Il est vrai que bien souvent Dieu, libre distributeur de ses graces, traite ces scélérats avec la dernière rigueur; que, pour les punir, il leur permet de se livrer à des forfaits nouveaux, & qu'il les arrête à la fin dans leur carrière criminelle, par une mort qui ne leur donne pas le loisir de réfléchir sur leur triste situation; par conséquent la préférence que je leur donne ici sur un homme négativement vertueux, ne doit animer personne à se jeter à corps perdu dans un gouffre de crimes. Qu'ils considèrent encore que ceux de cette malheureuse classe d'hommes, qui se repentent de leurs actions affreuses, ne s'en repentent d'ordinaire que tard, & qu'ils ne sont portés à se jeter devant le trône de grace, que par la plus déplorable adversité, & souvent même par l'appareil du dernier supplice.

Cependant, quelque coupables que puissent être ces malheureux, il est certain qu'en péchant, ils sont persuadés qu'ils pèchent, & qu'ils sont dans un état où de fortes exhortations peuvent les porter à un repentir vif & sincère. Le chrétien négatif, au contraire, est plein de lui-même, satisfait de sa sainteté; s'il pense à quelque devoir de la religion, c'est lorsque de tems en tems il se jette à genoux pour remercier Dieu de ce qu'il n'a besoin ni de sa protection, ni du secours de sa grace. Ce léger hommage qu'il paye à la divinité, est un opium qui acheve de l'endormir dans la sécurité. Il y a de l'apparence qu'il ne se réveillera jamais de cette profonde léthargie, qu'elle l'accompagnera dans le passage de cette vie à l'éternité, & qu'il ne se désabusera de sa sainteté prétendue, que lorsqu'il se verra environné de cette lumière pure, qui découvre la nature véritable & la valeur réelle de toutes choses. C'est-là qu'il verra trop tard qu'il n'a rien négligé pour se duper soi-même, & qu'enfermé par son propre orgueil dans un épais nuage de vertus négatives, il a travaillé à se détruire positivement & à se précipiter dans un gouffre de malheurs éternels dont la réalité ne lui sera que trop sensible.

Qu'on se persuade une fois pour toutes, que je ne songe ici qu'à tracer un caractère, & que je n'ai pas la moindre intention de l'appliquer à qui que ce soit; la matière est trop grave & trop mortifiante pour me fournir un sujet de satyre licencieuse. Je prie seulement ceux qui sont capables de sentir que c'est leur caractère que je dépeins, de se tirer au plus vîte d'une situation si dangereuse, & je conjure les personnes qui sont menacées par leur vanité d'être jetées contre cet écueil, de l'éviter, en prenant l'humilité pour leur pilote.

J'ai remarqué qu'un nombre de personnes tombent dans ce malheur par la satisfaction excessive que leur donnent les éloges de leur prochain, & l'idée avantageuse de leur caractère, qu'ils voient établie dans l'imagination de ceux qu'ils fréquentent. Il est vrai que dans plusieurs une bonne réputation est un baume précieux, & un bien préférable à la vie même; mais alors c'est une bonne réputation fondée sur un mérite réel, dans la vertu, qui est la seule source légitime de la réputation : autrement, ce n'est qu'une courtisane fardée qui cache un amas de maladies & de corruption sous un air de fraîcheur & de santé.

Dans un siècle aussi abâtardi que le nôtre, il vaut infiniment mieux, avec un cœur pur & innocent, être le but général de la calomnie des hommes, que de s'en attirer les fausses louanges par un mérite superficiel. Qu'importe à un homme de bien de se voir méprisé par une populace méprisable, pourvu qu'en jetant les yeux sur lui-même, il y trouve de quoi se consoler, & qu'en les tournant vers le ciel, il y découvre le centre de toutes ses espérances ?

. . . . Hic murus aheneus esto,
Nil conscire sibi, nullâ pallescere culpâ.

HOR.

Le sage est dans l'indépendance
Des discours du peuple malin :
Son mérite & son innocence
L'entourent comme un mur d'airain.

Il est vrai qu'il faut une fermeté invincible, & un courage infini pour soutenir généreusement les mépris & les calomnies du public ; j'aimerois mieux pourtant que ce fût-là mon sort dans le monde, (pourvu que je pusse jouir de la satisfaction essentielle à la vertu & au témoignage d'une bonne conscience), que d'être du nombre de ces gens à vertu négative, que tout le monde caresse par des éloges flatteurs; mais qui sont vides de tout mérite, & que leur vanité abîme dans des illusions perpétuelles. Leur seul plaisir, leur satisfaction la plus vive, consistent à détourner leurs yeux d'eux-mêmes, & à s'aller chercher dans l'imagination d'autrui, pour y caresser l'idée chimérique de leur caractère.

Dans le grand jour que la providence a destiné pour exposer à la lumière les secrets les plus cachés des cœurs, nous verrons toutes les idées que nous avons les uns des autres, parfaitement rectifiées; nous aurons tout le loisir de découvrir la fausseté & la témérité des jugemens que nous avons formés des caractères du prochain; nous verrons couronnés d'une gloire permanente plusieurs de ceux que notre précipitation a condamnés à la honte & aux ténèbres éternelles; nous verrons plus d'un hypocrite fardé, qui traite ici les autres de publicains, & qui leur dit: retire-toi d'ici, car je suis plus saint que toi, dépouillé de son masque de sainteté, envier le triomphe de ceux qui avoient été l'objet de son orgueilleux mépris.

Voilà une source féconde de consolations pour l'homme de bien, dans le tems même que ses ennemis, comme s'exprime David, *grincent des dents contre lui, & l'ont en dérision.*

Bienheureux le mortel dont la vertu sublime
Sait se mettre au-dessus d'une frivole estime;
Il voit d'un œil content des riches insensés,
A l'abri du bonheur, par la foule encensés,
Tandis qu'armant son cœur d'un généreux courage,
Il soutient, du vil peuple, outrage sur outrage,
Il jouit, en secret, de la tranquillité,
Que répand en son cœur l'aimable piété;
Et, sans placer son nom au temple de mémoire,
Il trouve, en sa vertu, la source de sa gloire.
Ainsi l'astre du jour, lorsque, de toutes parts,
Ses feux sont absorbés par les plus noirs brouillards,
A travers ces vapeurs achève sa carrière
Et fait se couronner de sa propre lumière.

Bien souvent des éloges qu'on donne libéralement à cette espèce d'honnêtes-gens qui font le sujet de ce discours, ne sont que des éloges négatifs; mais comme ces sortes de louanges sont incapables de donner une satisfaction réelle à des personnes qui réfléchissent un peu, il est certain aussi, que la vertu négative n'a pas la force nécessaire pour soutenir une ame accablée sous le poids d'un mépris universel. Il est plus malheureux de donner du scandale que de s'attirer de la calomnie. Le premier a pour base des fautes véritables, & la seconde attaque toujours l'innocence; rien ne donne du scandale, que ce qui est faux.

Pour se fortifier contre les attaques du mépris général de tout un peuple, il faut pouvoir se retrancher dans une vertu réelle & solide; il faut qu'on se sente soutenu par la justice & par l'intégrité. Il n'y a qu'un fond de mérite dont on puisse tirer du secours, quand on a le malheur de passer pour n'avoir dans le caractère rien qui ne soit vicieux. Je ne veux pas dire par-là qu'il faut être parfait, pour ne pas plier sous de telles attaques, qu'il faut n'être pas coupable de la moindre extravagance & du moindre foible. Si cette supposition étoit vraie, où seroit l'homme qui pût tenir ferme contre la mauvaise réputation ? La perfection n'est pas compatible avec notre malheureuse nature; la véritable manière dont les autres doivent juger de nous, & dont nous devons juger de nous-mêmes, c'est de prendre garde au tissu général de nos actions, à la suite entière de notre conduite, & l'on peut hardiment se croire honnête homme, malgré quelques fautes qu'on trouve par intervalles dans toute la trame de sa vie. Comme chaque bonne action ne nous met pas en droit de nous arroger le titre d'homme de bien, chaque extravagance, chaque mauvaise action particulière ne nous doit pas faire passer non plus ni dans l'esprit des autres, ni dans notre

Q iv

propre esprit, pour un mal-honnête homme & pour un scélérat. Cette règle est tellement certaine que, si elle ne devoit pas être admise, les plus grands saints dont les livres sacrés nous parlent n'auroient été que des misérables, & l'homme de bien ne seroit qu'un être de raison, qu'une chimère.

Entrons un peu plus avant dans le caractère du chrétien négatif, & distinguons la conduite qu'il tient en public, d'avec sa manière de vivre quand il est dans le particulier. Il est vrai qu'il n'est pas ivrogne, mais il est enivré de l'orgueil qu'il tire de la réputation qu'il s'est ménagée d'être un homme tempérant & sobre. Il est bon voisin, il est l'arbitre & le pacificateur des querelles qui s'élèvent dans les autres familles; mais c'est un tyran insupportable dans son propre domestique. Il se donne en spectacle dans les lieux destinés au service divin; mais jamais il n'entre dans son cabinet pour adresser là ses prières à celui qui le voit en secret. Il est tout brillant de cette charité qui ne sert qu'à l'ostentation; & s'il fait ses aumônes en secret, c'est d'une manière à faire publier par toute la ville qu'il fait des aumônes en secret. Il s'acquitte avec la plus grande ardeur des devoirs qui nous sont prescrits dans la seconde table du décalogue, mais il ne se met point en peine de la première. Il affecte un air de piété &

de dévotion, pour que les hommes y prennent garde & l'admirent ; mais son ame n'a pas le moindre commerce avec Dieu. Il ne sait qu'à peine ce que c'est que la foi, la repentance, & cette retraite d'une ame qui s'unit à la divinité par la méditation. En un mot, c'est un homme parfaitement régulier dans les circonstances extérieures de la religion, mais l'essence lui en est parfaitement étrangère.

Quelles idées un tel homme est-il capable de former des heures qu'il a mal employées, & du reflux de tous les instans de sa vie dans ce gouffre du tems, l'éternité ? Est-il en état de connoître la valeur du tems, & d'y répondre par l'utilité d'une réflexion sérieuse & solide ? Sait-il proportionner l'activité naturelle de son ame, comme un homme qui en devra un jour rendre compte ? Hélas ! c'est-là la moindre de ses inquiétudes ; il est trop occupé de son mérite & de sa réputation pour former de semblables pensées. Il s'est si fortement mis dans l'esprit qu'il est irréprochable de toute manière, qu'il croit inutile de porter sa méditation sur un jugement à venir, & sur une éternité.

Un homme, dont toutes les pensées sont enflées de son cher individu, de son précieux moi, peut-il tirer son ame de ces bornes étroites, & se donner carrière sur une durée éternelle, sujet si immense & si inconcevable ? S'il le pouvoit, s'il étoit en état de former quelque idée d'une vie future, il lui seroit impossible de continuer à s'abandonner à l'assoupissement voluptueux où il s'est jeté par la grande opinion qu'il a de lui-même. Le moyen de se mettre dans l'esprit que, dans le court espace de cette vie, qui n'est qu'un moment réel, comparé à l'éternité, on puisse faire quelque chose qui mérite une félicité qui ne sauroit être bornée par le tems ?

Si toutes nos actions les plus vertueuses ne sont pas proportionnées à cette récompense infinie, rien n'est plus absurde que de croire s'en rendre digne par l'inaction d'une vertu négative. C'est à la vue de l'éternité, par conséquent, que tout l'orgueil du pharisien doit disparoître ; la vertu négative, la vertu réelle même, ne sont rien ici ; notre bonheur éternel ne sauroit avoir pour sa source qu'une bonté infinie, qui, pour nous récompenser, se consulte elle-même, & qui, sans avoir égard à notre mérite, se proportionne à sa propre grandeur. Être jugés selon nos œuvres, si l'on entend ces expressions à la lettre, ne signifie qu'être condamnés. Heureusement nous ne serons jugés que par la sincérité de notre repentance, qui sera récompensée, non pas à proportion de son mérite réel, mais à proportion de la bonté divine, & du mérite infini de Jésus-Christ.

Je le répète : l'éternité n'est pas un sujet propre à s'attirer les réflexions d'un homme à vertu négative. Il est trop étendu pour une imagination desséchée par l'amour-propre, & quand cette éternité se présentera un jour à son esprit désabusé, elle sera aussi peu la source de sa consolation, qu'elle aura été l'objet de ses pensées.

Cette idée de l'éternité m'échauffe l'esprit & le remplit tout d'un coup d'un si grand nombre d'images, qu'il m'est impossible de ne me point livrer à une digression sur une matière si noble. Si le sujet ne déplaît pas à mes lecteurs, ils me pardonneront sans peine l'écart qu'elle me force de faire.

L'ÉTERNITÉ.

Sujet effrayant & sublime,
Dont l'immensité me confond!
Gouffre, où l'esprit se perd, inconcevable abîme,
Quelles couleurs te dépeindront?

Du tems, qui passe, mer profonde!
Tout âge sort de toi, tout siècle y doit finir :
Tombeau futur de notre monde!
Source des mondes à venir!

Finir, commencer, mourir, vivre,
S'arrêter, différer, poursuivre,
Ne sont chez toi que mots vides de sens;
Tout incident de la nature,
Les tems passés, l'existence future,
En toi, comme en un point, concentrent leurs instans.

Heures & jours, semaines, mois, années,
L'un sur l'autre accumulez-vous,
Courez remplir vos destinées,
Par votre nombre étonnez-nous.

Quelle suite prodigieuse!
En vain l'algebre ingénieuse
Dans ce calcul veut t'abîmer;
Mais qu'êtes-vous au prix de la durée immense,
Dont vous tirâtes la naissance?
Vous ne sauriez seulement l'entamer.

Ces nobles faits, fruits des cœurs intrépides,
Périront avec les héros.
Mille réflexions brillantes & solides
Suivront leurs auteurs aux tombeaux.
Cette immortalité, dont leur ame est superbe,
N'est, auprès de l'éternité,
Que le moindre ruisseau, qui, se traînant sur l'herbe,
Se perd dans l'océan où son cours l'a porté.

Durables monumens, orgueilleux mausolées,
En vain vos fondemens & de marbre & d'airain,
Prétendent-ils porter aux races reculées,
La gloire ou bien l'orgueil du Grec & du Romain!

Vous passerez tous, comme une ombre.
L'éternité dans sa nuit sombre,
De mille êtres passés cahos triste & confus,
Confond ce qui n'est point, avec ce qui n'est plus.

Eh! pourquoi donc avec tant de foiblesse
Te livres-tu, mon ame, à ton affliction?
Pourquoi, d'une langue traîtresse,
Crains-tu la persécution?
Attache-toi, sans trouble, à la sagesse austère;
Méprise un moment de misère;
Perce de l'avenir le voile redouté:
Que de tes douleurs la durée
A l'infini soit mesurée;
Crois que ce qui finit n'a jamais existé.

Que du souverain bien la solide espérance,
T'arme d'une noble constance,
Bientôt tu recevras, de l'immortalité,
La suprême félicité,
Et la véritable existence.

Je reviens à mon homme à vertu négative, & je veux le supposer un moment capable de porter sa vue sur la vie à venir. Il ne la sauroit contempler sans horreur & sans la plus grande inquiétude; semblable à Félix, gouverneur de la Palestine, quand saint Paul lui parla des vertus chrétiennes & du dernier jugement. Ce romain, si je sais bien développer son caractère, doit avoir été un de ces sages négatifs dont le paganisme abondoit, & cependant les paroles de saint Paul le firent frissonner. Quoique je ne me pique pas d'être grand théologien, voici comme je crois qu'il faut expliquer ce passage.

Felix étoit sans doute un philosophe, aussi bien qu'un homme mis au premier rang par la faveur de son maître. Le respect qu'il avoit pour les Dieux, en quoi consistoit parmi les sages payens presque toute la religion, l'avoit porté à la justice & à la tempérance, comme à une conduite qui devoit être récompensée par la félicité des Champs-Elisées; car généralement les payens alors pensoient que les Dieux étoient les rémunérateurs de la vertu.

Mais quand l'apôtre entra en conversation avec lui sur les grandes vérités de notre religion, il ne lui fut pas difficile de le désabuser de la haute idée de son propre mérite. Il lui fit voir qu'il n'est pas possible que la divinité nous soit redevable par la pratique de la vertu; qu'une vie sobre & tempérante porte sa récompense avec soi, en procurant à l'homme un corps sain & toutes les dispositions nécessaires pour jouir comme il faut d'une félicité présente. Il lui prouva qu'un bonheur éternel & sans bornes ne peut avoir pour source que la bonté illimitée d'un Dieu, qui, malgré sa justice offensée par nos crimes, a établi un tribunal de grace, où Jésus-Christ, que saint

Paul prêchoit, assignera une gloire éternelle à ces cœurs froissés, qui, se condamnant eux-mêmes, & se repentant vivement de leurs péchés, ont reçu l'esprit d'adoption, qui seul est capable de les unir à leur rédempteur.

Certainement Félix ne pouvoit que trembler à la vue de ces vérités mortifiantes ; il vit sans doute, que sa tempérance, sa justice & toute sa philosophie, quand elles auroient été d'une étendue infiniment plus grande, ne devoient être d'aucun poids, devant le tribunal de la justice éternelle, & que, bien loin de lui attirer des récompenses, elles n'étoient pas capables de l'arracher aux plus grands supplices.

Quelle étrange idée devoit avoir de Dieu ce pharisien qui entra dans le temple avec le publicain pour adresser ses prières à la divinité ! Il est remarquable qu'il y entra d'un air assuré, sans avoir le moindre dessein de poser quelque offrande sur l'autel, ou de faire un aveu de ses péchés, en faisant quelque sacrifice ; du moins les livres sacrés ne font mention, dans cet endroit, ni de victime, ni de prêtre. Il n'avoit pas besoin de tout cet attirail superflu ; ce saint homme n'avoit commis rien qui dût l'exciter à demander pardon à Dieu ; il n'approchoit de l'autel que pour solder ses comptes avec la divinité, & pour lui montrer qu'il étoit tout au moins quitte avec le ciel. Semblable à cet autre pharisien, dont il est parlé dans l'évangile, il raconta à Dieu que, dès sa jeunesse, il avoit rempli toute la loi ; il en rend graces d'une manière cavalière, & il s'en retourne chez lui avec toute la tranquillité qu'une sainteté parfaite doit répandre dans une ame.

Pour le pauvre publicain, que cet hypocrite avoit méprisé, & qui étoit resté en arrière, n'osant approcher du lieu saint, il fit un personnage bien différent. Il est vrai que, par un principe de devoir, il avoit d'abord résolu d'aller au temple ; mais quand il vit ce bâtiment superbe, séjour de la divinité & représentation vive de sa gloire, frappé d'une horreur religieuse, il rentra dans son cœur, & n'ayant pas, pour se rassurer, la moindre ressource dans une vertu négative, ni dans quelques actes de piété extérieure, il s'arrête tout court ; il n'a pas le courage d'entrer dans cet auguste lieu, il porte sa réflexion sur ses péchés, & profondément humilié par le triste état de son ame, il baisse ses yeux vers la terre, dans le tems qu'il élève son ame vers le ciel, avec une foi vive, accompagnée d'une sincère repentance : seigneur, dit-il, ayez pitié de moi, misérable pécheur.

La confession des péchés, la foi, la repentance, l'humilité, le plus profond respect pour Dieu ;

Dieu; en un mot, toutes les vertus chrétiennes, étoient jointes dans ce seul acte; auſſi ce seul acte de piété lui obtint-il grace devant le tribunal de la divine miſéricorde. Il s'en retourna juſtifié. Le phariſien, au contraire, rentra dans ſa maiſon avec la même vanité; en un mot, avec cette même vertu orgueilleuſe, qui mettoit le comble à ſes péchés.

De quelles couleurs grandes & nobles l'écriture ſainte ne dépeint-elle pas par-tout la foi & la repentance, ces deux vertus qui ſe tiennent toujours par la main & qui ſont inſéparables ? Jamais les livres ſacrés ne nous parlent de la foi, ſans en tracer un portrait propre à lui attirer notre admiration & notre amour. Cette vertu eſt la pierre angulaire de tout l'édifice du chriſtianiſme; elle guide & elle tient le chrétien dans ſon voyage par ce monde, & elle l'introduit dans cette vie où elle n'aura plus lieu; en un mot, la foi eſt l'eſſence & la baſe de toute la religion que l'évangile nous enſeigne.

La véritable religion a eu trois différentes baſes, en trois périodes différens : mais ces trois règles eſſentielles ont eu toujours le même but; ſavoir, la vie, ou le bonheur éternel.

La première règle fut donnée à Adam dans le paradis terreſtre ; les termes en étoient : *abſtenez-vous, & vivez.*

Tome III.   R

La seconde fut prescrite aux enfans d'Israël, lorsqu'ils reçurent la loi de la main de Dieu; elle étoit exprimée ainsi: *faites, & vivez*.

Enfin la troisième est la règle fondamentale de Jésus-Christ, dont tous les préceptes aboutissent au commandement que voici: *croyez, & vivez*.

La foi fait par conséquent toute la substance de la doctrine évangélique, elle établit notre justice, ou plutôt elle nous approprie la justice de notre rédempteur; c'est le grand & l'unique moyen de participer aux mérites de Jésus-Christ, & de nous assurer l'effet de toutes ses promesses.

Si ce que je viens de dire est une vérité constante, qu'il est impossible de révoquer en doute à tous ceux qui admettent la divinité de l'évangile, dont toutes les parties concourent à s'établir, quelle consolation peut-elle apporter à un chrétien négatif? Il n'y a pas plus de religion négative dans le système de la foi, qu'il y a de foi dans le plan d'une religion négative.

Conduisons à présent vers son lit de mort un chrétien négatif, vide d'idées véritables & sensées de la religion, & plein d'idées fausses de sa vertu. Supposons qu'il entre en conversation sur son état avec un homme vertueux, qui connoisse le véritable esprit de l'évangile. Si cet homme pieux conforme ſes diſcours à cet eſprit de la religion chrétienne, & s'il tire par-là le moribond de ſes notions favorites, il remplit ſon eſprit de confuſion & ſon cœur de troubles; il lui tient un langage à-peu-près incompréhenſible. Le malade ne ſait plus où il en eſt. Dès qu'il ne peut pas nager ſur les veſtiges de ſes vertus négatives, il ſe noye dans le moment même. Il arrive auſſi quelquefois qu'un malheureux de cette eſpèce rejette de pareils raiſonnemens, qui ſont tout-à-fait étrangers à ſa manière de concevoir les choſes les plus intéreſſantes, & qu'il ſe tient collé à ſon orgueil fondé ſur une foible baſe. Il eſt ſemblable à ce noble Polonois, qu'on exécuta, il y a quelque tems, pour avoir aſſaſſiné un gentilhomme Anglois; quand le miniſtre lui parloit de la repentance, & du mérite infini de Jéſus-Chriſt, il répondoit, qu'il étoit d'une des plus illuſtres familles de ſa patrie, & qu'il eſpéroit que Dieu auroit quelques égards pour un homme de ſa naiſſance.

De quelle manière ſe conduira un eccléſiaſtique pieux & raiſonnable, quand il s'agira de prier Dieu pour un de ces orgueilleux pécheurs, qui, dans peu de momens, doit comparoître devant le trône du maître du monde? Dira-t-il? Seigneur, reçois dans ton ciel l'ame de cet honnête homme; il n'a été ni ivrogne, ni adultère, ni blasphémateur; il a donné des marques de justice & de charité, il a fait du bien à son prochain : jamais il n'a fait tort à personne de propos délibéré, & il n'a point donné dans ces irrégularités excessives, que la mode du siècle autorise. Seigneur, ayez pitié de cet homme vertueux, de ce chrétien si digne des récompenses que vous avez attachées à la pratique de la piété.

Une semblable prière ne feroit que le confirmer dans sa situation déplorable; un ministre bien instruit dans les devoirs de sa charge, plein de zèle pour la gloire de Dieu & pour le salut des hommes, s'y prendra d'une autre manière, il ne négligera rien pour découvrir à ce pauvre pécheur, qu'il a travaillé pendant toute sa vie à se jeter dans une agréable, mais dangereuse illusion. Il lui fera sentir qu'il n'a rien de recommandable dans lui-même, & qu'il n'est qu'un pauvre ver de terre, dont l'unique ressource est de se jeter avec humilité entre les mains du sauveur, dont les miséricordes sont infinies.

Dans ce triste période de la vie, la vertu négative doit faire naufrage, pour que le pécheur soit sauvé.

CHAPITRE V.

De la nécessité d'écouter la voix de la Providence.

Les hommes ont une paresse naturelle qui les empêche d'examiner à fond ce qu'ils se doivent à eux-mêmes & à la divinité. C'est une étude dans laquelle nous n'entrons qu'avec répugnance, & nous sommes charmés d'y rencontrer quelque difficulté considérable, qui nous fournisse une raison plausible d'arrêter tout court nos recherches.

Par là il arrive que les hommes les plus capables de réussir dans cet examen, se trompent sur la nature des devoirs de la religion, & qu'ils se contentent de quelques notions superficielles, ce qui les prive des avantages considérables qu'ils pourroient tirer d'un examen plus soigneux & plus profond. Ils s'imaginent qu'une connoissance générale des principes de nos devoirs, suffit pour leur enseigner le chemin du salut, sans se mettre en peine de tous les secours qu'une recherche poussée plus avant leur pourroit donner, pour applanir & pour rendre plus agréable le sentier étroit qui mène à la félicité éternelle.

Salomon étoit d'une opinion bien différente, quand il ordonna aux hommes *de crier pour la sagesse, & d'élever la voix pour l'intelligence, de creuser pour elle comme pour de l'argent, & de la chercher comme un trésor caché.* Il est certain que son but étoit de parler de la connoissance de la religion, qui est la seule salutaire. Pour en être persuadé, on n'a qu'à consulter les paroles suivantes, par lesquelles ce sage roi anime les hommes à ces recherches utiles *Alors,* dit-il, *vous comprenez la crainte du seigneur, & vous trouverez la connoissance de Dieu.*

Pour moi je crois fortement que c'est pour nous un devoir indispensable, dans la carrière que nous avons à courir dans ce monde, de tâcher de pénétrer dans toutes les parties de la religion, qui sont proportionnées aux bornes d'un esprit fini. S'arrêter dans ces recherches utiles, à cause de quelque difficulté qui s'applaniroit devant une attention plus forte, c'est ressembler au paresseux de Salomon. Pour se dérober au travail, il dit, *qu'il y a un lion dans les rues, & qu'il sera tué s'il sort de sa maison.* De la même manière, celui dont l'imagination grossit les difficultés de l'examen, pour avoir une occasion de s'en dispenser, se forge des chimères qui l'effraient, afin d'avoir un motif plausible pour se livrer à son indolence, & pour rester dans les ténèbres qui l'environnent.

Animons-nous par conséquent à la recherche de toutes les choses qui regardent la religion, & dont la divinité ne nous a pas défendu l'examen. Il est vrai qu'il y a des mystères dont la connoissance appartient à Dieu seul, & dans lesquels nous ne saurions nous efforcer à pénétrer sans la hardiesse la plus téméraire; aussi suis-je fortement résolu à les respecter ici, & à ne pas toucher au voile qui les couvre. Heureusement la divinité, par une sagesse digne de sa nature, a rendu impossible la connoissance de tout ce qu'elle nous a défendu d'examiner; c'est en vain que nous voudrions ne pas lui obéir à cet égard. Ce manque de respect pour ses ordres seroit parfaitement infructueux pour nous. C'est-là une marque de la bonté de Dieu, aussi-bien que de sa sagesse, & nous devons lui rendre grace de ce que, par les commandemens qu'il nous a donnés là-dessus, il nous a épargné des peines inutiles.

Notre sort est infiniment plus heureux de ce côté-là que celui d'Adam; il voyoit devant ses yeux l'arbre de science, comme pour le tenter continuellement par sa beauté, & en même tems il lui étoit défendu d'y toucher, sous peine de la vie. Pour nous, graces à la bonté divine, nous

R iv

pouvons manger du fruit de tous les arbres qui sont plantés à notre vue, & ceux auxquels il ne nous est pas permis de porter une main audacieuse, sont éloignés de nos yeux, & hors de notre portée.

J'ai intention d'entrer dans la recherche la plus délicate dont les matières de la religion puissent être susceptibles. Pour y réussir, il sera nécessaire de commencer par applanir toutes les difficultés, autant qu'il sera possible, par expliquer exactement tous les principes, par définir les expressions, en un mot, par poser une base inébranlable. Il est bon que, dans la conception d'un sujet si peu familier avec l'imagination des hommes & avec la manière ordinaire de raisonner, ils ne soient arrêtés par aucune obscurité qui puisse les effrayer & les empêcher de me suivre dans mes réflexions.

Il s'agit dans ce discours du devoir d'écouter la voix de la providence, & je suppose d'abord que je parle à des personnes qui admettent les deux principes dont dépend toute la religion; savoir, 1°. Qu'il y a un Dieu, première cause & premier moteur de toutes choses, qui donne l'être à tout ce qui existe, & dont, par conséquent le pouvoir est supérieur à celui de tous les autres êtres; 2°. Que cette puissance éternelle gouverne tout ce qu'elle a créé.

Pour éviter ici des distinctions inutiles sur la personne de la divinité qui a créé proprement l'univers, & sur celle dont l'emploi particulier est de veiller à la connoissance des choses créées, je me contenterai de prier mes lecteurs de lire avec attention le verset 6 du pseaume XXXIII, qui ôte tout lieu à ces sortes de chicanes, en attribuant l'œuvre de la création à toute la trinité. *Par la parole du seigneur les cieux ont été faits; & par le souffle de sa bouche, toutes leurs armées. La parole*, c'est Dieu le fils; *le seigneur*, c'est Dieu le père, & *le souffle de sa bouche*, c'est Dieu le saint-esprit.

Ayant supposé de cette manière que mes lecteurs admettent un Dieu, créateur du ciel & de la terre, je ne crois pas avoir besoin d'un plus long préambule, avant que d'établir les deux propositions suivantes.

1°. La cause première gouverne par sa sagesse tout ce qu'elle a créé par sa puissance.

2°. La providence fait éclater un soin particulier pour l'homme, sa dernière, mais sa plus excellente créature.

La religion naturelle prouve la première de ces propositions d'une manière incontestable. De l'idée que la nature nous donne de la prescience, de la sagesse, de la bonté & de la justice de Dieu, la providence générale suit par la conséquence la plus néceſſaire. Si nous admettons tous ces attributs divins, comme il le faut abſolument, dès que nous admettons l'exiſtence d'un Dieu, il nous eſt impoſſible de croire que l'univers n'eſt pas ſoutenu & dirigé par la même vertu qui l'a tiré du néant.

Il ſeroit abſurde au ſuprême degré de concevoir un Dieu qui, par ſa puiſſance infinie, a créé le monde, qui le laiſſe-là, ſans entrer dans les intérêts de ſa ſageſſe, qui eſt la même choſe que ſa providence, ſans avoir aſſez d'amour pour ſon ouvrage, pour en vouloir conſerver l'ordre & l'harmonie, & pour ſoutenir la ſubordination des cauſes ſecondes, qui eſt comme la vie de tout ce tout ce qui a été créé.

La religion révélée ne nous fait pas voir, avec moins d'évidence, le ſoin que la divinité prend d'une manière toute particulière de l'homme, l'ornement de la création. Révoquer ſeulement en doute cette propoſition, c'eſt rejeter l'autorité de la révélation divine.

C'eſt en faveur de l'homme que l'ordre & l'harmonie ſont conſervés parmi les autres créatures, que les pays ſont habitables, que les fruits & la chair des animaux ſont nourriſſans, & que les ſimples ont une vertu médicinale. Il ſemble que toute la terre ſoit ſon héritage, uniquement deſtinée à ſon utilité, & entièrement soumise à son pouvoir : il en est comme le vice-roi, ou bien on peut le considérer comme le feudataire de celui qui en est le seigneur absolu. Or le moyen de comprendre, sans tomber dans l'absurdité de lier ensemble des idées absolument incompatibles, que Dieu ait abandonné le monde à la conduite de l'homme, sans diriger d'une manière toute particulière celui qu'il a rendu dépositaire de son pouvoir sur les choses créées ?

J'appelle donc *Providence* cette sagesse divine, par laquelle il conduit non seulement les choses créées pour les besoins de l'homme, mais par laquelle encore il influe sur l'homme même, & le dirige dans toutes ses opérations.

Je laisse à certains philosophes à faire des distinctions spécifiques de la providence divine, & à examiner la manière dont elle agit ; je n'entrerai point dans toutes ces subtilités de l'école ; il suffira de donner ici une définition de ce que j'appelle *Providence*. C'est cette activité de la puissance, de la sagesse, de la justice & de la bonté de Dieu, par laquelle il gouverne non-seulement les évènemens, mais encore les moyens qui y conduisent, & les dirige à l'utilité de l'homme, sa créature favorite.

Cette idée me paroît claire & nette, & je crois qu'il est superflu de mettre notre esprit à la torture pour développer la manière dont cette activité influe sur les choses humaines, & la raison pour laquelle elle se sert d'une telle méthode & non d'une telle autre; c'est à nous à respecter la providence comme le droit de Dieu; c'est à nous à en observer la conduite, à nous y soumettre & à obéir à ses ordres.

Il ne seroit pas hors d'œuvre de mettre ici dans tout son jour la bonté de Dieu, qui paroît d'une manière si marquée dans l'intérêt particulier que la providence prend dans tout ce qui concerne les créatures humaines; mais cette espèce de digression pourroit remplir presque tout l'espace que j'ai destiné, dans cet ouvrage, au principal sujet que j'ai promis de traiter. D'ailleurs la vérité que je viens d'indiquer, a tant de connexion avec ma matière; qu'elle se développera, comme d'elle-même, à mesure que je répandrai de la lumière sur notre devoir indispensable d'écouter la voix de la providence.

Le motif le plus grand qui nous doive porter à prêter cette attention religieuse à la voix de la providence, c'est qu'elle est déterminée d'une manière toute particulière à nos avantages, & qu'elle y détermine toutes les causes secondes.

La pratique de ce devoir n'est pas extrêmement facile; rien n'est plus fréquent chez les hommes que d'interpréter de travers les effets les plus visibles de la providence, & les plus propres à frapper; par conséquent il n'est pas surprenant qu'on prenne si peu garde à cette voix de la providence, qui nous parle d'une manière moins éclatante, ou qu'on n'y donne pas le véritable sens.

Une marque certaine que les hommes ne sont que trop sujets à interpréter les effets même les plus sensibles de la providence, c'est que certaines gens, persuadés que rien n'arrive dans le monde sans le concours de Dieu, rendent la providence divine responsable de leurs folies & de leurs extravagances. Un étourdi qui fume du tabac dans un magasin à poudre, s'en prendra à la providence de ce que tout le bâtiment saute en l'air; un autre qui laisse pendant la nuit sa maison ouverte, la chargera de la perte de ses meubles ou de ses marchandises. Il n'est pas possible de rien imaginer de plus absurde & de plus ridicule : de cette manière, un brigand & un meurtrier pourroient rejeter leurs crimes sur la providence qui gouverne toutes choses.

Je ne m'amuserai pas, pour le présent, à réfuter ces erreurs grossières : mon but est ici d'instruire les lecteurs de quelques particularités délicates qui concernent la providence, & sa méthode de gouverner le monde, & qui valent bien la peine d'occuper notre attention.

S'il y a des gens qui chargent grossièrement la providence de certaines choses, où elle n'est pas engagée d'une manière directe, il y en a d'autres qui donnent dans une erreur encore plus dangereuse, & qui refusent de voir la providence dans les évènemens où elle se fait sentir de la manière du monde la plus directe & la plus manifeste.

Ces sortes de gens-là semblent se faire un plaisir de s'aveugler. Si la providence guide & dirige le monde réellement, si de l'enchaînement de certaines circonstances elle fait la cause des évènemens, si d'ailleurs le but général de la providence est de diriger le gouvernement du monde à l'avantage particulier de l'homme ; en un mot, si l'on admet les deux propositions que j'ai établies comme la base de mon discours, il en faut inférer cette conséquence nécessaire ; que c'est pour nous un devoir indispensable de prêter la plus forte attention à la voix secrette de cette providence.

Par faire attention à la voix de la providence, j'entends en étudier la véritable signification dans chaque particularité de chaque évènement, & apprendre à connoître les vues de la providence dans tout ce qui arrive, & la manière dont nous devons y répondre de notre côté. Si un homme se voyoit en danger de périr dans un vaisseau fracassé par un orage, & si la providence offroit à sa vue une chaloupe qui avançât de son côté, il seroit inutile de lui faire connoître que ce seroit son devoir de faire comprendre à ceux de la chaloupe par des signaux réitérés la triste situation où il se trouveroit. S'il étoit assez stupide pour négliger un moyen si naturel de se sauver, il est certain qu'il n'auroit pas la moindre raison imaginable d'accuser la providence de sa mort; c'étoit à lui à écouter la voix de la providence, & à saisir l'occasion qu'elle lui offroit de se tirer du péril.

L'homme se rend quelquefois coupable d'une certaine rébellion contre la providence, & il se précipite de propos délibéré dans des malheurs qu'elle n'est pas obligée d'empêcher par des miracles. Celui qui se jette dans une rivière pour se noyer, qui se pend à un arbre, ou qui se casse la tête d'un coup de pistolet, mourra indubitablement en dépit de toutes nos idées sur les décrets éternels de Dieu, & sur tout ce qui concerne la providence. Elle n'est pas obligée, comme je l'ai déjà dit, d'empêcher ces malheurs d'une manière directe & irrésistible: elle peut livrer un tel homme à sa détestable fureur, sans faire la moindre brèche à son pouvoir souverain & absolu.

Quoique la providence ait déterminé que les évènemens doivent être enchaînés aux causes par une nécessité indispensable, elle ne laisse pas, dans un très-grand nombre de cas, de nous permettre la liberté d'appliquer au bien, ou au mal moral, les circonstances où nous nous trouvons. Il ne nous est pas possible de limiter ces cas, ni de comprendre de quelle manière la providence agit à cet égard; mais il nous suffit de savoir que, dans ces cas là, nous sommes des agens parfaitement libres; si nous ne reconnoissons pas la vérité de ces principes, en vain nous adresse-t-on des exhortations pour nous porter à la vertu, & pour nous détourner du vice, & rien n'est plus indigne de la justice divine, que de nous proposer des punitions & des récompenses. Les promesses & les menaces ne sont que des expressions vides de sens, si l'homme est un agent nécessaire, & s'il n'a pas le pouvoir de se déterminer d'une manière libre vers ce qui s'offre à sa raison, comme son véritable intérêt.

Je suis fortement convaincu que tous les évènemens sont entièrement soumis aux ordres de la providence, mais je ne saurois croire que les êtres raisonnables y soient soumis d'une manière purement passive, & qu'il leur soit impossible de profiter des avertissemens que le ciel leur donne souvent pour les exciter à se précautionner contre les désastres qui semblent leur pendre sur la tête. l'homme prudent prévoit le mal & il se cache; comment seroit-il son profit de ce qu'il prévoit,

s'il

s'il n'avoit pas la liberté de se déterminer lui-même?

Bien souvent l'homme prudent prévoit le mal, en prenant garde à certains avertissemens intérieurs, qui le déterminent à se cacher & à se dérober aux malheurs qui le menacent. Ce sont précisément ces avertissemens secrets qui font le sujet de ce discours; c'est-là cette voix de la providence que je veux enseigner à l'homme d'écouter.

Je suis d'opinion qu'il faut placer la providence à la tête du monde invisible, tout de même que nous lui accordons le gouvernement du monde visible. Il est vrai que j'abhorre la notion superstitieuse & cabalistique d'un certain monde d'êtres invisibles, qu'on partage en différentes classes, & dont j'aurai lieu de parler au long dans un autre traité. Néanmoins je suis fortement persuadé que la main de Dieu, qui gouverne ce monde corporel, doit diriger aussi le monde invisible des intelligences spirituelles, & que de-là elle peut nous envoyer des messagers, qui, d'une manière directe ou indirecte, pendant le sommeil ou pendant que nous veillons, par des pressentimens ou par des songes, nous donnent des avertissemens qui peuvent nous être d'une grande utilité, si nous les écoutons, & si nous nous en servons pour prévoir le mal, & pour nous cacher

J'avoue qu'on peut me faire ici une objection à laquelle il m'est impossible de donner une solution satisfaisante & solide : si ces avertissemens, dira-t-on, sont un effet de la providence, qui a une intention sérieuse de nous protéger, pourquoi sont-ils si imparfaits, si mystérieux & si obscurs, qu'il est quelquefois impossible à un homme sensé d'en deviner le sens, & que, par conséquent, il n'est pas coupable s'il n'en profite pas ?

Il m'est impossible, j'en conviens, de trouver aucun principe par lequel on puisse applanir cette difficulté. Ce mystère me paroît de la même nature que ces paroles qu'une main invisible écrivit sur la muraille dans le célèbre festin du roi Balthazar. Par quelle raison ces paroles furent-elles écrites dans un caractère que personne ne pouvoit déchiffrer, & dont le sens auroit été apparemment inconnu à jamais, si un prophète ne les avoit expliquées, & n'avoit donné par-là à ce malheureux roi l'unique moyen d'apprendre par ces caractères, la funeste catastrophe qui le menaçoit ?

Quoique les bornes de notre raison nous rendent ce mystère impénétrable, il reste pourtant certain, que c'est pour nous un devoir indispensable d'étudier, avec la plus grande application, ces avertissemens secrets, & de ne rien négliger pour en pénétrer le véritable sens ; il reste certain qu'après avoir fait tous nos efforts pour réussir dans cet examen difficile, nous devons nous conformer avec exactitude à l'ordre que ces avertissemens semblent contenir, & ne point négliger cette voix secrète de la providence.

Pour donner une idée un peu plus nette de ce devoir, il ne sera pas hors d'œuvre de tracer ici le portrait d'un homme qui écoute avec attention cette voix secrète. Un tel homme est fortement convaincu de la direction souveraine & générale de la providence sur toutes les créatures; il est persuadé, qu'en qualité d'être raisonnable, il est soumis à cette providence d'une manière toute particulière, que c'est à elle qu'il doit son existence & sa conservation, & qu'il n'est pas contraire à la majesté d'un Dieu, infiniment puissant, bon & sage, de veiller sur la moindre chose qui concerne l'homme, qu'il a fait à son image.

Par une conséquence naturelle de cette idée générale, il croit fermement que la providence s'intéresse dans toutes les particularités qui lui arrivent, & qu'il est de son utilité de faire réflexion sur tous les effets de la providence qui sont à sa portée, pour voir s'il lui est possible d'en tirer quelque avantage.

Quiconque se livre à la distraction à cet égard, néglige ses propres intérêts, puisqu'il lui est impossible de savoir si les effets de la providence auxquels il ne daigne pas prêter une attention religieuse, ont quelque liaison avec son bonheur.

C'est une vérité reconnue de tous les gens de bien, que rien ne nous arrive sans la volonté ou sans la permission de Dieu, & que par conséquent tout homme qui a pour soi-même un amour éclairé, ne doit jamais être dans une indolence stupide sur les effets de la providence où il pourroit être intéressé. S'il est certain, comme notre sauveur nous l'assure, qu'aucun cheveu ne tombe de notre tête, sans la volonté de notre père céleste, il est sûr aussi qu'aucun cheveu ne doit tomber de notre tête sans que nous portions nos yeux sur ce père céleste, dont la volonté influe dans un évènement si peu important en apparence.

Comme je prends ce passage dans sa véritable étendue, & que j'entends par-là que le moindre incident de la vie humaine n'arrive pas sans la volonté active de notre père céleste, qui la dirige, ou sans sa volonté passive qui la souffre, je prends aussi la conséquence que j'en tire dans la même étendue, & j'en conclus, que rien ne nous sauroit arriver de si mince en apparence, que nous ne soyons dans l'obligation d'attacher notre vue sur notre père céleste, de nous soumettre à sa volonté, & d'en étudier le sens pour le tourner à notre profit. Celui qui néglige ce devoir, méprise la providence.

Mon unique dessein est ici d'exciter les chrétiens à une attention perpétuelle & respectueuse pour la direction de la providence, sur-tout par rapport à leurs affaires particulières. Je songe à les animer à une obéissance parfaite & constante pour les ordres de cette providence. Je veux les porter à en attendre l'issue avec résignation; en un mot, à écouter soigneusement la voix secrète de Dieu, afin qu'ils y puissent conformer leur conduite.

C'est un point d'une extrême délicatesse de déterminer si cette voix secrète influe dans les augures, les songes, les apparitions, & les pressentimens. Il semble en quelque sorte que ce sont-là les moyens par lesquels le monde invisible se communique avec le monde visible, & dont les intelligences pures se servent pour avoir commerce avec les esprits enfermés dans les corps. Cependant il faut traiter ce sujet avec la plus grande précaution, & songer sérieusement à ne rien avancer, à cet égard, qui donne dans le fanatisme, & qui deshonore la providence d'un Dieu infiniment sage.

Le sentiment des gens de bien dans tous les siècles a été, qu'il ne falloit pas négliger entièrement ces sortes d'avertissemens de la providence divine. Mais comme ils ne prescrivent aucune règle fixe pour limiter nos réflexions & notre conduite à cet égard, je trouve bon d'imiter une si sage réserve. Je me contenterai de dire, que comme la certitude de l'astronomie paroît par le calcul exact des éclipses, la certitude du commerce des esprits avec les hommes se prouve par les évènemens qui ont souvent répondu, avec la dernière précision, aux avertissemens qui avoient été donnés par les moyens extraordinaires que je viens d'indiquer. Cette expérience posée comme incontestable, je ne vois pas comment la providence, qui s'intéresse avec un soin si particulier à tout ce qui nous regarde, n'influeroit pas dans cette communication que nous avons par ces moyens avec le monde invisible. Mais je n'ai garde de déterminer jusqu'à quel point va cette influence de la sage direction de Dieu.

Toutes les fois que la providence fait sentir d'une manière manifeste, qu'elle influe dans ces sortes d'avertissemens secrets, je me crois obligé d'y faire réflexion, & j'exhorte les autres hommes à suivre cette même route. Je leur dirai pourtant qu'il faut examiner de près la nature de ces avertissemens, & ne point prêter attention à ceux qui n'ont pas un caractère propre à nous persuader qu'ils nous viennent du ciel, & qu'ils sont dirigés selon nos véritables intérêts.

Si, dans certains cas, nous sommes obligés de faire attention à la voix de la nature & à celle des députés invisibles qui nous sont envoyés du monde des esprits, il est évident que nous devons beaucoup plus écouter la voix de la providence, quand elle nous parle d'une manière plus directe.

Je le répète, le monde est gouverné par le même pouvoir qui l'a tiré du néant, & la providence de Dieu est aussi digne d'admiration que sa toute-puissance. Or, dans tout le cours de cette providence, rien ne mérite plus nos profonds respects que cette voix secrète, qui, d'une manière mystérieuse, nous instruit des causes qui doivent naturellement produire tels ou tels effets. Celui qui écoute cette voix de la providence, se soumet aux ordres de la divinité, & respecte avec admiration les merveilles qui éclatent dans sa manière de gouverner l'univers, comme celles qui brillent dans sa puissance infinie.

Si les événemens sont du ressort de la providence, aussi-bien que les causes qui les produisent, rien ne doit être plus digne de nos réflexions les plus sérieuses, que la liaison qui paroît évidemment entre les événemens & les circonstances qui concourent à les faire naître. Il faut être indolent jusqu'à la stupidité, & n'avoir pas dans l'esprit la moindre activité qui nous puisse porter à l'observation des choses remarquables, pour ne se pas plaire à découvrir la liaison qu'il y a entre ce qui arrive dans le monde, & la sagesse suprême, qui ménage toutes les causes secondes qui influent dans les évènemens d'une manière directe. Quand, par exemple, des punitions éclatantes suivent de près des crimes éclatans, & quand des forfaits nationaux sont punis par des punitions nationales, ne faut-il pas être de la dernière stupidité pour ne pas sentir que c'est la justice divine qui se déclare d'une manière toute particulière? Toutes les circonstances d'un évènement conspirent, pour ainsi dire, à nous en faire découvrir la cause, & nous fermerions les yeux à une vérité si palpable? En vérité, ce seroit marquer un profond mépris pour la divinité, & négliger nos propres intérêts par la paresse la plus criminelle.

Le concours de plusieurs évènemens répand du jour sur leur cause, & la méthode dont le ciel se sert pour produire un certain évènement, est une règle par laquelle nous pouvons juger de l'effet qui doit suivre les marques d'une méthode toute semblable. Celui qui n'écoute point cette voix de la providence, est sourd à l'instruction, &, comme l'insensé de Salomon, il hait la science.

Une réflexion attentive peut nous découvrir, sans beaucoup de peine, si le ciel approuve, on condamne, une entreprise que nous avons formée; nous voyons par des marques évidentes, si le ciel favorise ou traverse les mesures que nous prenons pour y réussir. Rarement nous arrivera-t-il de nous tromper là-dessus, si nous comparons les choses présentes avec les choses passées, & si nous examinons la conduite ordinaire de Dieu avec les hommes.

Faut-il être fort habile pour deviner de quelle main partent ces exemples de la punition la plus sévère, qui suit souvent, dans l'instant même, ces imprécations horribles & infernales qu'on regarde comme des traits de la rhétorique moderne? Un homme impie a l'audace d'appeler Dieu à témoin d'une fausseté qu'il est de son intérêt de faire passer pour une vérité: il souhaite que, s'il ment, le ciel le frappe d'aveuglement, de surdité & même de la mort. A peine a-t-il lâché cette parole abominable, qu'il est exaucé; il devient sourd, muet, ou aveugle, ou bien il tombe roide mort. Quoi! cette punition ne marque-t-elle pas, de la manière la plus forte, la réalité d'une providence? N'est-ce pas une voix du ciel qui crie directement que Dieu est juste, & qu'il hait les ouvriers d'iniquité? Celui qui ne l'entend pas doit être bien sourd; & mille fois pis que sourd celui qui l'entend & qui la mérite. Ces sortes de supplices marqués ressemblent à certaines punitions terribles & usitées parmi les hommes, à l'égard de certains criminels distingués, & moins destinés à faire souffrir des misérables, d'une manière proportionnée à leurs forfaits, qu'à effrayer les spectateurs, & à les détourner de semblables fureurs.

La providence divine, toujours disposée à nous protéger, & à nous guider au bonheur, se sert de mille moyens différens pour nous faire sentir la conduite qu'elle attend de nous dans certains cas embarrassans; & il ne nous est pas difficile, par cela même, de remarquer que son intention est de nous faire trouver notre devoir dans une religieuse attention à ces expressions sensibles de sa volonté.

S'il m'est permis de parler ainsi, notre ame a la vue bien courte; elle ne découvre qu'à peine les objets qui sont à quelque distance, bien loin de pénétrer dans leur véritable nature. Mille exemples nous le font voir tous les jours, & cette mortifiante expérience doit nous enseigner que, pour percer le voile qui couvre les évènemens futurs, nous devons faire usage de toutes les lumières & de tous les secours que nous pouvons tirer d'une attention continuelle sur les évènemens passés, & sur la manière dont ils ont été produits. Il est certain que cette manière d'agir nous seroit d'une utilité extraordinaire pour nous débarrasser des difficultés qui nous empêchent de prendre le parti le plus salutaire.

Si nous prenions exactement garde à chaque circonstance de tout ce qui arrive, & si nous nous en formions l'habitude, nous n'aurions pas besoin, pour nous conduire dans les cas les plus embarrassans, d'un secours plus dangereux & plus effrayant, comme celui qu'on tire des songes, des visions, & en général du commerce des intelligences pures.

Un cavalier de mes amis ayant un jour un voyage à faire du côté du nord de l'Angleterre, tomba malade deux fois de suite, précisément le même jour qu'il avoit destiné pour le commencer ; il prit sagement ces traverses pour des avertissemens du ciel, & quoique de fortes raisons dussent le déterminer à suivre sa première résolution, il y renonça. Peu de jours après sa femme mourut ; ce qui lui fit sentir que rien n'avoit été plus utile pour lui que d'être dans sa maison, & de pouvoir prendre garde à ses affaires dans une conjoncture si désagréable.

Les Romains avoient quelques idées confuses du devoir d'écouter la voix de la providence, comme on le voit par la distinction qu'ils faisoient entre les jours heureux & malheureux. L'écriture sainte même ne s'éloigne pas de cette pratique, & elle remarque sur-tout le jour que les enfans d'Israël étoient sortis d'Egypte. Lorsqu'elle en fait mention, quatre cent trente ans après cette heureuse délivrance, elle dit (1), *précisément dans ce même jour ils sortirent d'Egypte*. Elle parle de plusieurs autres jours comme de jours malheureux; *l'homme prudent se taira dans ce tems; c'est un tems malheureux*.

Nous voyons que la divinité ne restreint pas seulement les actions des hommes, mais encore ses propres actions, à certains tems & à certains jours; ce qu'elle ne fait sans doute que pour nous le faire remarquer & pour nous en faire tirer de l'instruction. Mon but principal n'est pas ici de réfléchir sur certaines révolutions qui sont arrivées dans les familles, ou dans toute une nation, & qui portent les hommes à marquer certains jours comme heureux & d'autres comme malheureux. Mon intention est plutôt de faire remarquer de quelle manière la providence distingue certains jours par des révolutions extraordinaires, & y attache un caractère de bonheur & de malheur, pour faire sentir fortement aux hommes la différence qu'il y a entre les actions qu'elle approuve, & celles qu'elle n'approuve point.

Par-là les hommes appellent l'imagination

---

(1) *Exod*. XII, v. 41, 42.

au secours de la raison, ils apprennent à former l'idée la plus forte du crime ou du mérite qu'il y a dans leurs actions; ils le lisent dans la punition ou dans la récompense dont la justice divine a voulu qu'elles fussent suivies, & dont l'image se retrace dans le caractère d'adversité ou de prospérité, attaché à l'anniversaire des jours où ces actions ont été faites.

J'ai vu plusieurs recueils de ces marques de la providence arrivées dans certains jours, dont les unes regardoient des familles particulières, & les autres des peuples entiers. On en a vu plusieurs exemples dans la guerre dénaturée entre le roi & son parlement, dont la mémoire doit être à jamais en exécration à la postérité la plus reculée. Par exemple, le même jour du mois & de l'année que le chevalier Jean Hotham eut l'insolence de fermer les portes de la ville de Hul à son souverain, & de lui en empêcher l'entrée, il fut mis à mort par ordre du même parlement dont il avoit soutenu les intérêts par une action si indigne. D'une semblable manière, le malheureux roi Charles premier reçut la sentence de mort du conseil qu'on appelle la haute cour de justice, le même jour du mois qu'il avoit eu la foiblesse de signer la sentence du comte de Strafford, qu'on pouvoit regarder comme son bras droit. Il est remarquable encore que le même jour que le roi Jacques II étoit sur le trône, en dépit de l'acte d'exclusion, il fut déclaré par le parlement, déchu de sa dignité royale, & la couronne fut posée sur les têtes du prince d'Orange & de son épouse.

Ces sortes d'évènemens sont comme autant de sentences tacites que la providence prononce contre certaines actions, afin que les hommes en reçoivent des impressions fortes & durables, & qu'ils écoutent avec respect & avec frayeur cette voix du ciel qui parle d'une manière si redoutable.

La providence parle encore de la manière la plus forte & la plus significative dans les délivrances signalées, par lesquelles elle tire quelquefois les hommes d'un danger éminent, dans le tems qu'ils ne pouvoient plus compter sur la moindre ressource. Cette voix nous appelle alors à la reconnoissance, & à bénir à jamais cette main forte & ce bras étendu, par lesquels la bonté divine a bien voulu nous protéger & nous sauver contre toutes les apparences. Cette voix du ciel qui éclate dans ces délivrances inattendues, nous prêche la repentance de la manière la plus énergique, nous enseigne à nous précautionner à l'avenir par une conduite prudente & vertueuse contre les dangers où nous avons été précipités par nos extravagances, & d'où nous n'avons pu être tirés que par une puissance & une bonté infinies.

Ces délivrances ne sont pas rares, & il n'y a point d'homme, qui tourne ses yeux avec attention sur sa vie passée, qui ne doive se souvenir d'un grand nombre de cas où il se seroit plongé dans un abîme de misères, si la providence n'avoit veillé pour lui avec plus de soin que n'a fait sa propre prudence. Malheureusement les réflexions de cette nature sont fort rares, &, faute de tirer, par leur moyen, du profit des révolutions de sa vie passée, & de répéter à soi-même cette voix de la providence, on se précipite dans des malheurs plus grands, sans trouver de nouveau le même secours.

Chaque jour nous rencontrons des occasions où la providence nous parle avec toute la force imaginable ; tantôt en nous protégeant par une assistance inattendue, pour nous exciter à la reconnoissance, & tantôt en nous présentant des périls & des embarras, pour nous apprendre à marcher avec prudence & avec circonspection, & pour nous porter à prendre garde à chaque pas que nous faisons dans le chemin raboteux de cette vie.

Ceux qui se laissent réveiller de leur léthargie dangereuse par cette voix pathétique, & qui se disposent à en suivre les ordres, recueillent d'ordinaire, dans le moment même, le fruit de leur attention, en se tirant des plus grandes difficultés, tandis que ceux qui ferment l'oreille à ces avertissemens paternels, sont punis de leur stupide indolence.

Je sais bien qu'on pallie cette malheureuse sécurité, en prétextant une confiance entière sur cette providence même qu'on insulte par cette conduite. Cette confiance n'est, dans le fond, que l'indolence la plus dangereuse, & ceux qui osent en faire ostentation, se démentent à chaque moment. Il est certain qu'il faut confier à la providence les moyens que nous avons de subsister; mais cette vérité n'empêche pas un homme de bien travailler avec application à se procurer, & à se conserver ces moyens. De la même manière nous devons nous reposer sur la providence, de la conservation de notre vie, sans négliger toute la précaution nécessaire, pour éviter les dangers, & sans mépriser les avertissemens que la bonté divine nous donne, dans le dessein de nous faire veiller à cette même conservation. Si nous ne les recevons pas avec le plus profond respect, & si nous n'en tirons pas les avantages qu'ils nous offrent, nous devons justifier la providence divine, & nous accuser nous-mêmes des catastrophes que notre sécurité nous attire.

Rien n'est plus criminel, à mon avis, qu'une négligence

négligence générale de ces avertissemens; c'est une espèce d'athéisme pratique, ou du moins un mépris formel de Dieu, & un outrage perpétuel fait à cette bonté infinie, qui s'offre elle-même d'avoir soin de tout ce qui nous regarde.

Un tel homme reçoit des faveurs du ciel, sans songer à la source dont elles dérivent; il en reçoit des châtimens, sans aller jusqu'au législateur souverain, qui est jaloux de la sainteté de ses loix; il n'est ni reconnoissant à la vue des bénédictions de Dieu, ni sensible aux marques de la colère céleste; sa stupidité est égale dans la prospérité & dans l'adversité, comme s'il étoit hors de la sphère de la providence, & comme si Dieu étoit hors de la sphère de ses réflexions; en un mot, il est précisément dans une disposition diamétralement opposée à celle que je recommande ici, & qui doit faire l'essentiel du caractère d'un homme qui prête attention à la voix de la providence.

Cette voix parle quelquefois d'une manière si intelligible, qu'il est presque impossible de ne pas comprendre le sens de ce qu'elle nous dit.

Lorsque le prince de Vaudemont commanda l'armée des Alliés en Flandre, la même campagne que le roi Guillaume assiégea & prit Namur, quelques troupes eurent ordre de marcher du côté de Nieuport pour faire une diversion, &

pour attirer de ce côté-là le comte de Montal, qui commandoit un camp volant auprès de Menin, & qui, sans cette diversion, auroit pu se joindre au duc de Villeroi, qui étoit à la tête de la grande armée des ennemis.

On avoit ordonné aux soldats, sous peine de la vie, de ne pas s'éloigner du camp, & de ne point piller les paysans. La raison de cette sévérité étoit, que les vivres n'étoient pas abondans dans l'armée, & que, si on n'avoit pas protégé les gens du pays, ils s'en seroient allés avec leurs provisions; ce qui auroit pu réduire nos troupes à la plus grande disette.

Malgré des ordres si précis, il arriva que cinq soldats Anglois s'éloignèrent du camp & se mirent à courir le pays. Ils furent attaqués, près d'une ferme, par un bon nombre de paysans, qui s'étoient mis dans l'esprit qu'ils avoient pillé une maison; ce que pourtant ils n'avoient pas fait. Les soldats connoissant l'humeur impitoyable des paysans, qui épargnent rarement les gens de guerre, quand ils les trouvent à l'écart, se défendirent avec vigueur, eurent le dessus, & mirent leurs ennemis en fuite, après en avoir tué deux. Irrités par cette injuste attaque, ils forcèrent la porte de la ferme, dont j'ai parlé, & maltraitèrent assez ceux qui y demeuroient.

Après avoir chassé ceux de la maison, ils se

mirent à fourrager; mais ils y trouvèrent peu de chose, excepté une grande quantité de pommes, dont ils résolurent de se régaler. Ayant chauffé le four, ils étoient occupés à y faire rôtir des pommes, quand les paysans qui avoient fui, & qui savoient que les Anglois n'étoient qu'au nombre de cinq, vinrent les attaquer de nouveau, assistés de plusieurs de leurs voisins. Ils furent victorieux à leur tour, tuèrent deux Anglois, & firent prisonnier un troisième, que, par une inhumanité des plus barbares, ils jetèrent dans le four, où il fut étouffé.

Les deux autres Anglois échappèrent : mais à peine étoient-ils revenus au camp, qu'ils furent mis aux arrêts, & menés devant le conseil de guerre, non pour avoir maraudé, car on n'en avoit point la moindre preuve, mais simplement pour s'être écartés de leur régiment contre les ordres du général.

Ils furent condamnés tous deux à perdre la vie; mais le jour qu'il s'agissoit d'exécuter cette sentence, le général ayant envie d'en sauver un, ordonna qu'ils tirassent au sort. On sait que cela se fait d'ordinaire parmi les gens de guerre, en jetant des dés sur un tambour, & qu'on exécute celui qui a amené le plus ou le moins de points, selon que la chose a été réglée auparavant. Dans le cas dont il s'agit ici, c'étoit le plus grand nombre de points, qui devoit condamner un des coupables.

Quand les deux malheureux furent menés devant la fatale caisse, celui à qui on donna les dés, les jeta d'une main tremblante, & voyant deux six sur le tambour, il se mit à se tordre les mains, & à donner toutes les marques de désespoir; mais sa joie fut tout aussi vive, qu'avoit été sa douleur, quand il vit sortir les mêmes six de la main de son camarade.

L'officier, qui devoit assister à l'exécution, étoit fort surpris d'un cas si extraordinaire, & ne savoit presque quel parti prendre; mais ayant des ordres positifs, il ordonna aux deux soldats de recommencer; ils le firent, &, au grand étonnement des spectateurs, ils jetèrent chacun deux cinq. Là-dessus les gens de guerre qui avoient été détachés pour conduire le malheureux au supplice, se mirent à pousser de grands cris, en disant qu'il falloit les sauver l'un & l'autre.

L'officier, dont j'ai parlé, étant un homme sensé, avoua que la chose étoit extraordinaire, & qu'il paroissoit y avoir quelque chose de divin; il crut qu'il étoit de son devoir de suspendre l'exécution, & de consulter, sur un cas si particulier, le conseil de guerre, qui étoit justement assemblé alors. Ceux qui composoient ce conseil ordonnèrent, après une mûre délibération, qu'on donneroit d'autres dés aux deux coupables, & qu'on les feroit tirer de nouveau. Ils le firent avec le même succès que les autres fois, & l'on vit sur le tambour deux fois de suite deux quatre.

L'officier, mille fois plus surpris encore qu'auparavant, s'en retourna au conseil de guerre, qui, étonné au suprême degré d'une chose si éloignée du cours ordinaire de la nature; & croyant y trouver du miracle, résolut de suspendre l'exécution, jusqu'à ce qu'on eût consulté le général.

Ce seigneur, étant instruit de toute l'affaire, fit venir les deux Anglois, & leur ayant fait conter tout ce qui leur étoit arrivé dans leur course, il leur pardonna en se servant des expressions suivantes : *j'aime, dans des cas si extraordinaires, à prêter attention à la voix de la providence.*

Pendant que nous sommes dans cette vie imparfaite, où nous connoissons si peu le monde invisible, il seroit fort avantageux pour nous d'avoir une connoissance juste, sans aucun mélange d'idées fanatiques & superstitieuses, de la manière de profiter des directions qui nous viennent d'en-haut.

Il a plu à Dieu, dans sa sagesse, de renfermer dans des bornes beaucoup plus étroites, les avertissemens qu'il nous donne à présent, que ceux qu'il donnoit autrefois à son peuple, d'une manière immédiate; mais je n'oserois dire que ce commerce de Dieu, avec l'homme, a cessé absolument. Les livres sacrés font mention dans un grand nombre de passages, de ce commerce immédiat, & des ordres que la divinité prescrivoit autrefois aux hommes par des voix sorties du ciel, ou par le moyen des anges, ou bien par celui des songes, des visions. Dieu ne se servoit pas seulement de ces avertissemens directs, par rapport aux affaires publiques, mais encore à l'égard des affaires des particuliers. C'est ainsi que Dieu est apparu à Abraham, à Loth, à Jacob, & qu'il a député des anges à plusieurs personnes, comme à Manoab & à sa femme, à Zacharie, à la sainte Vierge & aux apôtres. A d'autres, il a parlé par des songes, comme au roi Abimelech, au prophète Balaam, à l'épouse de Ponce-Pilate, à Hérode, à Joseph, &c.

On étoit si persuadé, que toutes ces différentes sortes de voix venoient du ciel, d'une manière miraculeuse, que les prophètes, qui s'en servoient pour annoncer au peuple les ordres du ciel, commençoient d'ordinaire leurs prophéties par : *ainsi a dit le seigneur*. Il n'est pas surprenant que ces sortes de voix ne se fassent plus entendre parmi nous ; les évangélistes & les apôtres nous ont donné, de la part de Dieu, une voix plus sûre & plus claire, une parole plus étendue & mieux développée ; nous sommes les maîtres de la consulter, & même il est de notre devoir d'y prêter une attention continuelle. Cette parole, d'ailleurs, est soutenue de la grace de celui qui nous a dit: *je suis avec vous jusqu'à la fin du monde*, & par conséquent nous sommes bien éloignés de perdre quelque chose à ce changement d'économie, pourvu que nous prenions une forte résolution d'obéir aux ordres sacrés qui nous ont été donnés par cette voix céleste.

Je me suis un peu étendu sur cet article pour payer l'hommage que tout chrétien doit à la perfection salutaire de la révélation évangélique, accompagnée de la direction de l'esprit de Dieu, qui, par rapport à toutes les choses qui concernent le salut, nous mène en toute vérité.

Nous n'avons pas besoin, dans notre vie spirituelle, d'un commerce direct avec la divinité; ce n'est pas aussi de cette espèce de vie que je parle; je n'ai ici en vue que la vie civile, & je soutiens, qu'à cet égard, la voix immédiate du ciel se fait encore souvent entendre par différens moyens, & qu'il est de notre devoir d'y prendre garde.

Nos théologiens les plus éclairés distinguent deux voix de Dieu, dont l'une parle dans sa parole, & l'autre dans ses ouvrages; & l'étude de la dernière ne le cède guère en utilité à celle de l'autre.

On peut étudier cette dernière parole de Dieu de deux manières, ou dans les ouvrages de création, qui nous remplissent d'admiration, d'étonnement, de respect & de piété, ou dans les effets de sa providence, dont la variété infinie nous offre une source continuelle d'instructions aussi agréables qu'importantes. Il est certain que rien n'est plus digne de l'excellence de notre nature, & plus capable de nous procurer les plus grands avantages, que de nous appliquer sérieusement à cette étude; je conviens qu'elle est difficile & épineuse, & qu'il faut l'entreprendre avec la plus grande prudence, avec la plus sage circonspection. Il est si difficile de ne se point égarer dans cette route, que des gens éclairés, & pieux même, abhorrent cette entreprise, comme uniquement propre à porter les hommes foibles à la superstition & à l'enthousiasme, & à remplir les têtes de certaines vapeurs mélancoliques.

Je ne nie point que l'on ne puisse faire un mauvais usage de l'idée que je donne ici, & que je crois parfaitement bonne en elle-même. Prescrire aux hommes un devoir général, en leur imposant la nécessité de se conduire par leurs propres lumières dans le détail, c'est mettre des cerveaux foibles en danger de donner dans les plus hautes extravagances, de répandre un air ridicule sur les choses les plus graves & les plus sublimes, & de confondre leurs imaginations absurdes avec les effets respectables de la providence.

Je laisserai-là tous ces sujets; non que je croye qu'il n'y faille jamais faire attention: mais je pense qu'il est impossible de prescrire, à cet égard, des règles sûres & infaillibles; j'aime mieux me borner à certains incidens, à certaines circonstances extraordinaires, dont la vie de chaque homme est pleine, & qui paroissent avoir une relation toute particulière avec lui, ou avec sa famille.

Par prêter attention à la voix du ciel, qui éclate dans ces incidens, j'entends en faire un usage digne d'un chrétien, & en apprendre à se conduire d'une manière prudente & circonspecte; j'entends par-là, respecter les avertissemens qui paroissent nous venir d'en haut & adorer, dans tout ce qui nous arrive, la sainte volonté de notre créateur, sans jamais l'accuser d'injustice, & sans se révolter jamais contre ses ordres. Enfin j'entends par écouter cette voix, comparer les différens incidens de notre vie les uns avec les autres, & tirer de cette comparaison des règles utiles, & de sages leçons pour notre conduite.

J'alléguerai pour exemple le commencement de ma propre histoire. Un jeune homme quitte la maison de son père, en méprisant ses avis &

ses exhortations tendres & raisonnables, il n'a point d'égard pour les prières & pour les larmes d'une mère qui fait tous ses efforts pour le retenir. Il se met en mer, mais au commencement de sa première course il est arrêté par un naufrage, il ne se sauve d'une mort presque certaine que par le moyen d'une chaloupe qui vient au secours de l'équipage; à peine y a-t-il mis le pied, qu'il voit le navire d'où il sort couler à fond. De quelle manière ce jeune homme devroit-il se conduire? N'est-il pas obligé d'écouter cette voix de la providence, qui lui dit, de la manière la plus claire, qu'il ne doit point pousser plus loin son dessein criminel, qu'il faut qu'il retourne dans le sein de sa famille, & qu'il suive les conseils de ses parens, s'il ne veut pas se précipiter dans un gouffre de malheurs. Cependant ce fils rébelle néglige cet avis salutaire du ciel, & il en est puni par une vie qui n'est qu'un tissu de catastrophes.

Un homme de ma connoissance, qui avoit éprouvé plusieurs des incidens, que j'ose appeler avertissemens du ciel, les avoit entièrement négligés, & s'étoit moqué ouvertement de ceux qui en étoient plus frappés que lui. Il avoit pris un appartement dans un village près de Londres où il cherchoit mauvaise compagnie, ou du moins où il lui étoit fort difficile d'en trouver de bonnes.

La providence divine, qui sembloit s'intéresser dans sa conduite, dirigea les choses de telle manière, que, dans cette maison, ou dans le chemin qu'il devoit prendre pour y arriver, il eut toujours quelque rencontre désagréable. Il fut plusieurs fois attaqué par des brigands, deux fois il tomba malade en voulant y aller, & presque toujours ses affaires prenoient un mauvais tour, pendant qu'il se divertissoit dans ce village avec les compagnons de ses débauches. Ses amis ne négligeoient rien pour lui faire faire des réflexions sur tous ces désastres, & pour l'en faire conclure que le ciel l'avertissoit de ne plus mettre le pied dans ce fatal endroit; il méprisa leurs conseils, à son ordinaire, & dès que ses affaires ou sa santé étoient rétablies, ses passions l'entraînoient vers ses dangereux amis. Un jour qu'il étoit en chemin, il fut prodigieusement surpris par un coup de tonnerre effroyable qui tomba près de lui; ce phénomène fit de plus profondes impressions sur son esprit, que tout ce qui lui étoit arrivé auparavant de plus capable de le détourner de ses courses; il retourna à la ville dans le dessein de profiter de cette voix du ciel, & de ne jamais remettre le pied dans cette fatale maison. Peu de tems après il vit la sagesse du parti qu'il avoit pris; un incendie terrible ruina de fond en comble la maison en question, & la plupart de ses amis furent consumés par les flammes.

On se formeroit une idée très-fausse & très-absurde de la conduite de la providence à l'égard de la créature raisonnable, si l'on se mettroit dans l'esprit que chaque circonstance d'un évènement est déterminée d'une manière si nécessaire & si inévitable, que rien n'en sauroit détourner le coup, & que, par conséquent, ces sortes d'avertissemens du ciel sont inutiles, incompatibles avec la nature même de la providence. Une opinion si bisarre, bien loin de donner une notion sublime de la certitude des décrets, disputeroit la souveraineté à la providence divine, elle ôteroit à Dieu le privilège d'être un agent libre, & elle seroit démentie par l'expérience continuelle de l'homme, qui, dans la variété des incidens qui lui arrivent, découvre parfaitement, & la liberté de Dieu, & la liberté de l'homme. Un nombre considérable de maux qui semblent nous pendre sur la tête, nous sont prédits d'une manière si claire, que, par cela même, nous trouvons les moyens de les éviter, & quand nous les avons évités, nous pouvons juger qu'en vertu des décrets éternels ils ne devoient pas nous arriver, & que nous les éviterions par notre prudence.

Ceux qui supposent une chaîne nécessaire &

invariable de causes & d'évènemens, semblent priver la providence divine du gouvernement présent de ce monde, & ne lui pas laisser la moindre occasion de le diriger d'une manière conforme à sa sagesse.

Il me semble qu'on forme une idée fort nette de l'immutabilité de la sagesse & de la puissance du créateur, quoiqu'on la suppose dans une liberté absolue de conduire actuellement le cours des causes naturelles & des évènemens qu'elles produisent; il suffit, à mon avis, pour l'honneur d'une divinité immuable, que les incidens communs de la vie soient laissés à la disposition de cette vertu divine, que nous appelons providence, pour en ordonner comme elle le trouve à propos, sans déranger le système des causes secondes, & les règles du mouvement.

Cette idée me paroît bien plus naturelle que cette notion, qui attache, pour ainsi dire, les mains de la puissance divine à un faisceau de causes & d'effets, de manière qu'elle ne sauroit produire ni permettre que ce qu'elle a produit ou permis de toute éternité.

Avouons, si l'on veut, que nous ne pouvons pas comprendre l'immutabilité de la nature, & des actions de Dieu, & qu'il nous est absolument impossible de la concilier avec cette variété de la providence, qui, dans toutes ses actions, nous paroît dans une liberté entière & parfaite de former tous les jours de nouveaux desseins, de tourner les évènemens d'un tel ou d'un tel côté, comme il plaît à sa souveraine sagesse: qu'en suivroit-il? Peut-on conclure de ce que nous ne saurions concilier ces choses, qu'elles sont absolument incompatibles? Il vaudroit autant soutenir que la nature de Dieu est entièrement incompréhensible, parce que nous ne la comprenons pas, & que, dans la nature, tout phénomène où nous ne pénétrons point, est impénétrable. Où est le philosophe qui ose se vanter qu'il comprend la cause qui fait tourner vers le pole une aiguille aimantée, & la manière dont la vertu magnétique est communiquée par un simple attouchement? Qui me dira pourquoi cette vertu ne peut être communiquée qu'au fer, & pourquoi l'aiguille ne s'attache pas à l'or, à l'argent, & aux autres métaux? Quel commerce secret y a-t-il entre l'aimant & le pole du nord, & par quelle force mystérieuse l'aiguille qu'on y a frottée se tourne-t-elle du côté du pole du sud, dés qu'on a passé la ligne équinoxiale? Nous ne comprenons rien à ces opérations de la nature: cependant nos sens nous assurent, de la manière du monde la plus incontestable, de la réalité de ces opérations. A moins que de pousser le scepticisme jusqu'au plus haut degré d'absurdité, nous devons avouer qu'il n'y a rien de contradictoire dans ces phénomènes, quoiqu'il nous soit impossible de les concilier ensemble; & qu'ils sont compréhensibles, quoique nous ne les comprenions pas.

Pourquoi notre sagesse ne nous engage-t-elle pas à suivre la même méthode de raisonner par rapport à l'objet de la question? Il est naturel de croire que, malgré cette apparence de changement que nous découvrons dans les actes de la providence, malgré ces desseins qui paroissent se détruire mutuellement, & s'élever l'un sur la ruine de l'autre, rien n'est plus certain & plus réel que l'immutabilité de la nature & des décrets de Dieu. Qu'y a-t-il de plus téméraire que d'alléguer la foiblesse & la petite étendue de la raison, comme une preuve contre l'existence des choses? Rien n'est plus bisarre que de raisonner juste sur les bornes de notre esprit, par rapport aux objets finis de la physique, & de ne point faire attention à la nature de notre ame, quand il s'agit des opérations d'un être infini, si supérieur à nos foibles lumières.

S'il est donc raisonnable de croire que la providence divine est libre dans ses actions, & que, dirigée par sa propre souveraineté, elle suit, dans le cours ordinaire des choses humaines, les méthodes qu'elle trouve à propos, c'est notre devoir de lier un commerce étroit avec cette partie active de la providence, qui influe directement dans notre conduite, sans nous embarrasser l'esprit de vaines discussions sur la manière dont cette providence influe dans nos affaires, & sur le but qu'elle se propose.

En entrant dans cette correspondance avec cette vertu active de la sagesse de Dieu, nous devons en examiner les voies, autant qu'elles paroissent accessibles à notre pénétration, & à nos recherches; nous devons prêter la même attention à sa voix secrète, que j'ai déjà eu soin de décrire, qu'à cette voix claire & forte, qui nous parle dans les évènemens les plus propres à nous frapper.

Quiconque ne se fait pas une étude sérieuse de pénétrer dans le sens de cette voix secrète, qui s'offre à son attention, se prive, de propos délibéré, d'un grand nombre de conseils utiles, & de fortes consolations, dont il sent si souvent le besoin, dans la carrière qu'il doit courir dans ce monde.

Quelle consolation n'est-ce pas pour ceux qui écoutent cette voix, de voir à chaque moment, qu'un pouvoir invisible & infiniment puissant, se fait une occupation de les conserver & de ménager leurs intérêts! Avec cette attention religieuse, il n'est pas possible de ne se pas appercevoir de cette protection; il n'est pas possible

de

de réfléchir sur les délivrances inattendues que tout homme rencontre dans la variété des incidens de la vie humaine, sans voir évidemment qu'il ne le doit point à sa propre prudence, mais uniquement au secours efficace d'une puissance infinie, qui le favorise, parce qu'elle l'aime.

La manière dont nous voyons des évènemens heureux pour nous, produits par les causes les plus effrayantes, & qui sembloient nous présager les plus grands désastres, est une marque certaine, non-seulement qu'ils sont dirigés par une cause suprême, qui est l'arbitre absolu des causes & des effets, mais encore, que cette cause aime & protège la créature raisonnable. Dans cette occasion nous devons répondre à des bienfaits si marqués, & qui nous surprennent d'une manière si agréable, par une joie pieuse, & par une vive reconnoissance; mais quand cette même vertu de Dieu, qui gouverne le monde, semble se déclarer contre nous, nous sommes dans une obligation tout aussi indispensable, de nous alarmer de la colère de notre créateur & de nous courber avec humilité, avec douleur, & avec un vif repentir, sous la main qui nous châtie pour notre amendement.

Comme il est juste de faire ces sortes de réflexions sur la conduite de Dieu avec l'homme, par rapport aux différens accidens de la vie, il est raisonnable de prendre garde à la méthode avec laquelle la divinité ménage un nombre infini de circonstances, afin d'en tirer des règles, par lesquelles nous puissions éviter le mal & nous procurer le bien.

Il y a des gens qui se livrent à une indolence générale sur tous ces objets importans, & qui privent par là la divine providence d'une grande partie des hommages qui sont dûs à sa bonté infinie pour nous. Il y en a encore d'une classe plus abominable, qui, frappés de délivrances merveilleuses ou de terreurs subites, regardent les unes sans reconnoissance pour leur créateur, & les autres sans respect pour sa majesté redoutable. Ils sont ingénieux au contraire à se forger quelqu'autre objet, pour lui payer l'hommage de l'amour & de la crainte. S'il leur arrive du bien, ils en cherchent la cause dans les espaces imaginaires; la prospérité leur vient, ils ne savent pas comment, ou c'est par un heureux hasard. Ce sont-là des termes entièrement destitués de sens; c'est le langage d'un sujet séditieux, qui ne veut pas reconnoître l'empire de son maître & de son roi.

S'ils tombent dans quelque malheur, c'est bien pis encore; ils tombent dans une rébellion ouverte & dans le crime de haute-trahison. Non contens de ne point reconnoître leur dépendance du souverain être, ils se soumettent à l'empire du diable, l'ennemi de la gloire de Dieu & le rival de sa puissance.

Il y a quelques années que j'eus le désagrément d'avoir pour compagnon d'un petit voyage, deux de ces hommes coupables de rébellion contre la providence divine. Après avoir été séparés de moi pendant quelques journées, ils me rejoignirent à un certain gîte, & ils me racontèrent une aventure qui leur étoit arrivée pendant le tems qu'ils avoient été séparés de moi. Ils me dirent que, dans le chemin de Huntington à Londres, se trouvant dans les allées qui sont entre Huntington & Caxton, l'un fut arrêté pendant une demi-heure par son cheval, qui, en bronchant, s'étoit fait du mal à un pied, & que dans cet intervalle il avoit été attaqué & dépouillé par des brigands, pendant que son camarade, ayant continué son chemin, sans s'informer de ce qu'étoit devenu son compagnon, avoit échappé à ces scélérats qui avoient poussé à toute bride à travers les champs du côté de Cambridge. Eh! comment avez-vous été si heureux que d'échapper à ces coquins, dis-je, au premier? Je ne sais, me répondit-il, le hasard voulut que je ne regardasse pas derrière moi, quand le cheval de monsieur broncha, & par bonheur je n'ai rien vu de toute l'affaire. Hasard, bonheur, voilà les causes de la délivrance de ce sage mortel ! Il sembloit réaliser ces chimères exprès, pour priver la providence de l'honneur qui lui étoit dû pour une protection si visible.

N'est-ce pas une infamie horrible pour un chrétien, de mettre à la place du maître du monde une idole plus indigne de notre culte, que celles des Chinois, dont j'ai donné la description. Il est vrai que ce sont des monstres horribles, uniquement propres à effrayer l'imagination; mais du moins c'est quelque chose, elles ont une existence réelle, au lieu que hasard, sort, bonheur, sont des fantômes à qui on prête une fausse existence, exprès pour ne pas s'acquitter de ses devoirs envers l'existence suprême par qui tous les autres êtres existent.

A quelque degré d'extravagance que les hommes portent la bisarrerie de leurs idées, j'avoue que je n'ai jamais rencontré un exemple pareil de honteuse & ridicule ingratitude. Mais s'il y avoit dans le discours de ce premier un travers d'esprit impertinent au suprême degré, je trouvai dans le langage de l'autre une impiété si abominable, que j'en fus effrayé.

Après avoir écouté cette extravagante relation, je me tournai vers celui qui avoit été volé, en lui demandant de quelle manière cette malheureuse aventure lui étoit arrivée. Que fais-je moi, me dit-il, j'étois un peu en arrière, mon cheval broncha par hasard, & il lui fut impossible de marcher pendant quelques momens. Monsieur ne laissoit pas d'aller toujours son chemin, quand le diable, qui ne dort jamais, m'envoya ces trois marauds qui m'arrêtèrent & me mirent nud comme la main.

C'étoit le hasard qui avoit fait broncher son cheval ; mais c'étoit par la direction du diable, que les voleurs de grand chemin l'avoient dépouillé.

J'avouerai volontiers que ces brigands, par leur profession même, étoient au service du diable, & qu'ils imitoient leur maître en courant çà & là, pour chercher de la proie. Mais je sais bien aussi que c'étoit un pouvoir supérieur à celui du démon, qui avoit livré ce voyageur entre les mains de ces serviteurs de l'enfer.

On peut prouver cette vérité d'une manière incontestable, par la phrase dont se sert l'écriture sainte, en parlant des homicides, qui sont faits sans mauvaise intention, & comme l'on parle, d'une manière casuelle ; *Exod.* ch. XXI, v. 13. nous voyons ces paroles, *si un homme ne tend point des embuches à un autre, & que Dieu le livre entre ses mains* ; c'est-à-dire si un homme n'a pas intention d'ôter la vie à un autre, mais s'il le fait pourtant par imprudence, ou par un accident, qu'il n'a pas été le maître de prévoir.

On voit par-là que c'est la providence divine qui dirige de pareils malheurs, & qu'un homme tué par un cas imprévu, est un homme que Dieu a livré entre les mains d'un autre. Ce n'est pas à nous à rechercher ici par curiosité, quelle raison porte la divinité à causer des malheurs de cette nature. Si nous n'y découvrons pas une punition évidente, nous n'avons qu'à supposer que la providence ne fait rien d'indigne de la sagesse & de la justice de Dieu.

De quel front un homme ose-t-il mettre sur le compte d'un hasard malheureux, ou du diable, ces évènemens que Dieu lui-même attribue à sa providence ? Quelle ridicule audace n'y a-t-il pas à se servir d'expressions vides de sens, pour se détourner de l'amour & de la crainte qu'on doit à la bonté & à la justice du créateur ?

Pour faire sentir encore plus fortement à ces impies l'extravagance criminelle de leurs discours & de leurs pensées, il sera bon d'alléguer un autre passage très-propre à éclaircir celui que je viens de citer. Voici ce que nous lisons au chap. XIX du *Deutéronome*, v. 5. *Quand un homme entre dans la forêt avec son prochain pour couper du bois, & que sa main lève sa hache pour porter un coup, si la hache glisse sur l'écorce & tombe sur la tête de son prochain, qu'il en meure, il s'enfuira dans une de ces villes, & il vivra.* Ce font-là ces sortes d'accidens que Dieu veut qu'on attribue à sa providence, & certainement ils ne sont pas d'une nature différente du malheur qui étoit arrivé à mon compagnon de voyage. La manière dont son cheval blessé l'avoit arrêté justement le tems qu'il falloit pour être rencontré par des voleurs qui piquoient à travers les champs, apparemment pour faire quelqu'autre expédition, auroit dû lui faire penser que toutes ces circonstances avoient été ménagées par la providence pour le châtier & pour lui faire sentir qu'il étoit dépendant de son créateur. Il étoit de son devoir de recevoir ce châtiment avec une pieuse mortification; comme son compagnon, que son inattention pour son camarade avoit dérobé à un malheur semblable, étoit obligé de répondre à cette délivrance, par une gratitude vive & sincère.

Malheureusement la conduite de ces étourdis n'a pas un caractère de singularité, & je crois qu'il y a fort peu de mes lecteurs qui n'aient vu de pareils sentimens exprimés par un semblable langage.

Il est vrai, d'un autre côté, qu'il y a un nombre considérable de personnes qui ne se rendent pas coupables de l'horrible impiété de mépriser la providence, & d'en attribuer les effets respectables au hasard, ou bien au démon. Mais il ne suffir pas d'éviter un crime si grossier, pour être dans la disposition que j'ai pour but principal de recommander ici. Il y a une aussi grande différence entre reconnoître les opérations de la providence, & prêter attention à sa voix secrète, qu'il y a entre admettre l'existence d'un Dieu, & obéir à ses ordres.

Ecouter la voix de cette providence, c'est prendre garde de près à chacune de ses opérations qui semblent nous concerner d'une manière particulière; c'est remarquer avec attention, s'il n'y a pas quelque chose capable de nous prescrire des règles de conduite, si elles ne contiennent pas quelques avertissemens pour nous détourner d'un danger, ou si elles n'indiquent pas certains moyens de nous procurer quelqu'avantage; si elles ne nous rappellent pas dans l'esprit quelque chose que nous ayons négligé de faire, ou quelque faute dont nous nous sommes rendus coupables; enfin si elles ne nous offrent pas quelque marque de la justice divine qui ait relation à un crime qui y soit proportionné.

Il n'est pas difficile d'appercevoir la différence essentielle qu'il y a entre les avertissemens de la providence, quand on y fait l'attention qu'ils méritent, & entre ceux qui nous viennent des esprits qui nous sont députés du monde invisible. Les derniers indiquent le mal d'une manière obscure, & ne sont pas accompagnés d'ordinaire des préceptes nécessaires pour nous le faire éviter; mais les premiers, quoiqu'ils nous soient donnés par une voix qui n'est gueres éclatante, nous enseignent, la plupart du tems, les moyens de sortir de l'embarras qu'ils nous font découvrir; souvent même ils nous prennent, pour ainsi dire, par la main, pour nous faire prendre des mesures justes, & ils convainquent notre raison de la nécessité qu'il y a à s'en servir.

En vain ajouterois-je à ce petit nombre de préceptes un ample recueil de faits, pour les appuyer par la force des exemples; la diversité des opérations de la providence est infinie; elles varient selon les circonstances particulières où se trouve chaque individu humain, & par conséquent chaque homme, attentif comme il faut aux incidens dont sa vie est pleine, doit se former des règles particulières, pour profiter de mes principes généraux. S'il en fait un bon usage, il trouvera, dans les aventures de sa vie, un grand nombre de motifs qui le porteront à regarder vers le ciel, à regarder autour de lui, & à jeter les yeux sur son propre cœur.

12. Les effets de la providence font regarder les hommes en haut, quand ils reconnoissent la clémence de Dieu qui les épargne, sa bonté qui pourvoit à leurs besoins, la puissance dont il se

sert pour les protéger & pour les tirer des dangers, & la justice qui les châtie, & sous laquelle ils doivent s'humilier avec la plus profonde douleur.

2°. Les effets de la providence nous engagent à regarder autour de nous, quand, dociles aux avertissemens du ciel, nous prenons les précautions nécessaires pour éviter les malheurs, ou pour les soutenir avec une fermeté chrétienne.

3°. Ils nous font jeter les yeux sur notre propre cœur, quand nous cherchons en nous-mêmes les mauvaises dispositions qui nous attirent ces châtimens de Dieu, & quand, devenus sages par ces désastres, nous formons le dessein de nous en repentir, & de réformer notre conduite.

Voilà, en peu de mots, ce que j'appelle écouter la voix de la providence.

CHAPITRE VI.

De la proportion qu'il y a entre le Monde Chrétien & le Monde Payen.

J'ai déjà touché cette matière dans mes recherches à l'égard de l'état où la religion se trouve dans le monde. Mais, après avoir fini ces articles, il m'est venu encore dans l'esprit un bon nombre de réflexions, que je crois trop instructives & trop curieuses pour ne les pas communiquer à mes lecteurs.

Quand nous examinons le globe terrestre d'une manière géographique, que nous en partageons toute l'étendue en degrés & en lieues, nous en voyons une bonne partie sous le gouvernement des princes chrétiens, ou du moins dépendante de leur commerce & de leurs colonies.

Je n'oserois dire néanmoins que cette vue me découvre un accomplissement absolu de cette prophétie, qui promet au royaume de Jésus-Christ un empire sur toutes les nations jusqu'aux bouts de la terre. Je crois pouvoir dire, sans profanation, que nous pouvons espérer que Dieu ne nous obligera pas de prendre ainsi ses promesses au rabais.

Je suis persuadé que Dieu, toujours fidèle dans ses promesses, fera voir un jour aux chrétiens un tems heureux, où la connoissance de Dieu couvrira toute la terre, comme les eaux couvrent le fond de la mer; où le temple du seigneur sera ouvert vers les quatre vents; où la montagne de sa maison sera exaltée au-dessus du sommet des autres montagnes, & où tous les peuples s'empresseront d'y entrer; enfin où la religion chrétienne sera l'église dominante de tout l'univers.

Dans une race d'hommes aussi charnelle & aussi mondaine que celle-ci, je passerois peut-être pour un esprit visionnaire si j'entreprenois de commenter ces passages; ainsi, sans m'ériger en interprète de l'écriture sainte, je me contenterai de profiter moi-même des lumières que je puis avoir là-dessus. On aimera mieux sans doute que je fasse quelques réflexions sur les choses présentes, dont on peut examiner la réalité par le seul secours des sens, & que je laisse les évènemens futurs à la libre disposition de celui qui a réglé les choses passées, & qui seul a une idée juste de l'avenir.

Mon but principal est de parler dans ce discours de la proportion géométrique qu'on peut observer sur le globe entre l'espace de la terre qu'occupent les peuples chrétiens, & celui qui est habité par les peuples qui professent un autre culte. En examinant ces pays occupés par les chrétiens, je me bornerai à ceux où leur religion est dominante & nationale, sans prendre garde aux autres sectes qui peuvent être mêlées parmi eux. De cette manière je rendrai mon calcul aussi avantageux pour eux qu'il sera possible.

Je ne me mêlerai pas de distinguer les chrétiens en différentes classes, & de ne donner ce titre qu'à ceux dont la religion épurée & conforme à l'écriture-sainte, paroît mériter seule d'être appelée chrétienne. On voudra bien me permettre de donner ce nom glorieux à l'église romaine, & de n'être pas moins favorable à l'église grecque, quoiqu'elle soit extrêmement chargée de coutumes superstitieuses & barbares, sur-tout dans la Géorgie, dans l'Arménie, comme aussi sur les frontières de la Perse & de la grande Tartarie. La religion grecque n'est pas moins mêlée d'absurdités grossières dans l'empire du Czar de Moscovie, où à peine prononce-t-on le nom de Jésus-Christ, bien loin d'avoir une idée exacte de sa personne, de sa nature & de sa dignité.

En donnant de cette manière le nom de chrétien à tous les peuples chez qui la religion de Jésus-Christ est dominante, sans avoir égard aux différentes sectes & à leurs subdivisions, on peut mettre dans cette classe les nations qui habitent les pays suivans :

1. En Europe, il y a l'Allemagne, la France, l'Espagne, l'Italie, la Grande-Bretagne, le Danemarck, la Suede, la Moscovie, la Pologne, la Hongrie, la Transylvanie, la Moldavie, & la Walachie.

2. En Asie, l'on trouve la Géorgie & l'Arménie.

3. En Afrique, le christianisme n'est nulle part national (1), & il n'est professé que dans quelques bureaux de marchands Européens.

4. Dans l'Amérique, il n'y a que les colonies suivantes des peuples de l'Europe.

1. Celles des Espagnols dans le Mexique, dans le Pérou, sur les côtes du Chili, de Carthagène & de Sainte-Marthe, à Buenos-Ayres, & près de la rivière de la Plata.

2. Celles des Portugais dans le Brésil.

3. Celles de la nation Britannique sur les côtes de l'Amérique, depuis le golfe de la Floride jusqu'au Cap-Breton, vers l'embouchure du golfe de Saint-Laurent ou de la grande rivière de Canada ; auxquelles il faut ajouter les petites

---

(1) Il est surprenant que l'auteur oublie l'Abyssinie, cette grande partie de l'Afrique, peuplée de chrétiens.

colonies qu'elle a dans la Terre-Neuve, & près de la baye de Hudson.

4. Celles des François sur la rivière de Canada & sur le grand fleuve Mississipi.

5. Celles des Anglois, des François & des Hollandois dans les îles Caraïbes.

On voit par-là que le siége du christianisme est principalement en Europe. Cependant si, en mesurant sur le globe cette partie du monde, nous jetons les yeux sur ses contrées les plus septentrionales, que le froid excessif rend presque inhabitables, comme la Laponie, Petzora, Candora, Obdora, le pays des Samoïedes, & une bonne partie de la Sibérie, nous n'y trouverons guères que des payens. On peut dire de même de certains déserts, qui ne sont pas extrêmement peuplés du côté de l'Orient, vers les frontières de Perse. Quoique cette étendue de terrein dépende de l'empire du Czar de Moscovie, les habitans en général ne sont guidés dans leur culte que par les coutumes barbares d'un paganisme grossier.

Si de-là nous nous tournons du côté du sud, nous devons séparer de l'Europe chrétienne tous les Tartares Européens, comme ceux de Circassie, de Crimée, de Budziack. De plus, il faut tirer une ligne de la petite Tartarie jusqu'à la mer Adriatique, pour retrancher des états chrétiens tous les pays qui dépendent de l'empire Turc : & de cette manière il ne restera guères pour le christianisme, que les deux tiers de cette partie du monde dont il s'agit ici. Si l'on vouloit en soustraire encore la Laponie Suédoise & la Norwégienne, avec les parties les plus orientales, & les plus méridionales de la Moscovie, de l'autre côté du Wolga, qui s'étendent jusqu'à la grande Tartarie, nous verrions qu'à peine une moitié de l'Europe resteroit pour le christianisme.

Le Czar de Moscovie, dont les sujets ont une religion telle que je l'ai dépeinte, est seigneur d'une si grande étendue de pays, que ceux qui l'ont examinée avec attention, soutiennent qu'elle égale la moitié de l'Europe. Mais parmi les nations qui lui sont soumises, il y en a plusieurs qui sont mahométanes, ou payennes.

Cependant puisque ces peuples sont gouvernés par un prince chrétien, je veux, selon le plan que j'ai d'abord dressé, donner le nom de pays chrétien à tout ce vaste espace; & selon ce calcul on peut donner à-peu-près au christianisme les deux tiers de l'Europe.

En récompense, je suis d'avis qu'il ne faut pas compter un seul chrétien dans les trois autres parties du monde, excepté les Arméniens & les Géorgiens dans l'Asie. Ceux qui se trouvent dans le continent de l'Afrique, sont en si petit nombre,

qu'ils

qu'ils ne peuvent presque point entrer en ligne de compte. Ils ne consistent qu'en quelques marchands qui résident dans les villes qui sont sur les côtes de la mer Méditerranée, comme Alexandrie, le Grand-Caire, Tunis, Tripoli, Alger; on doit ajouter encore les bureaux qu'ont les Anglois & les Hollandois sur la côte de Guinée, sur la côte d'Or, sur celle d'Angola, & au Cap de Bonne-Espérance; mais tous ces chrétiens ne vont pas, selon le calcul qu'en ont fait de très-habiles gens, au nombre de cinq mille, excepté pourtant les esclaves chrétiens qui se trouvent à Salé, à Alger, à Tunis, & à Tripoli, mais qui ne sont pas, à beaucoup près, aussi nombreux que les premiers.

Il faut avouer qu'il y a une quantité considérable de chrétiens dans l'Amérique; Dieu sait jusqu'à quel point ils méritent ce nom, de quelque nation qu'ils puissent être, François, Anglois, Hollandois ou Espagnols, ils ont la religion fort peu à cœur; à peine en ont-ils une idée superficielle. Il y a des parties de l'Amérique entièrement assujetties aux nations Européennes, qui ont presque absolument détruit les gens du pays, & par conséquent, selon mon plan, ces contrées doivent passer pour chrétiennes.

Mais qu'est-ce que c'est que leur nombre en comparaison des habitans naturels de cette grande partie du monde, qui a trois fois plus d'étendue que notre Europe, & dans laquelle il y a un nombre infini de peuples inconnus, où ni les Espagnols, ni les François, ni les Anglois n'ont jamais pénétré? Témoins ces villes peuplées & ces nations nombreuses que le chevalier Fautier Raleig dit avoir rencontrées dans son voyage sur le fleuve Oronooque, & dont il y en a qui se vantent d'être composées de plus de deux millions d'ames. Témoin cette foule de peuples répandus de l'un & de l'autre côté de la rivière des Amazones; & le vaste espace de pays qui est entre ces deux fleuves, & qui s'étend plus de quatre cens milles en largeur, & tout au moins seize cens en longueur, sans compter son étendue du côté du sud, & du côté du sud-est, vers le Brésil, ce pays si riche, si fertile & si peuplé, & dans lequel, selon l'idée qu'on nous en donne, il doit y avoir plus d'habitans qu'on n'en trouve dans toute la partie de l'Europe occupée par les chrétiens. Il n'y a rien là de surprenant; c'est le principal pays de l'Amérique où les Espagnols n'ont jamais mis le pied, & où se sont retirés les peuples qui ont été effrayés par leurs armes, & par le bruit de leurs cruautés. Il est tellement fortifié de larges rivières, de baies difficiles à passer, & de courans rapides & dangereux; il est si bien défendu par le nombre des habitans, par la chaleur du climat, par les montagnes, & par d'autres remparts naturels, que jamais les Espagnols n'ont osé former le dessein de se l'assujettir.

Il est aisé de comprendre par-là, que le nombre des chrétiens en Amérique doit être très-peu de chose, en comparaison de cette foule de peuples qui occupent tout ce vaste terrein, sur-tout si l'on y ajoute les nations qui doivent habiter le nord, desquelles on n'a pas encore fait la découverte. Les colonies de la nation Britannique sont beaucoup mieux peuplées à proportion, que celles des Espagnols, qui occupent un terrein beaucoup plus étendu.

Celles que nous avons dans le nord de l'Amérique, contiennent plus de trois cens mille ames, si l'on y renferme la Nouvelle-Écosse, la Nouvelle-Angleterre, la Nouvelle-Yorck, la Nouvelle-Jersey, la Pensylvanie orientale & occidentale, la Virginie, la Caroline, &c. Toutes ces colonies sont étendues sur la côte depuis la latitude de trente-deux degrés jusqu'à celle de quarante-sept ; ce qui fait à-peu-près sept cent cinquante milles en longueur. Mais il faut considérer qu'une grande partie de ce pays est fort maigrement peuplée, & que du côté de l'ouest sa largeur est très-peu de chose. Excepté quelques plantations dans la Virginie, dans le pays apelé Raphanoc, & dans un petit nombre d'autres endroits, on ne voit rien à cent milles dans les terres, que des déserts & d'épaisses forêts, dont les habitans se sont retirés, apparemment plus avant dans le pays, pour éviter leurs ennemis, les chrétiens.

De cette manière toutes ces colonies, quelque considérables qu'elles soient, n'occupent qu'une langue de terre fort étroite sur les côtes de la mer, & les plantations des Anglois ne sont guères éloignées de plus de vingt milles de l'Océan, ou de quelque rivière navigable; & l'on peut dire encore que cette langue de terre n'est pas extrêmement habitée, sur-tout depuis la Nouvelle-Angleterre jusqu'à la Nouvelle-Yorck & jusqu'à Annapolis, & depuis la Virginie jusqu'à la Caroline. Ainsi toutes ces colonies ensemble, quand on y joindroit celle des François en Canada, n'occupent qu'un point de terrein, en comparaison de cette vaste étendue de pays qui est à l'ouest & au nord-ouest de ces mêmes colonies jusqu'à la mer du sud, & qui est remplie d'un nombre prodigieux de grandes nations, qu'on ne connoît que par les relations confuses que nous en ont donné d'autres peuples Américains.

Si nous séparons la partie septentrionale de l'Amérique de tout ce que les Espagnols possèdent sous le nom de l'empire du Mexique, & de tout ce que les Anglois ont occupé, nous trouverons un pays fort peuplé, autant qu'on peut juger par les courses qu'on a faites dans quelques-unes de ses parties, & beaucoup plus grand que toute l'Europe.

Dans cette étendue de terrein je ne mets pas seulement en ligne de compte les pays les plus avancés vers le pole, & presque inhabitables par le froid excessif. Il n'est pas possible d'en trouver la fin, & il est indubitable que c'est un même continent avec les parties les plus septentrionales de l'Asie, ou du moins, qu'il ne doit y avoir entre deux qu'un petit détroit facile à passer par les hommes & par les bêtes. Sans celà, il est très-mal-aisé de rendre compte de la manière dont cette grande partie du monde a été peuplée. Quoi qu'il en soit, ce continent d'une grandeur prodigieuse est sans doute habité par plusieurs millions d'hommes, enveloppés des ténèbres de l'idolâtrie & du paganisme, adorateurs ignorans & aveugles du soleil, de la lune, des étoiles, des montagnes, & même du diable.

Pour ce qui regarde la connoissance du vrai Dieu & de la doctrine de l'évangile, les Américains n'en ont jamais entendu parler jusqu'à l'arrivée des Espagnols dans l'Amérique. Je dis plus, à présent même que les chrétiens sont mêlés avec eux, on ne voit guères que leur idolâtrie soit beaucoup diminuée, si ce n'est par les ravages épouvantables que les Espagnols ont faits partout où ils ont mis le pied, & par la cruauté avec laquelle ils ont détruit les idolâtres au lieu de les convertir. On peut en juger par la relation qu'en donnent leurs propres écrivains, qui assurent que ceux de leur nation ont massacré plus de soixante & dix millions de ces pauvres Indiens.

Sans cette barbarie affreuse, l'Amérique seroit encore dans le même état où elle se trouvoit, il n'y a guères qu'une centaine d'années (1), quand tout ce continent étendu presque d'un pole à l'autre, avec toutes les îles dont il étoit environné, & avec ce prodigieux nombre d'habitans, étoit entièrement dévoué au culte du diable. Il y a beaucoup d'apparence que cette abominable religion, qui a duré jusqu'à ce que Fernand Cortès, fameux capitaine de Charles-Quint, débarqua dans le golfe de Mexique, a eu la vogue chez tous ces peuples depuis le commencement du monde, ou du moins depuis que la terre a été peuplée de nouveau par Noé & par sa famille.

Il est vrai que nous avons entendu dire des choses terribles de la fureur dont les Espagnols ont exterminé des nations entières par le fer &

_____
(1). A compter du temps où Robinson écrivoit ceci.

par le feu ; mais comme mon sentiment est que nous devons attribuer tout ce qui arrive dans le monde à la direction de la providence, je regarde les malheurs de ce peuple comme un effet de la vengeance divine, dont les Espagnols n'ont été que les instrumens. Certainement ces nations avoient bien mérité les châtimens les plus rudes, puisque par l'instigation du diable elles avoient poussé leur horrible coutume de sacrifier des hommes, à un tel excès, qu'il étoit tems que le ciel arrêtât cette barbarie, qui auroit détruit à la fin, des nations entières par une boucherie continuelle.

On peut juger de l'énormité de ces sacrifices par le seul temple consacré à la grande idole Viztlipuztli, dans la ville de Mexique, où par ordre du roi Montézuma, on immoloit chaque année vingt mille personnes, & dont les murailles étoient couvertes d'un pied de sang caillé, qu'on y jetoit apparemment pour observer quelque rit de cette religion infernale.

La justice divine trouva bon, à la fin, de mettre des bornes à toutes ces abominations, en effaçant ces peuples de dessus la surface de la terre, par le moyen d'une nation étrangère, qui détruisit leur idolâtrie en renversant les temples des idoles, & en taillant en pièces tous les habitans, sans respecter ni sexe ni âge. Cette nation, quoiqu'elle commit un crime affreux par ce maſſacre, doit pourtant être conſidérée, à cet égard, comme un inſtrument dont Dieu trouvoit à propos de ſe ſervir pour exterminer des peuples qui avoient comblé la meſure de leurs iniquités, & qui étoient indignes d'être au nombre des vivans.

Il eſt fort apparent que, quand Dieu extermina tant de peuples payens par les Iſraëlites, Moïſe, Joſué & les enfans d'Iſraël, ne furent pas moins accuſés d'inhumanité pour avoir raſé les villes & détruit les peuples, ſans épargner le bétail & les arbres fruitiers, que le ſont les Eſpagnols pour les maſſacres qu'ils ont faits en conquérant le Mexique.

On peut deviner l'idée horrible qui s'étoit répandue de tous côtés, de la barbarie des Iſraëlites par la fuite de tous les peuples d'alentour, qui ſe hâtèrent de chercher un aſyle dans d'autres parties du monde. Les premiers fondateurs de Carthage, à ce que nous diſent les hiſtoires, étoient quelques Phéniciens, ou plutôt Cananéens, qui, long-tems avant l'époque de la fable de Didon s'étoient éloignés de leur patrie, & étant arrivés ſur les côtes d'Afrique, trouvèrent bon d'y bâtir une ville. La vérité de ce fait eſt prouvée par une colonne de pierre, qu'on a découverte à une petite diſtance de Tripoli, & où l'on a trouvé gravés ces mots en caractères phéniciens, nous sommes de ceux qui s'en sont fuis de devant la face de Josué le brigand. La différence qu'il y a pourtant entre la conduite des enfans d'Israël & entre celle des Espagnols, c'est que Josué est justifié, par les ordres positifs qu'il avoit reçus de la bouche de Dieu même, de mettre tous ces peuples à l'interdit; au lieu que les Espagnols n'ont exterminé les nations les plus abominables de la terre que par une direction secrète de la providence, qui ne sauroit jamais servir d'excuse aux crimes des hommes.

J'en reviens à mon calcul. Quoique les Espagnols, à qui je veux bien donner le titre glorieux de chrétiens, se soient mis en possession de l'empire du Mexique & de celui du Pérou, & qu'ils y aient exterminé plusieurs millions d'hommes, le nombre des habitans naturels cependant étoit supérieur de beaucoup à celui des maîtres de ces pays; qu'on ajoute encore à ces derniers, les Indiens qui n'ont du christianisme que la simple dénomination, tous les Portugais du Brésil, tous les Anglois & François qui se sont établis dans le nord; en un mot, qu'on mette ensemble tous les chrétiens qui se trouvent dans l'Amérique, ils ne pourront pas contrebalancer une seule nation payenne ou mahométane de l'Europe. Prenons, par exemple, les mahométans qui habitent sur les bords du Pont-Euxin, le pays qu'on appelle la petite Tartarie; il est certain qu'ils sont supérieurs en nombre à tous les chrétiens de l'Amérique. Par conséquent, on voit sans peine que je ne fais pas le moindre tort à l'étendue du christianisme, en supposant qu'il n'y a pas un seul chrétien dans l'Afrique, dans l'Amérique & dans l'Asie, excepté les Géorgiens & les Arméniens, à condition que, de l'autre côté, on considère comme pays chrétiens toutes les contrées de l'Europe, soumises à des princes qui font profession d'adhérer à la religion de Jésus-Christ.

Voilà un compte juste, mais mortifiant, de l'étendue du christianisme dans le monde. Si les souverains les plus puissans de l'Europe y faisoient une sérieuse réflexion, il est vraisemblable qu'ils songeroient à trouver quelque moyen pour rendre les autres pays du monde accessibles à la foi. Je ne suis nullement d'opinion que la guerre puisse être une méthode légitime & raisonnable de convertir les hommes; mais puisque les monarques chrétiens de l'Europe, malgré leur petit nombre, sont si fort supérieurs aux autres souverains du monde, par rapport à la bonté des troupes & à l'art de faire la guerre, il est certain qu'ils pourroient préparer la voie à la religion de Jésus-Christ, si un intérêt commun les portoit à unir leurs forces. Ils seroient en état, dans ce cas, non seulement de bannir le paganisme du monde en très-peu de tems, mais encore de détruire l'empire de Mahomet, en ruinant la puissance du grand seigneur & du fameux monarque des Persans.

Je ne crois pas donner dans l'hyperbole, en soutenant que nos soldats sont tellement supérieurs à présent à ceux des Turcs, que si les monarques chrétiens, après la bataille de Belgrade, avoient envoyé au prince Eugène quatre-vingt mille hommes de vieilles troupes, & qu'ils les eussent pourvus de vivres & d'argent, par la mer Adriatique & dans l'Archipel, ce général auroit été capable de chasser les mahométans de l'Europe en deux ou trois campagnes, de prendre Constantinoble, & de ruiner de fond en comble l'empire des Turcs. Une conquête si importante, & en même tems si légitime, n'auroit-elle pas donné à la religion chrétienne une excellente occasion de sortir de ses bornes, & de s'étendre considérablement? Le roi d'Espagne pourroit chasser de leurs nids, avec la même facilité, ces fils de l'enfer, les habitans d'Alger, de Tunis & de Tripoli, avec les autres corsaires mahométans qui occupent la même côte, & relever de leurs ruines les sièges fameux de Tertullien & de saint Cyprien.

Que dirons-nous du grand Czar de Moscovie, ce prince si glorieux & si entreprenant ? Ne pourroit-il pas, étant assisté, comme il faut, des monarques du nord, ses voisins, qui ont à leur disposition les meilleures troupes de l'univers, marcher avec une armée invincible de trois cent soixante mille fantassins, & de cent soixante mille cavaliers, en dépit des forêts & des déserts, à la conquête du célèbre empire de la Chine ? Cette fière nation, malgré ses forces innombrables, malgré les ressorts prétendus de sa politique rafinée, malgré sa discipline militaire dont elle se vante avec tant d'ostentation, auroit bien de la peine à se défendre contre une telle armée. Je suis sûr qu'elle ruineroit toutes les armées réunies de ce vaste empire avec moins de peine que n'en eut Alexandre avec ses trente mille Macédoniens, à détruire l'armée de Darius, forte de six cent quatre-vingt mille combattans.

Ce projet n'est nullement ridicule & impraticable ; je sais bien qu'il faudroit faire un chemin de plus de trente milles d'Angleterre ; mais quand une armée ne trouve pas d'autres obstacles que la longueur de la route, elle les surmonte avec moins de peine qu'on ne se l'imagine.

Il y auroit une autre difficulté qui paroît d'abord plus terrible, c'est de trouver des vivres pour cette armée dans cette longue marche à travers des déserts. Mais un prince aussi puissant que le Czar, & maître despotique d'un si prodigieux nombre de sujets, ne trouveroit-il pas assez de gens pour conduire à des lieux marqués une quantité suffisante de toutes sortes de provisions ?

Il me semble que d'entreprendre de pareilles expéditions devroit paroître aux princes chrétiens un acte de charité pour tant de milliers d'ames plongées dans les plus funestes ténèbres, & qu'ils devroient se croire heureux d'être des instrumens entre les mains de la providence, pour accomplir les promesses du sauveur, en plantant la religion chrétienne parmi les mahométans & parmi les payens, & en soumettant tout l'univers à Jésus-Christ, son véritable roi. Je suis bien sûr que, de cette manière, ils ne pourroient pas planter réellement la religion dans l'ame des infidèles. La force ne sauroit ouvrir une route à la paix évangélique. Il faut que les soldats du roi du ciel trouvent occasion de faire des conquêtes. Mais il ne s'agit que de frayer le chemin à la prédication de la parole de Jésus-Christ, & de rendre les payens & les mahométans accessibles au ministère de l'évangile. Si alors les prédicateurs ne réussissent pas, malgré tout leur zèle & tous leurs efforts, &

que les infidèles continuent à s'attacher avec opiniâtreté à leurs erreurs grossières, les princes chrétiens & les ministres de l'évangile auront fait leur devoir; & si les ennemis de notre foi restent dans leur malheur, ce sera leur propre faute; mais je ne crois pas qu'une si mauvaise réussite soit fort à craindre. Que la force des armes bannisse seulement de la face de la terre le diable & Mahomet, qu'on ne néglige rien pour répandre dans leurs empires les vérités salutaires du christianisme, & qu'on y instruise les peuples avec douceur & avec charité; il est probable qu'en peu de tems le succès répondra aux efforts, & que l'étude de la véritable religion deviendra l'étude favorite de tout le genre humain.

Je m'attends ici à une objection assez forte de la part de certaines gens, qui se font toujours un plaisir de traverser les meilleurs desseins par leurs difficultés. De quelle manière, diront-ils les chrétiens, tels qu'ils sont à présent, peuvent-ils se mettre dans l'esprit de convertir les infidèles à la religion de Jésus-Christ, dans le tems qu'ils ne conviennent pas les uns avec les autres de points fondamentaux de cette religion? Elle est tellement divisée en différentes sectes, & chaque secte est sujette à tant de nouvelles subdivisions, qu'il est impossible de s'accorder sur les articles dont il faudroit instruire les payens, & les mahométans. D'ailleurs il y a si peu de charité parmi ces chrétiens si malheureusement divisés, que plusieurs d'entr'eux aimeroient mieux se déclarer pour Mahomet, que de contribuer à la propagation d'une doctrine qu'ils condamnent comme hérétique. Les membres du corps protestant se feroient une affaire capitale de ne pas souffrir que par une telle conquête le paganisme s'acquît de nouvelles forces, & les catholiques romains regarderoient comme un devoir aussi essentiel l'extirpation du protestantisme, qu'ils considèrent comme une hérésie damnable, que de ruiner le paganisme & le culte adressé au démon.

Je ne sais que trop, que, même de protestans à protestans, les divisions sur les matières de la religion chrétienne sont poussées à un tel excès de fureur, par un zèle destitué de charité, que s'ils ne se traitent pas les uns les autres d'adorateurs du diable, ils ne laissent pas d'appeler souvent les sentimens opposés à leurs principes, des hérésies abominables, des doctrines du démon, & qu'ils se persécutent mutuellement avec une rage égale à celle dont autrefois les payens furent animés contre les chrétiens de l'église primitive. Témoins ces abominables violences qui ont régné parmi les presbytériens & les épiscopaux dans l'Ecosse & dans le nord de l'Irlande, qui ont souvent éclaté en guerres cruelles, dont les flammes n'ont jamais été éteintes que par le sang des deux partis.

Témoins encore ces persécutions sanglantes, ces massacres, & ces autres actions barbares qui ont été, parmi les chrétiens, les effets d'un zèle aveugle pour leur religion. Dans son établissement elle ne fut pas plantée par le fer, & arrosée de sang, & par conséquent il n'y a rien au monde de plus contraire aux intentions de son fondateur, que de forcer ses frères, par ces moyens cruels & violens, à embrasser quelque opinion particulière.

Quoique je tombe d'accord de toutes ces tristes vérités, je n'y trouve point une raison qui doive nous faire négliger le devoir indispensable de tâcher de nous soumettre les peuples idolâtres, dans la vue d'extirper le culte du diable, qui non-seulement est l'ennemi de Dieu & de la véritable religion, mais qui est le destructeur des hommes en général & de leur félicité future, en faisant tous ses efforts pour les retenir dans l'erreur & dans l'ignorance.

Je crois qu'il faut distinguer extrêmement entre forcer les gens à embrasser tel ou tel sentiment en matière de religion, & ouvrir les portes à la religion, pour lui ménager un passage vers

les

les nations infidèles. Dans le premier de ces partis se trouve une violence incompatible avec la nature même de la religion, dont toute la force consiste dans la persuasion & dans la manière de développer l'évidence qui est essentielle à toutes les vérités qui doivent être à la portée de tout le monde. Le second parti, au contraire, ne tend qu'à délivrer les hommes de la violence par laquelle le démon maîtrise les esprits, pour les éloigner de la seule religion véritable. Ainsi, il ne s'agit ici proprement que de déclarer la guerre au démon lui même, afin de détruire l'injuste tyrannie qu'il exerce sur tant de nations, & de les rendre accessibles à la doctrine des vérités évangéliques.

Le but d'une telle guerre ne seroit, en un mot, que d'ôter les chaînes de la servitude à la volonté des hommes, & de mettre leur raison en liberté de disposer de leurs opinions, qu'ils fussent en état de profiter de la prédication de la religion chrétienne. S'ils refusent de l'écouter, ou s'ils la reçoivent avec la docilité nécessaire, c'est ce qui n'entre point dans mon sujet, & qui n'a point une liaison nécessaire avec les efforts qu'il est de notre devoir de faire, pour réussir dans une si noble entreprise. Ce seroit toujours faire beaucoup que de détruire l'empire temporel du diable, & de ruiner cette puissance, qui est armée continuellement contre la lumière en faveur de l'ignorance la plus opiniâtre.

Cette guerre me paroît juste & légitime; & si elle étoit exécutée avec toute la modération possible, bien loin d'être cruelle, ce seroit l'acte de charité le plus grand qu'il seroit possible de faire en faveur de ces malheureux & de leurs postérités. On peut en juger par ce qui est arrivé à notre propre patrie.

Supposons que jamais ni Jules-César, ni quelqu'autre général Romain, n'eût jeté la vue sur la conquête de la Grande-Bretagne, ou bien qu'elle n'eût été attaquée que long-tems après que la religion chrétienne fut répandue sur la surface de la terre; il est vrai que la nation Britannique auroit pu recevoir, à la fin, cette sainte religion, avec les autres peuples septentrionaux; mais il est vrai aussi qu'elle auroit été ensevelie dans les ténèbres du paganisme plus long-tems de trois siecles qu'elle ne l'a été, & que, dans ce cas, plusieurs milliers de personnes, qu'on a vues disciples zélés de Jésus-Christ, & dont plusieurs ont prouvé leur foi par le martyre, auroient été privées, dans le sein du paganisme de leurs ancêtres, des glorieux avantages attachés à la doctrine de l'évangile.

Je sais bien que cette invasion des Romains dans la Grande-Bretagne étoit une entreprise cruelle, injuste & tyrannique ; qu'elle étoit contraire au droit naturel, & l'effet d'une ambition criminelle. Cependant, il a plu à la divinité de faire sortir de cette violence la marque la plus précieuse de sa bonté paternelle pour nous, puisque notre esclavage extérieur a servi à nous affranchir de bonne heure de la servitude de l'erreur, & à nous faire embrasser la doctrine salutaire de l'évangile.

C'est ainsi que le ciel fait tourner les plus mauvais desseins que les passions inspirent aux hommes, vers le but de sa providence, & en tirer des effets directement opposés à l'intention de ceux qui travaillent à l'exécution de ces desseins. Ces sortes de gens sont criminels, dans le tems même qu'ils procurent au genre humain les avantages les plus précieux. Il n'en seroit pas de même des monarques chrétiens, s'ils unissoient leurs forces, dans l'intention religieuse d'obliger les infidèles d'ouvrir une porte à la religion chrétienne, & de lui rendre leurs oreilles & leurs cœurs accessibles. Il est naturel de croire que la providence accorderoit à cette entreprise pieuse, des succès du moins assez favorables pour introduire dans le monde infidèle une connoissance générale du christianisme. Pour ce qui regarde la possibilité de le porter ensuite à embrasser telles ou telles opinions particulières, c'est ce qui n'entre pas dans le sujet que je me suis proposé de traiter.

On ne doit pas s'imaginer ici que ce que je viens de dire autorise les différentes sectes des chrétiens à se persécuter les unes les autres, & à contraindre ceux qui ne sont pas de leur sentiment à entrer dans le système qu'elles croient le seul conforme à la volonté révélée de Dieu, comme si toutes les brebis de Jésus-Christ devoient être du même bercail.

Je trouve une grande différence entre employer la force pour réduire au christianisme des payens & des sauvages, & entre forcer ceux qui sont déjà chrétiens, d'embrasser telles ou telles opinions particulières. Quand il seroit juste & légitime de se servir de la voie des armes, pour obliger les idolâtres à connoître & à adorer Jésus-Christ, je ne laisserois pas de trouver une injustice criante dans une guerre que des protestans déclareroient à leurs adversaires pour les faire renoncer à leurs chimères & à leurs institutions humaines en faveur du christianisme épuré.

Ce n'est pas que j'approuvasse, en aucune manière, une guerre qu'on feroit aux payens, pour les forcer à embrasser notre religion. Je voudrois qu'on tâchât de les vaincre par les armes, afin de détruire leurs idoles, & d'ensevelir leur idolâtrie sous les ruines de leurs temples; mais je trouverois fort déraisonnable de les persécuter & de les punir, s'ils s'opiniâtroient à ne point croire en Jésus-Christ. Si la foi, comme l'écriture nous l'enseigne, est un don de Dieu, par quel principe de religion pouvons-nous punir des malheureux, pour ne point faire usage d'un don, dont il ne plaît pas au ciel de les favoriser?

Il s'ensuit, à plus forte raison, qu'il n'y a rien de si contraire à la religion chrétienne, que la violence dont se sert une secte de chrétiens, pour imposer à une autre le joug de ses sentimens particuliers.

Il me semble qu'il ne sera pas hors d'œuvre de dire ici un mot de la malheureuse coutume qui règne parmi plusieurs chrétiens, de maltraiter de paroles ceux qui n'ont pas les mêmes idées qu'eux sur quelques articles de la religion. C'est une maxime que les rabbins ont laissée à leur postérité par tradition, qu'il ne faut pas tourner en ridicule les Dieux des payens. Mais nous sommes bien éloignés d'une si sage discrétion, puisque nous accablons tous les jours nos frères de satyres, de noms injurieux, & d'indignes sobriquets, parce qu'ils n'adorent pas le même Dieu précisément à notre manière. Comment est-il possible que nous nous mettions dans l'esprit, que dans la calomnie, dans les reproches & dans les pasquinades, il n'y ait pas une détestable espèce de persécution ?

Pour moi je m'imagine que la persécution de la langue égale presque en cruauté la persécution qui se fait par le fer & par le feu. Salomon compare certaines paroles à des coups d'épée, & David est si sensible aux discours injurieux de ses ennemis, qu'il fait souvent, sur ce sujet, les plus tristes exclamations. *Ils m'ont assiégé*, dit-il, *de paroles de haine*; & dans le même Pseaume : *il se couvre d'imprécations comme d'un habit.*

Je conviens que je m'écarte de mon sujet, en étendant mes réflexions touchant la persécution de la langue, plus loin que sur les matières de la religion. Mais puisque des remarques utiles ne sont, à proprement parler, jamais hors de saison, on me pardonnera la digression où j'ai envie d'entrer.

Dans tous mes voyages, je n'ai pas vu un pays autre que l'Angleterre, où non-seulement les différentes sectes, mais encore les différentes factions, se font un si grand plaisir de choquer la charité, & de se déchirer de la manière du monde la plus cruelle, pour des fautes que la foibleſſe humaine devroit rendre excuſables. Nous prenons un ſi grand goût à cenſurer, & à condamner ceux qui n'embraſſent pas nos ſentimens, de quelque nature qu'ils puiſſent être, que nous ne briderions pas notre langue quand nous verrions la ruine de la nation toute prête à ſortir de nos diſſenſions malheureuſes.

J'ai vu quelquefois, parmi mes compatriotes, des gens éclairés & vertueux tomber dans le malheur de ſe tromper auſſi-bien ſur la religion, que ſur les vrais intérêts de la patrie; je les ai vus pouſſés infiniment plus qu'ils n'avoient d'abord deſſein d'aller, par la haine farouche & implacable de ceux dont ils avoient abandonné le parti. J'ai vécu aſſez long-tems pour voir ces mêmes perſonnes, revenues de leur égarement, faire un aveu public & ſincère de leur faute, & en témoigner le repentir le plus vif. Mais je n'ai jamais vu qu'on eût aſſez de charité pour leur pardonner leur erreur, & pour ſe réconcilier avec eux.

Peut-être que le ſiècle, dans lequel j'ai vécu, n'eſt pas un tems propre pour l'exercice de la charité, & que les âges futurs ſeront plus fertiles en bons chrétiens; peut-être auſſi cet inconvénient eſt-il ménagé par la providence, pour répandre, par notre dureté, plus de jour sur la miséricorde de Dieu, & pour faire sentir fortement aux hommes, qu'ils sont les seules créatures qui ne savent pas pardonner.

J'ai connu un fort honnête homme qui, désabusé d'un parti qu'il avoit embrassé avec imprudence, sans rien commettre, pour cela, de contraire au christianisme & aux bonnes mœurs, retourna vers ses vieux amis, leur fit un aveu touchant de sa foiblesse, & leur en demanda pardon de la manière du monde la plus pathétique. Mais ils ne lui répondirent que par des railleries, & en insultant à sa soumission, comme à une marque caractéristique d'une ame basse & lâche. Il ne se rebuta pas par une réception si mal-honnête & si outrageante; il demanda pourquoi ils n'agissoient pas avec lui, comme avec un pécheur pénitent, en se conformant à la règle que Dieu prescrit aux hommes, & qu'il pratique lui-même. Une leçon si sage ne les toucha point; ils lui répliquèrent que le ciel pouvoit lui pardonner, s'il le trouvoit à propos, mais qu'ils ne le feroient jamais; & ensuite ils racontèrent au premier venu tout ce qui venoit de se passer, comme un sujet de railleries & de turlupinades.

Il est vrai qu'en même-tems des personnes sages & vertueuses trouvoient que, par cette conduite, ils ne faisoient que se déshonorer eux-mêmes, & mettre dans un plus grand jour la gloire de celui qu'ils rebutoient avec une dureté si indigne.

Ce que je rapporte ici me touche d'une manière trop sensible, pour ne pas m'y étendre davantage. On ne peut opposer, à une férocité si barbare, que la patience chrétienne, qui est, à mon avis, l'unique méthode de triompher même du mépris général du genre humain. Non-seulement elle nous console, en répandant dans notre ame une paix secrète qui ne sauroit être troublée par tous les embarras du dehors, mais elle est propre encore à dompter, avec le tems, la fureur des hommes; il n'est pas possible qu'ils n'ouvrent jamais les yeux sur un attachement constant & sincère à la vertu, par lequel on fait voir que, malgré quelques égaremens passagers, on a toujours eu un fond inaltérable de probité, & un véritable caractère d'honnête homme. Si un chrétien se conduit de cette manière, il n'est pas croyable que la justice souveraine permettre qu'il soit toujours accablé sous le poids d'une mauvaise réputation & du mépris public.

C'est le pauvre Robinson Crusoé vieilli dans l'affliction, abattu continuellement par des censures & par des calomnies, mais fortifié par des secours intérieurs, qui ose prescrire ce remède contre les cris & contre les reproches d'un peuple précipité dans ses jugemens. La patience jointe à un devouement sincère pour la vertu, & à une soumission respectueuse pour la providence divine, est la seule chose capable de rétablir la réputation d'un homme, & de le justifier dans l'esprit de ses ennemis les plus opiniâtres. S'il ne réussit pas par ce moyen, il aura du moins la satisfaction de se rendre justice à lui-même, de mépriser ceux qui n'ont ni charité ni politesse, & de les abandonner à leurs passions & à leur rage, qui se punissent elles-mêmes par les troubles qui les accompagnent.

C'est cette pensée qui m'oblige à m'approprier en quelque sorte certains vieux vers faits par le fameux George Withers, dans le tems qu'il étoit emprisonné dans la tour.

C'étoit un gentilhomme qui aimoit la poésie, & qui avoit été si malheureux à changer plusieurs fois de parti dans les guerres civiles d'Angleterre, qu'il avoit été mis à la tour, tantôt par une des factions, & tantôt par l'autre. Il y avoit été emprisonné par le roi, par le parlement, par l'armée, & par ce parlement postiche que Cromwel avoit mis à la place de celui qu'il avoit chassé. Il me semble qu'il fut encore traité de la même manière par le général Monck, en sorte que, par une destinée toute particulière, il étoit toujours du parti qui avoit le dessous.

Voici les vers que j'ai en vue :

Aux ordres du public d'un faux éclat surpris,
    Je fus toujours rebelle;
    Mais notre mutuel mépris
    Finit notre querelle.

Peu prudent, mais naïf, j'eus toujours le dessein
    De servir ma patrie.
Aime-t-elle un esprit libre de flatterie :
    Elle me donnera du pain;
Sinon, la paix de l'ame est un charmant festin,
    Qu'elle voudroit me dérober en vain.

Il est tems de mettre des bornes à ma digression, & de revenir à mon sujet principal.

J'ai parlé d'un projet qui conviendroit au Czar ce puissant maître de cette grande étendue de pays connue dans le monde sous le nom de l'empire de Russie, & qui fait presque une huitième partie du monde. J'ai fait voir évidemment, ce me semble, qu'un tel projet n'a rien de criminel,

& qu'il n'y a pas la moindre teinture de perſécution dans le deſſein de faire une guerre de cette nature, uniquement pour ouvrir un paſſage à la religion de Jéſus-Chriſt.

Si tous les princes chrétiens qui emploient à préſent ſi mal leurs forces, & dont bien ſouvent le but eſt de ſe perſécuter les uns les autres, vouloient agir de concert, & joindre leurs armes contre le paganiſme & contre le culte du diable, il y a grande apparence que dans un ſeul ſiècle toute la partie abrutie du genre humain auroit appris à fléchir les genoux devant le Dieu de vérité, & qu'ils béniroient l'heureuſe violence qui auroit produit pour eux les effets de la plus fervente charité.

Une ſemblable entrepriſe ne pourroit pas manquer d'un heureux ſuccès, à moins que la juſtice divine n'eût réſolu de tenir les hommes encore plus long-tems dans les ténèbres de l'erreur & de l'ignorance, parce que la coupe de leurs abominations n'eſt pas encore pleine. Quoi qu'il en puiſſe arriver, il y auroit pour les princes chrétiens, lieu d'eſpérer dans un tel projet le concours puiſſant du ciel, infiniment plus que lorſqu'ils plongent le fer dans le ſein de leurs frères, & qu'ils répandent des fleuves de ce ſang chrétien, pour des raiſons auſſi frivoles que celles qui ont rempli l'europe de funérailles pendant plus de trente années consécutives.

Je pourrois descendre ici dans un plus grand détail, & remarquer que, si le terrein que les chrétiens occupent sur le globe, est si peu de chose en comparaison de la vaste étendue qui est habitée par les infidèles, le nombre des vrais chrétiens est encore bien moins proportionné à celui des chrétiens de nom. Il y a un nombre infini de gens qui s'honorent hardiment de ce titre glorieux, quoiqu'ils connoissent à peine l'écorce du christianisme, & qu'ils n'aient pas la moindre envie d'en savoir davantage.

Le nombre des vrais chrétiens ne sera jamais connu d'une manière certaine. Ce n'est pas une question d'arithmétique ; les vrais chrétiens sont si fort mêlés avec les faux dans ce monde ; & ces derniers attrapent l'art d'imiter les autres si bien, qu'il est très-difficile de ne s'y pas tromper.

Nous serons sans doute dans une grande surprise, le jour du jugement dernier, quand nous verrons plusieurs de nos contemporains que notre zèle avoit condamnés aux ténèbres éternelles, destinés par le souverain juge du monde à vivre auprès de la source des lumières. La charité, de la manière dont elle est exercée dans le monde, est si fort dépendante de nos foiblesses, de notre orgueil, de la haute opinion que nous avons de nous-mêmes, & de la témérité de nos jugemens, que d'ordinaire elle suit des guides aveugles; & qu'elle forme touchant les choses, & touchant les personnes, des idées fort éloignées de leur valeur réelle. Il n'y a point de maxime générale qui puisse régler notre conduite à cet égard, si ce n'est ce passage de l'écriture sainte, qui nous ordonne de croire, en toute humilité, chacun plus excellent que nous. Maxime, pour le dire en passant, qui est très-difficile dans la pratique.

Que le nombre des vrais chrétiens soit plus ou moins grand, selon qu'il plaît à celui qui seul est le maître de planter le christianisme dans le cœur; c'est-là un sujet hors de la sphère de notre curiosité & de nos recherches. Il nous est impossible de faire des chrétiens; mais nous pouvons & nous devons ouvrir la porte à la prédication de l'évangile aux payens; c'est-là le seul moyen qui puisse donner occasion à la véritable religion de s'étendre.

Les habiles gens du monde donnent la torture à leur esprit, concentrent tous leurs efforts, & réunissent toute leur invention, pour former des projets, & pour faire faire des souscriptions, afin d'avancer & d'augmenter la navigation & le commerce. Mais on traiteroit de projet chimérique & du plus grand de tous les *bubbles* (1) le plan de faire souscrire pour dix ou douze millions destinés à équiper des flotes, & de fournir des armes pour abattre le paganisme, & pour seconder des missionnaires prêts à ne rien négliger pour communiquer aux payens la doctrine salutaire de l'évangile. Une telle entreprise néanmoins seroit extrêmement avantageuse aux peuples qui l'entreprendroient, & à la nation qui en seroit le but.

Par des conquêtes de cette nature, la religion chrétienne seroit dominante en fort peu de tems chez plusieurs peuples sauvages & idolâtres, & le nombre des sujets de Jésus-Christ seroit bientôt doublé.

Voilà la croisade que je prêche, & je soutiens que ce seroit une guerre tout aussi légitime qu'aucune de celles qui ont été entreprises depuis la création du monde. Elle procureroit une gloire immortelle aux conquérans, & les plus précieuses bénédictions aux peuples vaincus. Il me seroit

---

(1) Le commerce des actions n'a que trop fait connoître la signification de ce terme anglois.

aisé de former, selon ce plan général, différens projets de la même nature pour les différens monarques chrétiens, & je pourrois les fonder sur des principes si sûrs que, si on vouloit sérieusement songer à les exécuter, il est très-vraisemblable qu'ils auroient tout le succès qu'on en pourroit espérer.

Malheureusement des divisions très-éloignées de l'esprit du christianisme ont été toujours un obstacle invincible à la propagation de la religion de Jésus-Christ. Des guerres contraires, non-seulement à la charité chrétienne, mais encore au droit naturel, occupent tellement les souverains de l'europe, que je ne m'attends pas à les voir, dans ce siècle corrompu, s'animer mutuellement à saisir l'occasion de réussir dans ces entreprises glorieuses dont je viens de tracer le plan. J'ose me persuader pourtant qu'on verra un jour toutes les puissances chrétiennes, dociles à une inspiration du ciel, joindre leurs forces pour réussir dans des desseins si glorieux. Alors la facilité qu'on trouvera à soumettre ces royaumes d'Afrique, répandra de la honte sur l'indolence des générations passées, qui auront négligé une occasion favorable.

Une pareille guerre étant légitime de toutes les manières, & à tous les différens égards sous

lesquels

lesquels on peut la considérer, il me semble qu'il seroit très-naturel de diriger la victoire à l'extirpation de l'erreur & de la superstition. Puisque c'est Dieu seul qui est l'éternel des armées, & qui donne la victoire, rien n'est plus raisonnable que de ne vouloir vaincre que dans l'intention de s'intéresser à sa gloire, en étendant le royaume de Jésus-Christ. Ces vérités sont sensibles & évidentes ; mais malheureusement elles ne sont pas d'une nature à faire de fortes impressions, tant que d'autres motifs de faire la guerre & la paix excerceront un pouvoir absolu sur les esprits.

Je le répète, rien n'est plus juste, plus praticable & plus facile, que les projets que j'ai proposés. Mais je doute fort que nous trouvions dans notre siècle, & dans d'autres siècles suivans, le zèle qui seroit nécessaire pour entreprendre & pour exécuter heureusement des desseins si grands & si glorieux.

Pour engager les hommes dans cette guerre pieuse, il faudra que le ciel lui-même sonne la trompette, & que des légions d'anges descendent pour se liguer avec les souverains de la terre, animés par une inspiration divine à réduire tout l'univers sous l'empire de Jésus-Christ. Certaines gens prétendent que le tems où ce grand ouvrage doit s'achever n'est pas loin; mais je n'en ai rien entendu dire, ni dans mes voyages sur cette terre, ni dans la vision qui m'a transporté dans le monde invisible.

F I N.

VISION
DU MONDE
ANGÉLIQUE

Il faut être fortement occupé de ce que l'on est actuellement, & de l'état dans lequel on se trouve dans ce monde, pour ne jamais tourner ses réflexions vers ce que l'on doit être un jour.

Le séjour, la compagnie & l'occupation que nous aurons dans la vie à venir valent bien la peine, ce me semble, d'exciter notre curiosité, & de nous engager à porter nos recherches sur des sujets qui nous regardent de si près.

Je crois que la raison la plus forte qui peut avoir interrompu dans ces sortes de recherches ceux qui y étoient entrés, & qui peut en avoir détourné d'autres, qui ne s'en étoient pas encore mis en peine, consiste en certaines notions chimériques, & en certaines idées pleines de

Z.ij

fanatifme, qu'on a données au public fur des matières fi graves, fi importantes, & fi dignes de notre attention.

Comme je ne néglige rien pour me former des idées juftes fur ces fujets, je ferai tous mes efforts pour en parler d'une manière claire & diftincte, & je me fais fort de n'en rien dire qui foit confus, mal digéré, & uniquement propre à rendre plus épaiffes les ténèbres qui empêchent les hommes de pénétrer dans ces fujets fi éloignés de nos conceptions ordinaires.

Je ne donnerai pas la torture à mon efprit, pour déterminer la place fixe du ciel & de l'enfer : ce n'eft pas que je ne fois très perfuadé qu'il doit y avoir un lieu déterminé qui recevra nos ames au fortir du corps. Si nous devons exifter après cette vie, il faut bien que nous exiftions quelque part.

On voit par un grand nombre d'exemples rapportés dans les évangiles, que, du tems que Jéfus-Chrift commença à prêcher fa doctrine, ceux fur qui elle faifoit des impreffions plus fortes étoient d'une ftupidité qui paffe l'imagination. Cette craffe ignorance dura encore long-tems après la mort de notre fauveur ; ce qu'il eft aifé de voir par les difcours que tinrent enfemble les deux difciples qui alloient à Emmaüs. Pendant bien du tems encore ils eurent des notions fort bifarres du royaume de Jésus-Christ, & des dignités qu'il devoit procurer à ses favoris ; témoin la prière que lui fit la femme de Zébédée, de mettre un de ses fils à sa main droite, & l'autre à sa main gauche. C'étoit à-peu-près comme si la femme demandoit pour l'un de ses enfans la charge de secrétaire d'état, & pour l'autre celle de chancelier, persuadée que sa sollicitation étoit proportionnée à la faveur où elle voyoit ses fils auprès de leur maître.

La frayeur qu'eurent les apôtres de ce qu'ils prenoient pour un esprit, venoit de la même source, frayeur si grande qu'elle leur ôta l'usage des sens & de la raison. Si la moindre liberté d'esprit leur étoit restée, ils se seroient réjouis de la vue d'un ange, & auroient prêté une attention religieuse à ce qu'il avoit à leur dire de la part du ciel, ou bien ils auroient prié le maître des esprits de les sauver de la malice du démon ; supposé qu'ils eussent cru que c'étoit l'apparition d'un esprit infernal. Heureusement pour eux ils ne restèrent pas long-tems plongés dans une ignorance si funeste, & les lumières vives qu'ils reçurent du ciel, chassèrent bientôt de leurs ames toutes ces notions absurdes.

Tout ce que je prétends inférer de ce que je viens de dire, c'est que dans ce tems-là c'étoit une opinion généralement reçue, que les esprits se mêloient des affaires humaines. Le peuple de Dieu, instruit par Dieu lui-même, ne trouvoit rien dans les livres du vieux testament qui fût capable de l'en désabuser; il y voyoit au contraire un grand nombre de passages propres à le confirmer dans ce sentiment ; telle étoit, entre autres, une loi expresse contre ceux qui avoient un esprit familier, c'est-à-dire, contre ceux qui avoient un commerce particulier avec un des mauvais esprits habitans du monde invisible, dont il est question ici.

En vain certaines personnes qui se plaisent dans leur incrédulité, donnent-elles la torture à leur incrédulité, ainsi qu'à leur imagination, pour décréditer l'histoire de l'enchanteresse d'Endor, qui fit paroître à Saül un vieillard semblable au prophète Samuel. Ce fait est rapporté dans l'écriture sainte d'une manière si circonstanciée, qu'il faut s'aveugler de propos délibéré, si l'on n'y découvre pas que les apparitions des esprits ne sont point incompatibles avec la nature & avec la religion. Cette histoire attribue même à cette femme l'art que les Américains appellent *Paw-Wan*, c'est-à-dire, de conjurer les esprits, & de les forcer à parler aux hommes. L'esprit de Samuel paroît effectivement, il prophétife & prédit au roi toutes les malheureufes particularités de la cataftrophe terrible qui devoit lui arriver le jour fuivant.

Cet efprit qui apparut alors à Saul, devoit être, à mon avis, un bon efprit qu'on appeloit l'*Ange d'un homme*, comme il paroît par ce que difoit cette fervante des actes des apôtres, en voyant devant la porte Pierre forti miraculeufement de la prifon. Si l'on prend la chofe de cette manière, elle confirme mon idée touchant le commerce des efprits purs, avec les efprits enfermés dans des corps, & touchant les avantages que les hommes peuvent retirer d'un tel commerce. Ceux qui prétendent que ce fut un mauvais efprit, doivent fuppofer en même tems que Dieu peut fe fervir du diable comme d'un prophète, mettre dans la bouche du menfonge les vérités qu'il trouve bon de révéler aux hommes, & fouffrir qu'il prêche aux tranfgreffeurs de fes loix la juftice des châtimens qu'il a réfolu de leur infliger. Je ne fais pas de quel biais ces interprètes fe ferviroient pour fauver tous les inconvéniens d'une telle opinion. Pour moi je ne vois pas qu'il convienne à la majefté divine de prêter à Satan fon efprit de vérité, & d'en faire un prédicateur & un prophète.

Quand j'étois dans ma folitude, mon imagination étoit continuellement pleine des idées d'esprits & d'apparitions, & sur-tout lorsque je sortois de ma caverne au clair de la lune, qui me faisoit prendre chaque broussaille pour un homme, & chaque arbre pour un homme à cheval. Ma frayeur donna tant de force à cette prévention, que pendant long-tems je n'osois sortir de nuit, ou du moins regarder derrière moi, quand une grande nécessité me forçoit de quitter mon antre. J'étois alors aussi fermement persuadé qu'il y avoit de la réalité aux illusions que je me faisois à moi-même, que je suis convaincu que ce n'étoient que les effets d'une imagination frappée & d'un esprit hypocondriaque.

Cependant, pour faire voir au lecteur jusqu'à quel point peut aller la force de l'imagination, & pour le faire juger si, dans mes circonstances, la plupart des hommes n'auroient pas donné dans des chimères semblables, il ne sera pas inutile que je lui fasse ici un récit un peu détaillé de certains phénomènes qui me troublèrent extrêmement, & qui me remplirent d'inquiétudes affreuses.

Le premier objet qui m'inspira ces sortes d'idées, fut la vieille chèvre que je trouvai mourante dans la caverne où j'étois entré. Ce fait est vrai, j'en assure le public; n'importe dans quel endroit du monde il soit arrivé, & il vaut bien la peine que je rapporte dans toute leur suite les différens effets qu'il produisit successivement sur mon imagination.

Quand je fus d'abord arrêté par le bruit que fit cet animal moribond, sa voix me parut en tout semblable à celle d'un homme ; je la trouvois même articulée, quoiqu'il me fût impossible de former un sens des différens sons. Il étoit très-naturel pour moi d'en inférer que j'entendois parler, mais que c'étoit dans un langage qui m'étoit inconnu. S'il m'étoit possible de décrire avec exactitude la situation où je me trouvai alors, je l'entreprendrois volontiers ; je dirai seulement qu'à cette voix inattendue, tout mon sang sembla s'arrêter comme glacé dans mes veines. Une sueur froide découla de tout mon corps, toutes mes jointures, comme les genoux de Balthasar, se choquèrent les unes les autres, & mes cheveux sembloient se dresser sur ma tête.

Ce n'est pas tout ; après les gémissemens de cet animal, qui n'étoit, comme je le vis après, qu'une manière languissante de bêler, j'entendis deux ou trois soupirs qui ressembloient aussi naturellement à ceux d'une créature humaine, qu'il est possible de se l'imaginer. Ces soupirs, accompagnés de la lumière qui sortoit des yeux de ce pauvre animal, me confirmèrent dans ma frayeur, & la portèrent au plus haut degré. Cependant, comme je l'ai dit dans mon premier volume, je ramaſſai aſſez de courage pour vaincre cette crainte puérile, & pour rentrer dans la caverne, dont ma peur m'avoit chaſſé, avec un morceau de bois brûlant, en guiſe de flambeau, qui me fit découvrir, d'une manière fort agréable pour moi, qu'il n'y avoit rien que de naturel dans tout ce qui avoit fait de ſi terribles impreſſions ſur mon eſprit.

Néanmoins cette frayeur, quoique calmée par la découverte de ſa véritable cauſe, me laiſſa une certaine diſpoſition, & certaines traces dans le cerveau qui ne paſsèrent pas vîte, & que je ne lus de long-tems effacer, malgré tous mes efforts de raiſonnement. Les vapeurs que ma crainte chimérique avoit fait monter dans mon cerveau, ne purent pas être ſi bien abattues, qu'à la moindre occaſion elles ne repriſſent la même route. Depuis ce tems-là, non-ſeulement je vis, mais encore, s'il m'eſt permis de m'exprimer de cette manière, je ſentis des apparitions, & je les ſentis d'une manière auſſi diſtincte qu'il eſt poſſible de ſentir les choſes les plus réelles. En un mot, je me trouvai dans un état ſemblable à la ſituation mélancolique où m'avoit mis autrefois, pour un tems conſidérable, le veſtige d'homme que j'avois vu ſur le rivage dans la partie ſeptentrionale de mon île.

Dans cette triſte prévention je n'entendois

jamais le moindre bruit de près ni de loin, sans treſſaillir, & ſans m'attendre à l'arrivée du diable; chaque arbriſſeau qui paroiſſoit ſur une colline où je ne me ſouvenois pas de l'avoir vu auparavant, me ſembloit une figure humaine, & je prenois chaque vieux tronc pour un ſpectre.

Ma raiſon ne pouvoit pas gagner un empire abſolu ſur les vapeurs qui m'accabloient le cerveau. Le dérèglement de mon imagination étoit devenu une maladie dans les formes; il m'étoit auſſi impoſſible de m'en guérir par le raiſonnement, qu'au plus grand philoſophe de ſe tirer de la fièvre par le moyen de la réflexion. Je ne revins entièrement de cette indiſpoſition malheureuſe, que lorſque j'eus le bonheur de trouver mon fidèle Vendredi, dont l'agréable compagnie fit ſortir toutes ces rêveries de mon imagination.

Avant que de quitter ce ſujet, je ne ferai pas mal de donner quelques conſeils, fondés ſur ma propre expérience, à ceux qui ſont aſſez malheureux pour être en proie à leurs propres chimères, & aux fantômes qu'une noire mélancolie engendre dans le cerveau. Je les exhorte à ne point s'habituer à regarder derrière eux quand ils ſe trouvent dans un lieu ſombre, ni à viſiter tout, en tremblant, avec une chandelle dans les coins de leur chambre. Je suis sûr que, s'ils négligent ce conseil, chaque objet leur paroîtra un spectre affreux, & leur imagination, ingénieuse à faire naître des démons à chaque pas, deviendra réellement un diable qui ne cessera jamais de les tourmenter.

Que d'un autre côté les esprits forts n'infèrent pas de ces apparitions imaginaires, qu'un esprit déréglé & malade fait sortir du cerveau d'un hypocondriaque, qu'il n'y a point d'apparitions réelles, & que le commerce d'esprits bons ou mauvais avec les hommes, n'est qu'une fable impertinente; qu'ils en concluent encore beaucoup moins que le diable n'existe pas.

L'existence du diable & son commerce avec les hommes, me paroît un article incontestable, & de la dernière évidence. Ce n'est pas tout; je crois qu'il n'est pas moins évident que nous avons bien souvent commerce avec tous les autres esprits qui composent le monde invisible. Je vais expliquer ce que je pense là dessus avec toute la netteté dont je suis capable; j'espère de n'en rien dire qui ne soit clair & facile à comprendre aux gens d'un génie médiocre.

Qu'il y ait des esprits qui existent sans corps, c'est une chose dont aucun chrétien ne doute, & il n'est pas possible d'alléguer la moindre raison pour établir qu'il ne pourroit pas y avoir un commerce mutuel entre nos ames & ces esprits purs & dégagés de la matière.

Ce principe étant posé, j'ose soutenir que nous pouvons nous assurer de la réalité de ce commerce mutuel, si nous voulons bien faire attention à notre propre expérience. Il est vrai que nous sommes absolument ignorans sur la manière dont se fait un commerce dont nous pourrions tirer de si grands avantages; il nous est impossible de savoir comment les idées passent de ces intelligences pures dans nos ames, & de quelle manière nos ames communiquent leurs pensées aux esprits dégagés de la matière; tout ce que nous savons, c'est que cette correspondance secrète se fait sans le secours des organes.

Ce sujet étant donc parfaitement obscur de ce côté-là, & inaccessible à notre pénétration, je ne m'attacherai qu'à développer les effets de ce commerce, sans y comprendre les apparitions que bien des gens ne veulent point admettre, & que, dans le fond il est très-difficile de distinguer des fantômes de notre imagination, & des chimères, dont la rate remplit le cerveau.

Les effets les plus sensibles de notre commerce avec les intelligences pures, & qui me paroissent si sensibles, qu'il est impossible de les nier, sont les suivans :

Des songes, certaines voix, certains bruits, des avertissemens, des pressentimens, des appréhensions, une tristesse involontaire.

Pour les *songes*, c'est un sujet dont l'examen est fort dangereux, & nous sommes si accoutumés à rêver creux sur les *rêves*, qu'en exhortant les gens à faire attention aux songes, c'est, en quelque sorte, les porter à rêver en veillant. On pousse, d'ordinaire, le cas qu'on en fait à des excès si ridicules & si extravagans, qu'un auteur ne sauroit traiter ces sortes de matieres avec une trop grande précaution.

Il est certain, cependant, qu'autrefois les songes étoient un des moyens les plus ordinaires dont Dieu se servoit pour avertir les hommes de ce qu'ils devoient faire, ou éviter de faire. C'est ainsi que Joseph, l'époux de la Sainte-Vierge, fut averti, en songe, de se retirer en Egypte ; c'est encore par un songe que Dieu lui ordonna de revenir de-là dans la Judée ; & dans le même chapitre, les sages de l'orient sont avertis, en songe, de la route qu'ils devoient prendre, pour échapper à la fureur d'Hérode, en retournant dans leur patrie.

Puisque ces passages de l'écriture-sainte & un

nombre infini d'autres, dont fourmillent les livres sacrés, nous font voir, avec la dernière évidence, que Dieu déclaroit autrefois sa volonté aux hommes par ce moyen, je voudrois bien qu'on eût la bonté de répondre juste à la question, suivante : *par quelle raison faut-il détourner les chrétiens d'à-présent de faire la moindre attention aux songes ?*

Non-seulement Dieu envoya souvent ces songes aux hommes par sa puissance immédiate, mais il est évident encore que plusieurs fois il employa le ministère des intelligences pures. C'est ainsi que, dans les deux cas mentionnés qui regardent Joseph, l'époux de Marie, l'écriture dit *que l'ange du Seigneur parut à Joseph en songe*. Or, on peut donner, sans aucun inconvénient, le nom d'ange à tout esprit dégagé de la matière, puisque Dieu peut se servir de leur ministère pour déclarer sa volonté aux esprits enfermés dans des corps. J'en conclus que, lorsque dans un songe, nous recevons quelque avertissement propre à nous faire éviter quelque mal, ou à nous diriger vers quelque bien, nous pouvons dire, sans trop de hardiesse, qu'un bon esprit nous a donné un avertissement en songe, & même qu'*un ange du Seigneur nous a apparu*. Ces deux expressions me paroissent entièrement synonymes.

Pour appuyer l'opinion dans laquelle je suis à cet égard, sur des faits incontestables, ou du moins, sur des faits qu'aucun homme de bon sens ne sera capable de révoquer en doute, j'ose bien appeler au secours l'expérience de toutes les personnes qui font réflexion sur ce qui leur arrive à elles-mêmes, & qui examinent leurs songes d'un esprit également éloigné de l'incrédulité & de la superstition. Je leur demande s'ils n'ont, en aucun tems, observé quelque incident remarquable de leur vie qui leur fût prédit en songe d'une manière si claire & si évidente, qu'ils aient été forcés à croire que cette prédiction leur venoit de quelque créature invisible? Je leur demande encore s'ils n'auroient pas été les maîtres de prévenir les malheurs dont ils ont été avertis de cette manière surnaturelle, s'ils y avoient fait attention, & s'ils s'étoient servis de leur prudence pour en tirer le véritable usage?

Je suis persuadé qu'ils conviendront du fait, & que même plusieurs d'entr'eux m'avoueront, qu'instruits par l'expérience, ils ont fort souvent évité les désastres qui sembloient les menacer, en prêtant à cette espèce de prédiction l'attention nécessaire.

S'il m'est permis d'alléguer ici, ce qui m'est arrivé à moi-même, je puis dire que jamais je n'ai été sujet à une catastrophe remarquable, que

je

je n'en aie été averti en songe, & si je n'avois pas été dans cette disposition indolente & inattentive, dont je m'efforce ici de tirer mes lecteurs, il m'auroit été facile d'éviter, par ce moyen, un grand nombre de désastres, où mon imprudente sécurité a souffert que je me précipitasse.

Dans la suite, devenu plus circonspect par mes malheurs, j'ai été encouragé, par ce même moyen, dans les plus grandes adversités, & j'ai été pleinement persuadé qu'elles ne seroient pas de longüe durée. Dans ma triste solitude, par exemple, ma délivrance m'a été mise tant de fois devant les yeux, que j'avois une conviction très-forte & très-consolante de ma future prospérité, qui rendroit mes dernières années aussi tranquilles & aussi heureuses, que les premières avoient été sujettes aux troubles & à la misère.

Il m'est impossible, par conséquent, de me mettre dans l'esprit, à l'exemple de plusieurs personnes qui se font un mérite de leur incrédulité, que tous les songes ne sont que des fantômes d'imagination, formés de l'assemblage confus des idées qui ont roulé dans notre cerveau le jour précédent, & je ne saurois découvrir une époque fixe qui sépare les songes dignes de notre attention, de ceux qui ne doivent passer que pour des chimères.

Je n'ignore pas que d'habiles gens ont osé

déterminer cette époque, & la confondre avec celle qui a mis fin aux institutions cérémoniales données au peuple Juif, & aux tems typiques, qui n'ont été que les ombres de ce qui devoit arriver sous la nouvelle loi. Ils s'imaginent que toutes les manières dont il a plu à Dieu de révéler sa volonté sous le vieux testament, doivent avoir cessé dans le même période, étant devenues entièrement superflues par cette révélation claire & simple qui nous a été donnée dans l'évangile, & qui a été secondée par l'envoi du saint-esprit.

Ils croient prouver par-là, avec la dernière évidence, que dès-lors les songes ont dû perdre toute leur signification & tout leur poids; mais, par malheur pour eux, l'écriture-sainte est directement opposée à cette opinion, quelque vraisemblable qu'elle puisse être. Pour le faire sentir, il suffit d'alléguer & de développer un peu ce qui est dit touchant le songe qui porta Ananias à travailler à la conversion de saint Paul, & touchant celui qui engagea Corneille, ce dévot centenier d'Antioche, à recevoir la doctrine de saint Pierre; deux exemples qui font voir d'une manière démonstrative que les songes significatifs ont survécu à l'ancienne loi.

Le premier de ces faits nous est rapporté aux *actes des apôtres*, IX, 10. *Il y avoit à Damas un certain disciple nommé Ananias, à qui le seigneur* dit en vision, &c. Et il dit dans le ⅴ. 14. Or Saul avoit vu en vision un personnage nommé Ananias. On trouve le second exemple dans les mêmes actes, X, 3. 10. & 11. Nous voyons d'abord dans le ⅴ. 3. que Corneille le centenier *vit en vision un ange de Dieu*, que dans le ⅴ. 30. il décrit comme un *homme revêtu d'un vêtement resplendissant*. Dans le ⅴ. 10. il dit que saint Pierre *tomba dans un ravissement ou dans une extase*. Je suis persuadé qu'on m'accordera sans peine qu'ici, par *vision*, ou *ravissement*, on ne sauroit entendre qu'un profond sommeil, & que, lorsqu'on nous dit que dans cette extase il vit les cieux ouverts, l'écriture ne nous veut faire comprendre autre chose, sinon que les cieux ouverts furent représentés à son imagination par le moyen d'un songe : je ne crois pas qu'il y ait un seul interprète qui s'imagine que les cieux furent réellement ouverts dans ce tems-là. Il faut prendre sans doute de la même manière les voix que ces différentes personnes entendirent & qui leur signifièrent les ordres de Dieu. J'en puis inférer, par conséquent, que le commerce de la divinité avec les hommes, par le moyen des visions, ou des songes, n'a pas fini avec l'économie de l'ancienne loi.

Il faut par conséquent, pour me prouver l'absurdité de mon opinion, m'alléguer quelqu'autre époque. Si l'on ne sait pas quand les songes significatifs & dignes d'attention ont pris fin, comment peut-on savoir qu'ils n'existent plus ? & quel droit avons-nous de rejeter toutes les visions qui s'offrent à nous pendant le sommeil ?

Je ne soutiens pas absolument qu'il n'y a point à présent une plus grande quantité de songes illusoires qu'il n'y en avoit ; peut être le diable a-t-il gagné un plus grand ascendant sur l'imagination des hommes modernes. Je ne veux pas le nier, quoique je ne découvre pas la moindre preuve propre à mettre ce sentiment hors de contestation, & à faire voir qu'au commencement des temps évangéliques, le cerveau des fidèles doit avoir été plus libre que le nôtre, des rêveries destituées de sens. Qu'il en soit tout ce que l'on voudra, il restera toujours certain qu'il n'est pas possible de fixer une pareille époque, & qu'il n'y a pas un mot dans l'écriture sainte qui nous défende d'y prêter attention. Le seul passage qui paroît avoir quelque rapport avec ce sentiment, est celui où les frères de Joseph semblent tourner les songes en ridicule par le sobriquet de *songeur* ou de *rêveur*, qu'ils lui donnent, Gen. XXXVII. 19. *voyez, le songeur vient*. & ⅴ. 20. *Tuons-le & jetons-le dans un puits, pour voir à quoi aboutiront ces songes*.

Voilà des discours qui ne ressemblent pas mal à ceux de nos esprits-forts modernes ; mais l'effet fit bien voir l'absurdité de ces railleries & la témérité des jugemens de ces frères dénaturés. Les prédictions qui étoient contenues dans les songes de Joseph furent toutes accomplies, & prouvèrent qu'il n'est rien de plus sûr que les influences du ciel dans les choses humaines, opérées par le moyen des songes.

La maxime que je me propose pour me conduire à cet égard, peut être exposée en très-peu de paroles. Je suis d'avis qu'il ne faut rien outrer sur ce sujet, & que, s'il ne faut pas chercher un sens, indifféremment dans tous les songes, il ne faut pas non plus les mépriser tout-à-fait les uns comme les autres.

Je me souviens d'avoir entendu une dispute poussée avec assez de chaleur, sur cette matière, par deux personnes de ma connoissance, dont l'une étoit d'église & l'autre laïque ; mais c'étoient des gens reconnus pour très-pieux & fort attachés à la religion.

Le dernier soutenoit qu'il ne falloit jamais avoir égard aux songes. Selon lui, il n'étoit pas possible de leur assigner aucune origine qui pût les rendre respectables ; ce n'étoient que des fantômes de l'imagination, & il falloit donner dans une espèce d'athéisme, pour en reconnoître l'autorité. Il se faisoit fort de le prouver par des argumens incontestables, fondés sur les premiers principes de la vérité, & de faire voir que, de les attribuer au commerce du *monde invisible* avec le *monde visible*, c'étoit donner dans la chimère, & supposer des *limbes* & un *purgatoire* avec les docteurs de l'église romaine.

Voici les raisons dont il se servoit pour prouver ce qu'il venoit d'avancer :

1. Si les songes nous venoient de quelque être supérieur à nous en prescience, les avertissemens que nous en pourrions tirer seroient plus directs & moins enveloppés de ténèbres ; ils n'exprimeroient pas les choses par des allégories, par des emblêmes & par des figures obscures & imparfaites. Quel motif pourroit porter des *intelligences pures* à se moquer du genre-humain par des énigmes ridicules ? Quel plaisir trouveroient-elles à nous faire tâtonner après le mot de ces énigmes, dans des cas où il faut périr quelquefois, si on est assez malheureux pour les expliquer mal ? Rien ne seroit moins charitable à un *esprit pur*, que de nous donner des avertissemens dont le sens fût presque impénétrable, & qui ne fissent que nous inquiéter, sans nous instruire du mal qui nous menace.

2. Supposons qu'on développe parfaitement le sens de ces oracles intérieurs ; de quoi nous servira notre pénétration, si, en nous indiquant le mal, ils ne nous instruisent pas des moyens effi-

caces de le prévenir? Ils ne nous les fournissent pas, & par conséquent on ne sauroit prendre ces prétendues prédictions, que pour l'effet d'un concours fortuit des images de notre cerveau, & point du tout pour les conseils de quelque *intelligence* amie de l'homme, & qui a la bonté de s'intéresser dans tout ce qui lui arrive.

3. Si ces sortes d'avertissemens sont de quelque poids, d'où vient qu'ils ne nous sont pas donnés continuellement? Pourquoi ces esprits bienfaisans interrompent-ils si souvent leur commerce avec nous? Pourquoi nous donnent-ils tantôt leurs conseils, & tantôt nous en laissent-ils privés, quoique les cas soient de la même importance? Il paroît évidemment que ces avertissemens prétendus ne procèdent pas d'un être intelligent, qui agit par principes.

4. Nous avons souvent des songes très-distincts, qui ne sauroient avoir la moindre signification, & qui ne sont point justifiés par l'évènement. N'y auroit-il pas de la profanation & de l'impiété à supposer qu'ils nous viennent du ciel, malgré la fausseté des prédictions qu'ils semblent contenir?

5. Comme il est sûr qu'un homme n'est pas toujours également armé par ces prédictions contre les désastres qui le menacent, il est certain encore que tous les hommes n'ont pas une por-

tion égale dans ces conseils qui procèdent des intelligences pures. Quelle raison peut-on alléguer de cette préférence, & d'où vient que les habitans du monde invisible accablent certaines personnes de leurs faveurs, dans le tems qu'ils paroissent entièrement insensibles aux malheurs des autres ?

L'ecclésiastique répondit à tous ces articles, à mon avis, d'une manière très-plausible & très-satisfaisante. Si mes lecteurs n'en jugent pas de même, c'est leur affaire ; chacun doit se conduire selon son propre jugement. Voici les solutions qu'il donna à chacune de ces objections.

1. Il faut convenir que d'ordinaire les songes sont couverts de quelques ténèbres, & que leur signification est assez souvent équivoque, parce que leur sens est enveloppé dans des emblêmes & dans des allégories où il est difficile de pénétrer, ce qui nous empêche d'en tirer le véritable usage. C'est-là la seule difficulté importante qu'un homme raisonnable peut trouver dans cette matière ; cependant elle ne prouve rien dans le fond, puisque dans le tems où tous les chrétiens avouent que les songes étoient significatifs & dignes d'attention, ces visions avoient précisément le même caractère. Les songes ont été couverts d'emblêmes & d'allégories dans le tems

qu'ils venoient certainement du ciel, de l'aveu de tout le monde. La providence n'a pas trouvé à propos de nous découvrir le dessein qu'elle a en enveloppant de cette manière les avertissemens qu'elle nous donne, & il y auroit de la témérité à nous, de vouloir pénétrer dans les mystères qu'elle nous cache, pour ainsi dire, de propos délibéré.

2. Nous faisons une injustice insolente à la divinité, en l'accusant de nous donner des conseils sans les accompagner des moyens nécessaires pour en profiter, rien n'est plus faux. Si quelqu'un pénètre dans le véritable sens de ces prédictions intérieures, & si elles ne lui servent pas pour éviter le malheur qu'elles lui indiquent, c'est parce qu'il manque d'attention, de prudence & de soins ; nous entrons froidement dans nos propres intérêts, nous négligeons nos avantages, & ensuite nous avons le front de prétendre que le juge de toute la terre ne nous fait pas justice.

3. Il en est de même de la plainte que nous faisons que ces avertissemens ne sont pas continuels, & qu'ils nous laissent sans secours dans les occasions où nous en aurions le plus grand besoin. Il est très-vraisemblable que ces conseils ne nous manquent jamais; mais nous refusons d'y prêter une attention continuelle

sur-tout à cause de la prévention où nous sommes qu'il est déraisonnable d'écouter cette voix secrète du ciel.

4. C'est encore une erreur des plus grossières, de soutenir que bien souvent les songes n'ont aucune signification, parce que, par aveuglement ou par défaut d'application, cette signification reste enveloppée pour nous. Une des plus fortes raisons qui nous cache le sens des songes, ou qui nous le fait prendre de travers, c'est que souvent nous sommes plongés dans une sécurité excessive, & tout aussi souvent alarmés par des inquiétudes également outrées. L'esprit qui a du commerce avec nous est toujours également tendre, toujours également occupé du soin de veiller sur nos intérêts ; mais les facultés de notre ame ne sont pas toujours dans la même disposition de répondre aux impressions de cette intelligence favorable, de cet ange tutélaire. D'ailleurs le langage de cet esprit peut devenir plus ou moins intelligible, à proportion que notre cerveau est plus ou moins accablé des vapeurs du sommeil. Il est certain qu'à parler proprement notre ame ne sauroit dormir ; mais il est évident d'un autre côté que son activité peut être diminuée par le sommeil du corps. De quelle manière ce phénomène arrive, & jusqu'à quel point il peut troubler les opérations de notre esprit ; c'est

un point dont la décision est du ressort des anatomistes, qui connoissent la construction des parties de notre cerveau, & la force de nos organes.

3. Si tous les hommes ne sont pas également favorisés du commerce des intelligences pures, l'opinion dont il s'agit ici n'en souffre en aucune manière, & ce n'est pas-là une difficulté qui vaille la peine que l'on y réponde. Il ne faut pas s'imaginer que ce commerce des esprits dégagés de la matière, avec nos âmes, soit hors de la sphère de la providence, qui n'est autre chose que la volonté divine, semblable à un vent qui souffle où il veut. Ce commerce peut fort bien subsister sans avoir des bornes certaines & sans être partagé à tous les hommes par portions égales. Supposons que les esprits purs, qui se plaisent à nous entretenir de cette manière incompréhensible, soient des anges libres & maîtres du choix de leurs amis; quel inconvénient en peut-il dériver? Si nous ne pénétrons point dans les causes de ce choix & de cette préférence, ce n'est pas à dire que ce choix & que cette préférence ne puissent avoir une base dans nos âmes & dans les intelligences dont il est question; notre ignorance est une très-mauvaise source de preuves. J'ai voulu alléguer le sentiment de cet habile ecclésiastique, & les prin-

cipes sur lesquels il se fondoit, parce qu'ils s'accordent avec la plus grande exactitude, à ce que je pense, sur la même matière. Mais ce n'est pas-là le seul fruit que j'aie tiré de mes conversations avec ce sage ami; il conduisit encore ma raison dans d'autres recherches, où jusques-là je ne m'étois guère appliqué.

Il me semble, me dit-il un jour, que vous examinez avec beaucoup d'attention la nature des songes & les preuves qu'on en peut tirer de la réalité du monde des esprits; mais dites-moi, je vous prie, ce que vous pensez des songes qui nous viennent tout en veillant, transports, extases, visions, bruits, voix, pressentimens. Ne voyez-vous pas que ce sont des preuves encore plus fortes de la même vérité, puisqu'elles nous frappent dans le tems que notre raison est maîtresse d'elle-même, & que sa lumière n'est pas enveloppée des vapeurs du sommeil?

Cette demande me força à tourner, pour ainsi dire, mes réflexions vers une infinité d'objets que j'avois observés autrefois dans moi-même & dans d'autres personnes. Je me mis à méditer sur-tout, sur les choses de cette nature qui m'étoient arrivées dans ma vie solitaire, quand j'avois tout le loisir nécessaire d'y prêter attention. Depuis cette conversation je ne vis presque jamais mon ami sans l'entretenir sur ces sortes de sujets.

Mais comme rien n'est plus libre que la conversation, & qu'on y passe par les transitions les plus imperceptibles, d'une idée à une autre, j'eus un jour avec lui un long entretien sur les notions communément reçues, selon lesquelles les planètes sont autant de terres habitables, & ce qu'il m'en dit fit de si profondes impressions dans mon cerveau, que pendant plusieurs jours il me parut que j'étois réellement transporté dans les régions qui étoient les objets de ma curiosité.

Je ne sais si mon imagination est plus disposée que celle d'un autre, à réaliser les idées qui la frappent, ou si l'influence de ce commerce des esprits purs dont je viens de parler, me rendoit alors capable d'avoir les notions les plus claires & les plus fortes du monde invisible; mais il est certain que mon ame fit un voyage réel dans toutes ces prétendues terres habitables. Je crois que les aventures que j'eus dans ce voyage, & les découvertes que j'y fis, valent bien la peine d'être communiquées à mon lecteur. Ces découvertes m'ont rendu beaucoup plus habile que je n'étois autrefois, & j'espère qu'elles feront le même effet sur ceux qui les liront.

J'avois eu, comme je l'ai déjà insinué, une longue conversation avec mon ami l'ecclésiastique, sur le mouvement, la distance & la grandeur des planètes, sur leur situation, sur l'orbite dans laquelle elles se meuvent, sur leur degré de lumière, sur leur humidité & sur leur chaleur proportionnées à l'éloignement dans lequel elles sont à l'égard du soleil, sur leur possibilité d'être habitables, sur les influences qu'elles nous envoient ; en un mot, sur tout ce qu'on peut dire touchant ces corps célestes, dont le vulgaire se forme des conceptions si absurdes. Là-dessus mon imagination, qui, dès mon enfance, avoit aimé les courses, prit son essor, & charmé de voyager sur nouveaux frais, j'étois touché d'une manière aussi forte & aussi sensible de tout ce que je crus rencontrer dans ces espaces immenses, que je l'étois autrefois de tous les objets qui avoient frappé réellement mes sens dans les déserts de la Russie & de la Grande Tartarie. Comme le souvenir qui me reste de ce voyage céleste, est proportionné aux impressions que j'en reçus, je me crois en état d'en faire une relation très-exacte.

Après avoir passé ces brouillards qui environnent notre globe, & qu'on appelle l'*Atmosphère*, je tournai mes yeux en bas, & j'ai de la peine à exprimer jusqu'à quel point je trouvai notre monde petit, vil & méprisable. Tout homme qui a l'imagination un peu vive, est le maître de faire la même expérience. Il n'a qu'à fixer son esprit avec toute l'attention possible sur la manière dont la terre doit s'offrir aux yeux de quelque être élevé au-dessus d'elle, à la même distance, & réaliser cet objet dans son imagination, il verra que tout ce qui est fort au-dessous de lui, doit diminuer de prix, dans son esprit, à mesure qu'il diminue de grandeur à sa vue.

Voilà la première observation que je fis dans mon voyage; je ne suis pas d'avis d'en tirer de longs corollaires; mais je dirai pourtant, que si nous pouvions nous résoudre à contempler le monde du même œil qu'on le regardera quand on sera sur le point d'en sortir, & qu'on sera posé, pour ainsi dire, entre le tems & l'éternité, on se sauveroit les douleurs & les troubles qui accompagnent la repentance, & l'on refuseroit de jouir d'un nombre infini d'objets, où l'on trouve à présent sa plus grande félicité.

Ayant continué mon vol, je perdis bientôt la terre de vue; mais m'étant encore élevé davantage, & la considérant dans une certaine position à l'égard du soleil, je la vis changée en lune, par la réflexion des rayons de ce grand astre. Vous avez beau briller, lui dis-je, votre lumière ne m'en impose pas; elle n'est qu'empruntée, & vous n'en avez point qui soit naturelle.

J'étois alors entré dans cet espace immense, que nous appelons le ciel, & je me trouvai sans respiration; ma vie n'en étoit que plus douce & plus agréable, & je humois avec délices la pureté de la matière éthérée. Mes yeux, en même tems, jouissoient d'un spectacle dont il m'est impossible d'exprimer toute la beauté; rien n'étoit capable de borner ma vue, qui étoit devenue plus perçante & d'une plus grande portée; je pouvois découvrir, comme d'un seul coup d'œil, tout le système planétaire; je dis plus; ma vue n'étoit pas limitée par ce seul système; je ne voyois pas seulement un soleil unique avec toute sa suite de planètes qui roulent dans les orbites qui leur conviennent; je découvrois de tous côtés un nombre infini de soleils entourés d'un cortège tout aussi magnifique de planètes & de satellites, dont les mouvemens convenoient à leur système particulier, & qui rouloient dans cet espace immense sans la moindre confusion, & avec toute la beauté majestueuse qu'il est possible de s'imaginer.

Le spectacle de tous ces différens systèmes me fit découvrir clairement, que la raison qui peut avoir porté la divinité à la création de tous ces corps prodigieux, ces *soleils*, ces *planètes*, ces *lunes*, est recherchée en vain par ceux qui font leur unique étude de pénétrer dans la nature des corps qui composent cette terre. Ceux qui veulent savoir pourquoi Dieu a formé les cieux

&

& leurs armées, ce noble ouvrage de ses mains, doivent quitter ce globe méprisable, & s'élever plus haut : ils comprendront alors clairement que la puissance infinie a produit un grand nombre d'êtres que nous ne connoissons pas seulement, & qu'il y a une liaison si étroite entre tous les corps créés, que la création de l'un a été la cause de la création de l'autre, & qu'il n'y en a point qui existe, sans que son existence soit nécessaire à l'existence de quelqu'autre, & à l'usage auquel il a été destiné.

L'examen que je fis des choses que je rencontrois, pour ainsi dire, sous mes pas, se sentoit de ce calme de mon ame, & je concevois les choses d'une manière dont nous n'avons pas seulement une idée, quand notre raison est environnée de ces brouillards qui l'enveloppent de tous côtés sur la terre. Comme il me reste encore des traces de cette manière de concevoir, j'espère donner une relation aussi exacte des découvertes que je fis dans ce voyage, que l'est celle que j'ai communiquée au public, touchant mes voyages terrestres.

Dès que je fus entré dans le système planétaire, je vis clairement l'absurdité des notions modernes, qui font de toutes les planètes autant de mondes habitables, & je ne doute pas que je ne la fasse toucher au doigt & à l'œil à mes lecteurs, sans leur imposer la nécessité de faire le même voyage.

Par un *monde habitable*, j'entends un corps qualifié pour contenir & pour faire subsister des hommes & des animaux; dans ce sens, on peut être sûr qu'il n'y a aucune planète telle, excepté seulement la lune. Mais qu'est-ce que la lune pour mériter le nom de monde? C'est un petit terrein toujours couvert de brouillards, & guères plus grand que la province d'Yorck. D'ailleurs, si, absolument parlant, une créature humaine pouvoit y vivre, ce ne seroit que d'une vie triste, languissante & presque insupportable. J'espère que vous m'en croirez volontiers, si je vous dis qu'en passant par-là je n'y vis ni hommes, ni femmes, ni enfans; j'entends par-là que je ne découvris pas la moindre raison propre à me faire croire que ce petit corps fût habité. Pour ce qui regarde les autres planètes, j'ose soutenir que la chose est absolument impossible, & je m'en vais le faire voir en détail, en les examinant toutes selon leur rang.

Saturne, la planète la plus éloignée du soleil, qui est le centre de tout ce système, est un globe d'une vaste étendue, froid & humide au plus haut degré. La lumière n'y est pas aussi vive en plein jour, que chez nous la plus grande obscurité, dans un tems serein, & supposons que ce soit un corps de la même nature, & composé des mêmes élémens que notre terre, le froid terrible doit rendre ses mers d'airain & ses campagnes de fer; je veux dire, qu'une glace éternelle les doit rendre, les unes & les autres, d'une terrible dureté, comme le sont les parties de notre monde qui sont sous le pole septentrional, pendant le solstice d'hiver. Quel homme, ou quel autre animal pourroit habiter cette planète, froide à l'excès, à moins qu'on ne veuille supposer que Dieu ait formé les hommes pour les climats, & non pas les climats pour les hommes : ce qui me paroît absolument insoutenable.

Toutes les notions qui tendent à faire de *Saturne* une terre habitable, sont contraires à la nature, & incompatibles avec le sens commun. Cette planète est dans une si prodigieuse distance du soleil, qu'elle n'a pas la quatre-vingt-dixième partie de la chaleur & de la lumière, dont nous jouissons ici, de manière que le jour le plus clair n'y ressemble qu'à nos belles nuits qui ne sont éclairées que par les étoiles, & qu'il y fait toujours quatre-vingt-dix fois plus froid que chez nous pendant les hivers les plus rigoureux.

Jupiter est beaucoup moins éloigné du soleil, & l'air y doit être par conséquent bien plus tempéré; mais cette différence, quelque considérable qu'elle soit, n'est pas assez grande pour nous persuader que ce soit un monde habitable. Cette planète n'a que la vingt-septième partie de la lumière & de la chaleur qui éclaire & qui échauffe notre terre; ainsi le plus grand jour n'y ressemble qu'à notre crépuscule; sa chaleur est incapable de faire plaisir dans l'été, & son hiver doit être d'un froid auquel aucun corps humain ne sauroit résister.

Mars, si l'on en veut croire les philosophes de l'antiquité, est une planète pleine de feu & de vivacité, & par rapport à son mouvement, & par rapport à ses influences; cependant il n'a que la moitié de notre lumière, & le tiers de notre chaleur; d'ailleurs, comme *Saturne* est une planète froide & humide, celle-ci est chaude & sèche. L'intempérie de l'air y est si grande, qu'il est impossible que des hommes l'habitent, à cause de son manque de lumière, & de l'humidité requise pour rendre ses campagnes fertiles. Des observations incontestables nous font voir qu'il n'y a jamais ni pluie, ni vapeurs, ni rosée, ni brouillards.

Vénus & *Mercure* sont dans l'extrémité opposée; elles détruiroient les hommes & les animaux par un excès de lumière & de chaleur, comme les autres par leurs ténèbres continuelles & par leur froid excessif; par conséquent, il est évident que toutes les planètes ne sont ni habitées, ni habitables. La terre seule a la température nécessaire pour faire subsister les hommes & les animaux d'une manière agréable. Elle est entourée d'une atmosphère, qui la défend contre les approches de la matière éthérée, trop fine & trop subtile, pour nous permettre la respiration, & qui empêche les exhalaisons utiles qui sortent de la terre, de se perdre & de se dissiper dans les espaces immenses de l'air pur. Non-seulement cette atmosphère les retient, mais elle les condense encore, & elle les fait retourner vers nous en rosée & en pluie, qui rafraîchissent & qui humectent nos campagnes.

Quoique la route que je parcourois ne fût point le grand chemin, je ne laissois pas d'y rencontrer un grand nombre de voyageurs. J'y vis des armées entières de bons & de mauvais esprits qui marquoient beaucoup d'empressement, comme si c'étoient des couriers qui alloient & venoient de la terre vers un endroit infiniment élevé au-dessus de tout ce qui étoit à la portée de mes yeux.

Je dirai ici, en passant, que, quoique dans ce voyage extraordinaire j'aie parcouru une grande partie du monde invisible, je n'ai pas pu pourtant prendre un assez grand essor pour parvenir au monde de la lumière. Il est inaccessible à tout homme mortel; mais je vis bien pourtant, que de pénétrer dans cette partie du ciel qui s'ouvre à l'industrie des seuls astronomes, c'est faire un grand pas pour arriver un jour dans la partie la plus éloignée, où les meilleures lunettes d'approche ne sauroient atteindre.

Si je prétends qu'on se trompe grossièrement en croyant les planètes habitables, il ne faut pas qu'on en infère que tout l'espace que j'ai parcouru soit un désert destitué de toutes sortes d'habitans. Bien loin de là, cet espace même est justement le *monde des esprits*, ou du moins un de ces mondes habités par des *intelligences pures*.

C'est-là que je vis clairement que Satan est le *prince de la puissance de l'air*. Il est exilé dans ce vaste désert, soit par sa propre inclination, pour être à portée de troubler Dieu dans la direction des choses humaines, & pour épier de-là l'occasion de faire du mal aux hommes, dont la félicité excite en lui la plus maligne envie, selon le sentiment de notre célèbre *Milton*; soit que ce poste lui ait été assigné par un décret éternel de la divinité, qui, par des motifs inconnus à l'homme, l'a destiné à être le tentateur perpétuel du genre humain. Je n'ai pas poussé assez loin mon voyage pour être bien instruit de ces sortes de secrets, dont la source est bien plus élevée au-dessus de nous, & où l'imagination même ne sauroit atteindre

Je trouvai que Satan a placé là son camp, & qu'il y tient sa cour. Les légions qui l'entourent, prêtes à exécuter ses ordres, sont innombrables, & par conséquent, il ne faut pas s'étonner qu'il exerce son empire dans toutes les parties du monde, & que ses desseins soient poussés avec chaleur & même avec succès, non-seulement dans chaque pays, mais encore dans chaque individu humain.

Ce spectacle me donna une juste idée de la manière dont le diable mérite le nom de *tentateur*, & me fit pénétrer dans un secret que je n'avois pas su bien développer auparavant. Je compris que ce prince de l'air n'est pas capable de faire la moitié du mal dont il plaît aux hommes de le charger. Il est vrai qu'il emploie, pour nous nuire, toute la dextérité, toutes les ruses, & tous les stratagêmes imaginables, & qu'il est secondé dans ses mauvaises intentions par le ministère d'un nombre infini de serviteurs. Il est vrai encore que rien n'égale sa vigilance & son attention pour bien exécuter ses noirs projets. Mais son pouvoir n'est pas si grand pourtant que nous voulons bien nous l'imaginer; ce pouvoir se borne à nous tendre des piéges, mais il ne sauroit nous forcer d'y donner, & nous pousser au crime d'une manière irrésistible. On ne sauroit l'accuser justement que d'exercer son adresse &

son industrie pour nous rendre le crime aimable ; mais si nous ne dévoilons pas les fantômes qu'il sait si bien ajuster, & si nous donnons tête baissée dans ces apparences trompeuses, c'est notre propre faute, & nous devons nous en prendre à nous-mêmes. Il agit avec nous comme, au commencement du monde, il a agi avec Eve ; il tâche de nous persuader que ce que nous avions résolu de ne pas faire n'est pas un péché, ou du moins, que ce n'est pas un péché aussi grand que nous nous l'étions imaginé. C'est à ces opérations de Satan que l'écriture-sainte fait allusion, en parlant des *conseils du diable, de la subtilité du malin, & des embûches qu'il nous tend.* Mais accuser le démon de nous pousser dans le crime par force & par violence, c'est lui faire une injustice criante. Les péchés que nous commettons ont leur source véritable dans notre penchant naturel vers le mal.

On remarque dans tous les humains une inclination pour le vice, & une espèce d'aversion pour la vertu : que ces dispositions leur soient innées, ou qu'elles leur viennent de quelqu'autre manière, c'est ce que je ne déciderai pas ; il est sûr toujours que nous les avons, & que c'est-là le diable qui nous tente de la manière la plus efficace. L'écriture-sainte est formelle là-dessus, puisqu'elle nous dit qu'*un homme est tenté, quand il est emporté par ses propres convoitises.*

J'en reviens à mon *voyage extatique* : si je pouvois remarquer sans peine, que Satan n'étoit pas obligé à de grands efforts d'esprit & de politique rafinée pour gouverner ces peuples, il me fut très-aisé de voir qu'il trouvoit d'assez grandes difficultés pour faire réussir ses projets dans les heureux pays où règne le christianisme. Il n'agit pas là par des armées formelles, commandées par ses généraux, il tâche de faire ses affaires parmi nous, par le moyen de ses espions & de ses agens, qui nous attaquent chacun à part d'une manière cachée, par des ruses, par des insinuations adroites, & par des piéges qu'ils savent ouvrir sous nos pas. Malheureusement ces difficultés ne tournent bien souvent qu'à sa gloire, & il sait les surmonter en redoublant son industrie, & en inventant tous les jours de nouveaux stratagêmes. Il ne manque pas de sujets zélés pour les mettre en pratique, ils y sont employés par millions, & à peine y a-t-il parmi nous un homme, une femme ou un enfant, qui n'ait son diable particulier, qui le guette, & qui tâche de le faire donner dans le panneau.

Je vis encore, comme d'un seul coup d'œil, la manière dont ces mauvais esprits exercent leur pouvoir, jusqu'à quel point il s'étend, quels obstacles ils ont à furmonter, & quels autres efprits s'oppofent à la réuffite de leurs abominables deffeins. Je m'en vais ranger toutes ces découvertes dans des claffes féparées, & les développer en auffi peu de mots qu'il me fera poffible : mes lecteurs n'ont qu'à fe laiffer guider par les expériences qu'ils feront à l'avenir, pour donner plus d'étendue à chacun de ces articles.

Je parlerai d'abord des bornes qu'il a plu à la divine providence de donner à la puiffance du diable. Il faut favoir premièrement que, quoiqu'il ait à fon fervice un nombre infini de miniftres fidèles, qui ne négligent rien pour exécuter fes projets, il n'y a pas feulement un nombre égal, mais infiniment plus grand, d'anges & de bons efprits, qui, armés d'un pouvoir fupérieur, veillent d'un lieu beaucoup plus élevé fur fa conduite, & font tous leurs efforts pour faire échouer fes machinations. Cette découverte fait encore voir plus clairement qu'il ne fauroit rien faire que par fubtilité & par rufe, foutenues d'une vigilance & d'une attention extraordinaires; puifqu'il a la mortification de fe voir à tout moment arrêté & traverfé dans fes deffeins par la prudente activité des bons efprits, qui ont le pouvoir de le châtier, & de le mâtiner, comme un homme fait à un méchant dogue, qui guette les paffans pour fe jeter fur eux.

Il fuit de-là que le diable ne peut rien faire à force ouverte ; il n'eſt pas le maître de bleſſer, de tuer, de détruire. S'il avoit ce pouvoir, le pauvre genre humain meneroit une vie bien triſte, & feroit obligé d'être continuellement dans les plus mortelles appréhenſions. Je dis plus ; il n'a pas le pouvoir de gâter les fruits de la terre, ni de cauſer des ſécherėſſes, la diſette & la famine. On a tort encore de s'imaginer qu'il eſt en état de répandre dans l'air des vapeurs contagieuſes, capables de produire la peſte, & la mortalité. Avec un tel pouvoir, il auroit bien-tôt dépeuplé le monde, & forcé Dieu à créer une nouvelle race d'hommes, s'il vouloit avoir ſur la terre des créatures capables de l'honorer par un culte religieux.

Je pourrois faire un traité en forme, en donnant ici un ſyſtême complet de la politique de Satan, & un corps de ſa philoſophie ; mais je me contenterai d'en indiquer quelques règles fondamentales.

1. Une de ſes grandes vues eſt de faire paſſer dans l'eſprit des hommes des maximes de liberté, & des deſirs de rébellion contre leur créateur & leur maître. Il tâche de leur perſuader, qu'il eſt injuſte de les faire naître avec certains penchans, & de leur défendre de s'y livrer ; de mettre dans leurs ſens des ſources de plaiſir, & de les menacer de ſon indignation, s'ils oſent puiſer dans ces

sources. Il leur fait croire, qu'un Dieu qui les feroit naître avec les inclinations les plus fortes pour certains plaisirs, & qui leur enseigneroit en même tems que de donner un libre cours à ces penchans naturels, c'est se précipiter dans les plus funestes malheurs, ne feroit que leur tendre des piéges dans la nature même de leur corps & de leur ame; ce qui seroit incompatible non-seulement avec sa bonté, mais encore avec sa justice.

2. Il s'efforce à les faire conclure de-là, que les idées qu'on veut nous donner d'une punition éternelle, ne sont que de vains fantômes dont on veut nous effrayer. Selon sa morale, il est absurde de penser qu'un Dieu juste voudroit punir par des supplices infinis des péchés passagers & des offenses finies. Il seroit indigne de sa majesté de prendre garde à chacune de nos actions, & de nous faire rendre compte de chaque petite irrégularité de conduite. Cet être qui a de si grandes dispositions à la bonté & à la miséricorde, & qui dirige l'univers entier vers notre bonheur, doit certainement nous permettre de jouir des plaisirs qu'il nous prépare lui-même, & de nous y abandonner sans la moindre crainte.

3. Comme il est naturel de croire que le diable peut faire des progrès dans la science du mal & s'y perfectionner l'esprit, aussi-bien que les

hommes, j'ose assurer qu'il a appris depuis peu à inspirer aux hommes une notion vague de la non-existence d'une divinité ; mais il ne sauroit réussir à faire goûter cette doctrine, qu'à ceux qui, ayant donné un libre cours à leurs passions, ont pris l'habitude d'accommoder leurs raisonnemens aux intérêts de leurs desirs criminels.

Je dirai ici, en passant, que j'appris, dans mon voyage, la manière dont ces ministres de Satan s'y prenoient pour souffler le crime à quelqu'un. Supposé qu'une personne soit ensevelie dans un profond sommeil ; un autre n'a qu'à approcher la bouche à l'oreille du dormeur, & lui dire quelque chose assez doucement pour ne le pas éveiller ; il est sûr qu'il lui fera naître des rêveries qui rouleront sur le sujet dont il lui aura parlé.

Comme je sais par expérience que ce fait est certain, je suis sûr qu'une grande partie de nos songes vient de cette manière de *chucheter* du diable, qui nous souffle dans l'oreille les sujets criminels sur lesquels il veut que notre esprit travaille pendant le sommeil. Je suis persuadé encore que ces *fins insinuateurs* peuvent produire le même effet sur nous, dans le tems que nous sommes éveillés.

Ce que je viens d'avancer me conduit réellement aux *inspirations*, qui ne sont autre chose, à mon avis, que des discours qui nous sont imperceptiblement soufflés dans l'oreille, ou par de bons anges qui nous favorisent, ou par ces diables *insinuateurs*, qui nous guettent continuellement, pour nous faire donner dans quelques pièges. L'unique manière de distinguer les auteurs de ces discours, c'est de prendre garde à la nature de ces inspirations, & d'examiner si elles tendent à nous porter au bien ou au mal.

C'est de ces insinuateurs seuls, que nous peuvent venir ces passions dont nous ignorons la cause, ces crimes qu'on peut en quelque sorte appeler involontaires, & ces simples desirs qui frappent aussi fortement l'imagination, que si on y satisfaisoit d'une manière effective & réelle

Comment arrive-t-il que notre esprit s'exerce dans le plus profond sommeil sur des objets vicieux, quand nous n'avons pas frayé le chemin à ces sortes de rêves, par des discours & par des pensées qui pourroient y avoir du rapport? D'où vient qu'indépendamment de notre volonté, notre cerveau se remplit d'idées agréables, ou terribles, également propres à exciter en notre cœur des mouvemens criminels? Il est certain qu'on ne sauroit attribuer tous ces phénomènes qu'à l'instigation de ces *démons insinuateurs*, qui approchent de l'oreille d'un homme endormi, ou éveillé, & qui font passer dans son cerveau les idées les plus dangereuses, & les plus capables de le détourner de la vertu.

M. *Milton*, dont l'imagination étoit encore plus enfoncée, que n'a été la mienne, dans les abîmes de l'empire du diable, sur-tout quand il a décrit le palais de Satan appelé *Pandemonium*, est exactement du sentiment que je soutiens ici. Il nous représente Eve endormie dans sa hutte, accompagnée du démon, qui, joint à son oreille, sous la forme d'un crapaud, lui inspire des rêveries qui font d'assez fortes impressions sur son esprit, pour la faire pécher le jour d'après, contre la seule défense qu'il avoit plu à Dieu de faire à nos premiers parens. Eve, remplie de ces songes, fait l'office du diable auprès de son époux, &, par une relation funeste, elle fait passer dans son esprit les mêmes images qui lui avoient donné un sommeil si inquiet.

Quoique la pensée de cet illustre auteur puisse être prise pour l'effet de l'invention poétique, elle est très-propre, étant bien dirigée, à nous donner une notion juste des songes, & à nous faire comprendre qu'il ne faut pas les considérer tous également comme un assortiment fortuit d'idées. Elle nous insinüe qu'on peut y trouver quelquefois des avertissemens propres à nous faire éviter un désastre, & à nous diriger vers quelque bonheur, & que bien souvent on y remarque des insinuations du diable, qui tendent à nous porter au crime, en remplissant notre cerveau d'images qui étouffent notre raison & qui éveillent nos penchans vicieux. Cette dernière espèce d'*inspiration*, non-seulement doit nous rendre attentifs à en prévenir l'effet ordinaire, mais encore elle doit exciter en nous le repentir, si notre ame s'y est prêtée avec complaisance, & si elle a souffert que ces images dangereuses gagnassent pendant quelques momens le dessus sur les principes de la raison, qui nous attachent à la sagesse.

J'ai déjà observé que les bons esprits occupent une région particulière; mais elle est au-dessus de notre portée, & placée infiniment plus haut que ne s'étendent les limites de l'empire de Satan.

Tout ce que j'ai pu conclure de cette vision, c'est que le commerce des bons & des mauvais esprits avec nous se fait de la même manière. Comme il a plu à Dieu de garantir les hommes de la vue du démon dans toute sa difformité naturelle, il a voulu aussi qu'il ne fût permis aux anges que rarement, sur-tout dans ces derniers siècles, de nous apparoître sous la forme glorieuse qui leur est propre. Nos ames, dans le

tems

tems qu'elles sont enveloppées de la matière, ne pourroient pas soutenir une vue si merveilleuse & si brillante, ni se familiariser avec ces intelligences célestes à moins que, par une espèce de miracle & par un effet de la puissance immédiate de Dieu, elles n'en soient rendues capables.

D'ailleurs, si le commerce de ces esprits purs avec nous se faisoit d'une manière aisée & naturelle, & qu'il leur fût permis, en conversant familièrement avec nous, de nous communiquer toutes leurs lumières, Dieu déchireroit par-là, pour ainsi dire, le voile que sa bonté & sa sagesse ont placé entre nous & la connoissance de l'avenir; il nous tireroit de ces ténèbres de l'ignorance, qui font le plus grand bonheur de notre vie, & sans lesquelles elle nous seroit insupportable.

Il vaut infiniment mieux pour nous, qu'un voile épais nous cache ce *monde invisible*, aussi-bien que la conduite de la providence par rapport à l'avenir. La bonté divine paroît même en ce que le commerce des esprits & les avertissemens qu'ils nous donnent, sont effectués d'une manière allégorique, par des inspirations & par des songes, & non pas d'une manière directe, claire & évidente. Ceux qui souhaitent une vue plus distincte des choses futures ne savent pas ce qu'ils souhaitent, & si leurs vœux étoient exaucés, ils trouveroient peut-être leur curiosité cruellement punie.

Une Egyptienne, à qui une dame de mes amies demanda un jour de vouloir bien lui dire sa bonne aventure, la refusa tout net ; je vous conjure, madame, lui dit-elle, de ne me pas demander ce dont vous seriez au désespoir d'être instruite. Cette réponse marquoit beaucoup de bon sens, & de probité dans une personne dont la profession étoit d'attraper quelque argent, en amusant la curiosité du peuple par des lieux communs exprimés d'une manière équivoque & susceptible de toutes sortes d'interprétations.

Les oracles de Delphes & d'autres lieux fameux, où sans doute le diable répondoit lui-même aux questions des hommes, dans le tems que Dieu lui donnoit une plus grande liberté qu'il ne lui en accorde à présent, étoient exprimés avec des ambiguités toutes semblables ; quelquefois ce n'étoient que des échos des demandes qu'on faisoit à la prétendue divinité.

Devons-nous craindre en mer les rochers & l'orage ?
ECHO. rage.

Le Parthe est à cheval, faut-il combattre ou fuir ?
ECHO. fuir.

On se contentoit des ces sortes de réponses ; & , quel que fût l'évènement, les hommes superstitieux & crédules prenoient la peine de justifier les Dieux à force de commentaires, & secondoient ainsi la fourberie des oracles. Il n'étoit pas permis au diable, à qui je crois certainement qu'il faut attribuer ces prophéties ambigues, de répondre d'une manière plus nette & plus cathégorique; & les épaisses ténèbres qui cachoient l'avenir, n'étoient pas dissipées par des réponses équivoques.

Il y a, à mon avis, une témérité impie à vouloir former une idée exacte du ciel & de l'enfer, & à aller, à cet égard, au-delà de ce que nous en rapportent les livres sacrés. Ils nous dépeignent plutôt la situation où nous nous y trouverons, que les endroits mêmes ; & ils assurent que ce sont ces choses *qui ne sont point entrées dans le cœur de l'homme*. Nous devons nous contenter de l'idée générale qui fait consister le ciel dans la faveur de Dieu, & l'enfer dans la privation éternelle de la grace.

La face du seigneur forme par-tout les cieux;
Et, sans elle, l'enfer se rencontre en tous lieux.

Voilà tout ce que nous en savons ; toutes visions qu'on nous débite au-delà, sont de pure romans engendrés dans une imagination déréglée, par un esprit malade & fanatique ; on en découvre l'extravagance dans presque toutes les descriptions qu'on a voulu nous donner du ciel ; on y bâtit des palais tout d'or accompagnés de jardins magnifiques, & l'on y place des hommes tout brillans de pierres précieuses. Toutes ces beautés imaginaires sont si fort au-dessous de la gloire réelle du séjour de la félicité, qu'elles sont incapables de faire la moindre impression sur un esprit qui sait s'élever seulement d'un petit nombre de degrés au-dessus de la matière ; c'est tout au plus nous dépeindre le paradis que l'alcoran promet à ses crédules sectateurs ; c'est faire un ciel pour les sens, qui sont vils & méprisables en comparaison de notre ame, qui doit trouver dans le ciel une félicité conforme à la grandeur & à l'excellence de sa nature ; toutes ces descriptions sont tellement au-dessus d'un *paradis spirituel*, qu'il m'est aussi difficile d'exprimer jusqu'à quel point elles sont imparfaites, qu'il m'est difficile de trouver des expressions assez fortes pour donner une idée du véritable ciel.

Il est de la dernière évidence qu'il est impossible de faire une pareille description ; le seul moyen que nous avons de nous former l'idée d'une chose qui nous est inconnue, & qui ne sauroit frapper nos sens, est de lui prêter la forme de ce que nous connoissons. Qu'est-ce qui frappe nos sens, dont nous puissions emprunter l'idée de Dieu, ou du ciel ? Quelle image avons-nous dans l'esprit, capable de nous faire juger de l'état des bienheureux & de la gloire éternelle ? Nous n'avons qu'à arrêter la fougue de notre imagination ; tous ses efforts sont inutiles à cet égard ; il nous est impossible d'y réussir, & il y a du crime à l'essayer.

Mon voyage est fini ici, & je viens à quelques moyens plus ordinaires & plus familiers de découvrir le commerce que nous avons avec les habitans du *monde invisible*.

Un de ces moyens consiste en certains *pressentimens* que nous sentons dans notre ame, & qui nous dirigent à faire ou à ne pas faire une certaine chose, sur-tout dans le tems que notre esprit, balancé par des motifs d'une égale force, suspend ses résolutions. Je suis convaincu de la réalité & de l'utilité de ces avertissemens secrets ; & par les remarques que j'ai faites sur ce qui m'est arrivé à moi-même, & par mes réflexions sur les incidens où des personnes de ma connoissance ont été sujettes.

Un de mes amis se trouvant éloigné de Londres d'environ deux lieues, y fut visité par un gentilhomme, qui, après avoir dîné avec lui, le pria instamment de vouloir bien aller avec lui à cette capitale du royaume. Comment donc lui répondit mon ami, ma présence y est-elle nécessaire ? Nullement, lui répliqua l'autre, vous n'y avez aucune affaire que je sache, & je ne vous prie de faire cette course que pour avoir la satisfaction de jouir plus long-tems de votre compagnie. Là-dessus il cessa de le presser, & n'en parla plus ; cependant mon ami sentit dans son cœur un pressentiment des plus forts ; il lui sembloit qu'il entendoit une voix qui lui disoit continuellement, *allez à Londres, allez à Londres*; il imposa silence à cette voix secrète, à plusieurs différentes reprises; mais elle s'obstina à lui répéter toujours les mêmes paroles. Voyant qu'il n'étoit pas le maître de se défaire de ce pressentiment, il remit son ami sur le même sujet. Je vous conjure, lui dit-il, de me dire naturellement s'il y a quelque chose à Londres qui demande ma présence, avez-vous eu quelque raison particulière pour me prier de vous y accompagner ? » En aucune » manière, lui répondit l'autre, j'ai vu depuis » peu toute votre famille que j'ai trouvée en » très-bon état, & qui ne m'a pas dit un mot » qui puisse me persuader que votre retour » soit nécessaire. » Là-dessus mon ami tâcha de nouveau de s'ôter cette pensée de l'esprit, mais il avoit beau faire, cette voix ne lui laissoit point de repos, & il croyoit entendre à tout moment, *allez à Londres.* Il en prit à la fin la résolution, & à peine fut-il entré chez lui, qu'il y trouva une lettre, & qu'il apprit que des gens l'étoient venu chercher pour une affaire qui devoit lui valoir plus de mille livres sterling, & qu'il auroit manquée, selon toutes les apparences, s'il ne s'étoit trouvé chez lui ce même jour.

Après des expériences aussi claires que celles-là, qu'y a-t-il de plus naturel pour des personnes raisonnables, que de ne pas négliger des pressentimens d'une pareille force, & de s'en laisser guider dans des affaires qui, sans eux, auroient paru indifférentes & d'un succès douteux? N'y a-t-il pas toutes les apparences imaginables, que ces sortes de voix ne sont que les murmures de quelque intelligence bienfaisante, qui voit ce que nous sommes incapables de voir, & qui sait des choses cachées à notre pénétration?

Je connois une autre personne qui s'est fait toujours une règle d'obéir à ces sortes d'avertissemens; elle m'a souvent déclaré que, quand elle les écoutoit avec docilité, elle s'en trouvoit bien, & qu'elle n'avoit jamais manqué de réussir mal, quand elle les avoit négligés. Elle me rapporta, entr'autres, un cas très-particulier, dans lequel elle s'étoit tirée d'une affaire très-épineuse, en se dirigeant conformément à un de ces conseils secrets.

Ayant eu le malheur de déplaire à ceux qui étoient alors à la tête du gouvernement, elle fut poursuivie en justice. Persuadée que le parti qu'elle avoit embrassé étoit fort disgracié à la cour, elle n'osa pas courir le risque de se défendre en propre personne, & trouva à propos de se cacher. Sa situation étoit des plus fâcheuses, & pour éviter la fureur de ses ennemis, elle ne voyoit d'autre parti à prendre, que de quitter le royaume; ce qui devoit la priver de sa famille & lui faire perdre sa charge. Elle ne savoit à quoi se résoudre; tous les amis qui lui restoient dans son malheur, lui conseilloient unanimement d'éviter les mains de la justice, laquelle, quoique le crime dont elle étoit chargée ne fût pas capital, la menaçoit d'une ruine entière. Dans ces tristes circonstances, un matin qu'elle s'étoit réveillée, & qu'une foule de pensées chagrinantes rentroient dans son esprit, elle sentit avec force dans son ame, une espèce de voix qui lui disoit, *écrivez leur une lettre*. Cette voix étoit si intelligible & si naturelle, que, si elle n'avoit pas été certaine d'être seule, elle auroit cru que ces paroles étoient prononcées par quelque créature humaine.

Pendant plusieurs jours elles lui furent répétées à chaque moment ; enfin se promenant dans la chambre où elle s'étoit cachée, remplie de pensées sombres & mélancoliques, elle les entendit de nouveau, & elle répondit tout haut, *à qui voulez-vous donc que j'écrive ?* & la voix lui répliqua sur le champ, *écrivez au juge.* Ces mots lui furent encore répétés à différentes reprises, & la portèrent enfin à prendre la plume & à se mettre en état de composer une lettre, sans avoir dans l'esprit aucune idée nécessaire à son dessein ; mais *dabitur in hâc horâ,* &c. Les pensées & les expressions ne lui manquèrent pas ; elles coulèrent de sa plume avec tant d'abondance & avec une si grande facilité, qu'elle en fut dans le plus grand étonnement, & qu'elle en conçut les plus fortes espérances d'un heureux succès.

La lettre étoit remplie d'une si grande force de preuves, & d'une éloquence si pathétique, que, dès que le juge l'eut examinée avec attention, il lui fit dire de se consoler, & qu'il feroit tous ses efforts pour la tirer d'affaire. Il tint sa parole en honnête homme, & il eut assez de crédit pour remettre mon malheureux ami en liberté, & dans le sein de sa famille.

Après s'être convaincu de la réalité de ces avertissemens, on pourroit me demander d'où ils peuvent nous venir. J'ai déjà insinué, que cela devoit être des voix secrètes de quelques intelligences bienfaisantes qui se communiquent à notre ame sans le secours des organes. Il ne faut pas s'imaginer pourtant, que ce commerce se fait indépendamment de la direction de cette puissance qui gouverne le *monde invisible* aussi bien que le *monde corporel*. De combien le séjour de ces esprits, qui s'intéressent de cette manière à ce qui nous regarde, peut être éloigné de nous, & par quelles routes ils font entrer ces pressentimens dans notre ame, & jusqu'à quel point s'étend leur relation avec nous? C'est ce que je n'ai pu découvrir, au plus fort même de mon extase.

J'en reviens aux *pressentimens* qui me paroissent plus dignes d'attention, que toutes les autres branches du commerce que nous pouvons avoir avec le monde invisible, parce qu'ils tendent le plus directement à nous faire éviter des maux, & à nous porter à la recherche de quelque bien.

Je puis dire d'une manière très-positive, que je n'ai jamais négligé ces sortes de pressentimens, sans avoir lieu de m'en repentir, & qu'il suit de la nature & du sujet même, que vraisemblablement la chose doit arriver aux autres hommes. Jamais je n'ai, pour ainsi-dire, imposé silence à ces *voix secrètes*, que je ne sois tombé dans quelque malheur, & jamais je n'y ai prêté l'oreille, sans m'en trouver bien.

DU MONDE ANGÉLIQUE. 411

Puisque ces avertissemens roulent sur l'avenir, & que nous voyons par une expérience constante qu'ils sont justifiés par l'évènement, ils prouvent avec la plus grande évidence qu'ils procèdent de quelques êtres plus éclairés que nous; j'en conclus qu'il est de notre devoir de profiter de leurs lumières, qui sont si fort supérieures aux nôtres, & de nous en servir pour éviter le mal, & pour nous procurer les avantages que cette intelligence a la bonté de nous indiquer.

Je ne saurois m'empêcher d'appuyer cette vérité par un autre exemple encore, qui me paroît répandre beaucoup de jour sur ce sujet.

Un soir une dame de mes amies eut dans l'esprit un pressentiment si fort que la nuit la maison où elle se trouvoit seroit brûlée, qu'elle ne put se résoudre, pendant quelque tems, à se mettre au lit. Quoique ce pressentiment lui roulât continuellement dans l'esprit, elle trouva bon d'y résister, & à la fin elle se coucha; mais elle ne put jamais s'en rendre maîtresse, & cette pensée lui causa des frayeurs si grandes & si continuelles, qu'il lui fut impossible de fermer l'œil.

Elle avoit fait assez connoître ce qui se passoit dans son esprit aux gens de la maison pour les alarmer extraordinairement; ils examinèrent tous les appartemens du haut en bas, & ils eurent tout le soin imaginable de bien éteindre le feu &

les chandelles, dans toutes les chambres. En un mot, ils prirent de si grandes précautions, que naturellement il leur devoit paroître impossible que leur frayeur eût le moindre fondement.

Jusques-là tout alloit bien, & la dame dont je parle avoit satisfait à une partie de son devoir; mais elle auroit bien mieux fait de ne se pas coucher; car dans le tems que l'on faisoit toutes ces perquisitions, l'incendie commençoit déjà, quoique les flammes ne parussent point encore.

Environ une heure après que toute la famille se fut mise au lit, la maison qui étoit justement vis-à-vis étoit toute en feu; & un vent vigoureux qui donnoit précisément de ce côté-là, avoit déjà rempli celle où demeuroit cette dame, de fumée & de flammes. La rue étoit extrêmement étroite, & si par bonheur cette personne n'étoit pas restée éveillée par sa frayeur, elle auroit été étouffée dans son lit avec tous les gens de la maison. Cependant elle n'eut que le tems de se lever à la hâte, & d'avertir les autres du danger qui les menaçoit. Ils se sauvèrent tous d'une mort si terrible; ils n'eurent que le tems de gagner la rue; car un demi-quart d'heure après le feu prenoit déjà à toutes les parties de la maison.

On me demandera peut-être ici pourquoi le même esprit bienfaisant, qui avoit indiqué le feu n'avoit pas donné une plus grande étendue à sa bonté pour cette dame? Pourquoi ne lui découvrit il pas la source du danger?

Je réponds que moins ces avertissemens sont développés, & plus ils doivent exciter notre attention & notre vigilance, & que nous devons plutôt songer à en tirer tous les avantages possibles, que de donner la torture à notre esprit, pour pénétrer dans les raisons de leur peu d'étendue. Ce qu'on peut pourtant s'imaginer là-dessus de plus raisonnable, c'est que ces esprits nous donnent, dans ces occasions, toutes les lumières qu'ils sont en état de nous donner, & qu'ils nous disent ce qu'ils savent, ou du moins tout ce que leur maître & le nôtre leur permet de nous communiquer: s'ils n'avoient pas un dessein réel & sincère de nous favoriser, & de nous garantir du malheur qui nous pend sur la tête, ils ne nous diroient rien du tout; & par conséquent si leurs avertissemens ne sont pas plus étendus & mieux développés, il est certain qu'il ne doit pas être en leur pouvoir de nous en donner de plus utiles.

Voici encore un autre exemple qui ne mérite pas moins l'attention du lecteur.

Un de mes amis ayant envie de s'en aller à la Nouvelle-Angleterre, il se présenta justement deux navires qui étoient prêts à faire ce voyage, & les deux maîtres le sollicitoient également de vouloir bien venir à leur bord, en qualité de paſſager. Il me dit qu'il étoit fort indéterminé ſur le choix, que les vaiſſeaux paroiſſoient également bons, & que les capitaines étoient l'un & l'autre honnêtes-gens & mariniers très-expérimentés. J'étois alors fort rempli de mes idées ſur les preſſentimens, & je le priai de s'examiner avec attention, & de voir s'il n'y avoit pas dans ſon cœur quelque mouvement ſecret qui le déterminât à prendre plutôt l'un de ces bâtimens que l'autre. Il me répondit que juſqu'à ce jour-là il n'avoit rien ſenti de pareil.

Quelque tems après ayant rencontré par haſard un des capitaines, il conclut ſon marché avec lui, il apprêta tout pour pouvoir s'embarquer au premier jour; mais depuis le moment qu'il avoit dreſſé le contrat, & même dans l'inſtant qu'il le ſignoit, il ſentit dans ſon cœur un mouvement violent qui ſembloit le diſſuader de ſe ſervir de ce navire.

Il me vint voir quelques jours après, pour me communiquer ces mouvemens de ſon cœur, qui acquéroient de plus en plus de nouvelles forces, & je me crus obligé en conſcience de lui conſeiller de ne point prendre ce bâtiment, & de s'accorder plutôt avec l'autre maître. Après qu'il eut pris cette réſolution, il me vint voir de nouveau pour me dire qu'il s'étoit dégagé avec le premier capitaine, mais qu'il sentoit une aversion bien plus grande encore pour l'autre vaisseau, & qu'il ne pouvoit pas s'ôter de l'esprit qu'il périroit, s'il s'en servoit pour faire le voyage projeté. Là-dessus je le priai de patienter un peu, & de me dire dans quelque tems, si ce pressentiment continuoit toujours. Quelques jours après il me rendit une nouvelle visite, & il me dit qu'il ne pouvoit songer qu'avec la plus mortelle frayeur à faire le voyage dans l'un ou dans l'autre de ces navires, & que néanmoins il avoit des raisons très-fortes & très-pressantes, pour ne pas remettre cette course à un autre tems.

Quoiqu'il n'y eut que ces deux vaisseaux prêts à partir pour la *Nouvelle-Angleterre*, je le conjurai de ne s'y pas hasarder, & je réussis à lui persuader que ces appréhensions procédoient des avertissemens de quelque intelligence bienfaisante, mieux instruite de l'avenir que lui, & portée à lui faire éviter quelque grand désastre. Je lui prouvai qu'elles ne pouvoient pas avoir leur source dans la malice de quelque mauvais esprit, puisqu'en empêchant son voyage, le démon ne pouvoit avoir aucun but conforme à ses intentions ordinaires; & par conséquent il étoit de son devoir d'obéir à cette voix secrète, qui tâchoit de le détourner du dessein de se servir d'un des vaisseaux en question. En un mot, je secondai si hien les mouvemens de son cœur, qu'il prit la résolution de différer son voyage jusqu'à l'année prochaine, & il vit bientôt qu'il avoit pris le bon parti, & que ce pressentiment avoit été causé dans son ame par un esprit qui le favorisoit. Un de ces bâtimens fut pris par les Turcs, & l'autre périt avec tout l'équipage, ayant été coulé à fond, selon toutes les apparences, en pleine mer, puisque, depuis son départ des côtes d'Angleterre, on n'en a jamais entendu parler.

Je pourrois remplir un volume entier de pareils faits également incontestables ; mais je crois n'avoir pas besoin d'un si grand nombre d'exemples pour appuyer une vérité que la raison prouve avec tant d'évidence. Je conclurai seulement de tout ce que je viens de dire, que, puisque nous sentons des pressentimens qui sont vérifiés par l'expérience, il faut de nécessité qu'il y ait des esprits instruits de l'avenir ; qu'il y a un séjour pour les esprits, où les choses futures se développent à leur pénétration, que nous ne saurions mieux faire que d'ajouter foi aux nouvelles qui nous viennent de là.

Le devoir de prêter attention à ces pressentimens, n'est pas la seule conséquence qu'on puisse tirer de cette vérité ; il y en a d'autres qui peuvent nous être d'une utilité très-considérable. 1°. Elle nous explique la nature du monde des esprits,

&

& nous prouve la certitude de l'existence de notre ame après la mort. 2°. Elle nous fait voir que la direction de la providence par rapport aux hommes, & aux évènemens futurs, n'est pas aussi cachée aux habitans du monde spirituel, qu'elle l'est à nous. 3°. Nous en pouvons conclure que la pénétration des esprits dégagés de la matière est d'une bien plus grande étendue que celle des esprits renfermés dans des corps, puisque les premiers savent ce qui nous doit arriver, lorsque nous l'ignorons absolument nous mêmes.

La persuasion de l'existence d'un monde d'esprits nous peut être utile de plusieurs différentes manières; nous sommes les maîtres sur-tout de tirer de grands avantages de la certitude où nous sommes, qu'ils savent dévoiler l'avenir, & nous communiquer les lumières qu'ils ont là-dessus, d'une manière qui nous fait veiller à notre conduite, éviter des malheurs, songer à nos intérêts, & même attendre la mort, d'une ame ferme, & d'un esprit préparé à la recevoir avec constance & avec une fermeté chrétienne. Si nous daignions prêter l'attention nécessaire à tous ces objets, & en faire un usage convenable, ce seroit un moyen sûr d'étendre la sphère de nos lumières, & de nous faire raisonner avec justesse sur la véritable valeur des choses.

Je serois bien fâché d'autoriser, par ce que

j'avancé ici, les imaginations creuses de certains hypocondriaques qui sont assez extravagans pour attacher tellement leurs pensées sur le monde des esprits, que ce monde lui même lui paroît être du même caractère, & qui sont assez imbécilles, pour prendre pour la voix des *intelligences pures*, les cris de chaque hibou & les hurlemens de chaque chien. C'étoit sur de pareils principes d'extravagance que les devins de l'antiquité tiroient les règles par lesquelles ils prétendoient trouver l'avenir dans le vol des oiseaux, & dans les entrailles des victimes. Rien au monde n'est plus impertinent, selon moi, que de supposer que les intelligences dont je parle, qui sont capables de nous communiquer leurs lumières par le moyen aisé des *pressentimens* & des *songes*, aient besoin de la voix d'un chien, ou d'un chat-huant, pour faire passer leurs idées dans l'esprit des hommes. Ce seroit nous donner le démenti à nous-mêmes, & donner certaines bornes à leur commerce avec nous : d'ailleurs nous savons par expérience que ce commerce est parfaitement libre ; ce seroit supposer encore que le *monde brute* & destitué de raison, auroit une liaison plus étroite avec le *monde invisible*, que nous-mêmes ; et qui est la chose du monde la plus absurde.

Tout ce qu'on peut alléguer pour sauver cette bizarre hypothèse, c'est que les créatures indi-

…nces entrent dans cette correspondance d'une manière involontaire, & que c'est plutôt une *possession*, qu'une *inspiration*.

J'avoue qu'il n'est pas absolument impossible que les habitans du *monde spirituel* aient le pouvoir de se servir des organes des brutes, pour nous donner des avertissemens, & pour nous instruire de l'avenir; mais je nie absolument que les animaux privés d'intelligence puissent parvenir, par ce commerce, à un plus haut degré de lumières que nous. Il est vrai que l'âne de Balaam vit l'ange qui se tenoit au milieu du chemin, armé d'une épée flamboyante, dans le tems que le prophète lui-même ne l'apperçut pas. Mais la raison en est claire, l'ange étoit réellement au milieu du chemin; l'épée flamboyante, qu'il tenoit à sa main, causa une frayeur réelle à cet animal, & ce ne fut que par un miracle, que les yeux du prophète furent frappés d'un assez grand aveuglement, pour l'empêcher de voir ce spectacle formidable.

Je tâcherai de débrouiller cette influence des brutes sur nos idées d'une manière conforme à la raison. Le voisinage des esprits dont je parle, par rapport à nous, & la satisfaction qu'ils trouvent à veiller sur nos intérêts, rendent cette matière fort aisée, à mon avis. Il est très-possible, il est même très-naturel, qu'ils aient le pouvoir d'effrayer les brutes par des apparitions assez horribles, pour les forcer à pousser des cris, & à faire des hurlemens dans certains endroits, & dans certaines circonstances, qui ont des relations assez étroites avec des personnes, ou avec des familles, pour donner à ces cris quelque chose de merveilleux, & pour leur en faire tirer un sens qu'ils puissent mettre à profit; mais il n'y a pas le moindre principe ni dans la philosophie, ni dans la religion, qui puisse nous persuader qu'il soit possible aux brutes d'avoir, par le moyen de la vue ou des autres sens, une prescience de l'avenir relative à eux-mêmes ou aux hommes. La matière peut agir sur des choses visibles; mais la matière ne sauroit exercer son activité sur des objets immatériels, & par conséquent, un animal privé de raison ne sauroit découvrir un esprit; son entendement ne sauroit pénétrer jusqu'à l'avenir, & concevoir l'éternité, ni toutes les idées sublimes qui concernent la vie future. Quoiqu'il soit possible, comme je viens de le dire, que les *intelligences pures* se servent quelquefois du *monde destitué de raison*, & qu'elles en tirent des députés & des agens, pour nous communiquer leurs idées, je ne comprends pas qu'ils puissent avoir besoin de ces sortes d'instrumens, & je puis protester que pendant tout le voyage que j'ai fait dans le monde invisible, je n'ai jamais vu qu'ils en fissent le moindre usage.

C'est encore parce que nous raisonnons de travers sur *ce monde invisible*, que nous mettons sur le compte du diable un grand nombre d'incidens absolument fortuits; dont il ne sait rien, bien loin d'en être l'auteur; bien des orages s'excitent dans l'air, sans qu'il s'en mêle, & plusieurs bruits troublent notre repos pendant la nuit, sans qu'il y contribue. Si Satan & ses suppôts pouvoient exercer la dixième partie du pouvoir que nous leur attribuons sur l'air & sur les élémens, nous verrions toutes les nuits nos maisons consumées par le feu, ou renversées par des ouragans, nos campagnes inondées & nos villes détruites; en un mot le monde ne seroit pas habitable. Heureusement la puissance du démon a des bornes plus étroites; &, comme je l'ai déjà dit, quelque puissant qu'il soit, quelques désordres qu'il excite parmi nous; il ne laisse pas d'être enchaîné, & de n'être pas en état de faire la moindre chose de haute-lutte, & sans la permission de son créateur.

Je pourrois faire mention ici d'un nombre prodigieux de diables chimériques dont on nous parle tous les jours, & qui se plaisent à badiner avec nous, à éteindre nos chandelles, à renverser les chaises, à casser les vîtres, à tirer les rideaux, & à faire une fumée qui sent le soufre & le salpêtre. Il n'y a pas beaucoup d'apparence que le diable ait une grande provision des ingrédiens qui entrent dans la composition de la poudre à canon, & j'ose vous assurer qu'il n'a pas la moindre disposition à la joie & à la bouffonnerie. Toutes les farces dont nous le faisons l'acteur, ont leur origine dans les fantaisies d'une imagination déréglée, ou dans quelques cas fortuits, dont nous ne devinons pas d'abord la raison.

J'ai entendu parler d'une maison fréquentée dans la province d'Essex, où, selon qu'on le débitoit, un diable, un esprit, un revenant ou un spectre, se rendoit régulièrement toutes les nuits dans un appartement où il faisoit un tintamarre terrible, semblable à des coups de marteau ou de maillet, & cela pendant deux ou trois heures consécutives. Il arriva à la fin, qu'en fouillant dans un vieux cabinet, on y trouva par hasard le maillet avec lequel le diable aimoit tant à se divertir : on ne manqua pas de l'ôter de-là, pour empêcher cet esprit de s'en servir encore à troubler le sommeil de toute la maison ; mais la nuit suivante il fit un si épouvantable tapage, enragé de ne plus trouver l'instrument chéri de ses polissonneries, que les gens de la maison, plus importunés que jamais, trouvèrent à propos de remettre le maillet dans le même lieu où ils l'avoient trouvé. Depuis ce tems-là le diable fut très-ponctuel à venir se divertir par ce moyen-là, & s'occuper pendant deux ou trois heures chaque nuit à frapper de toutes ses forces sur tout ce qu'il rencontroit de plus capable de faire retentir toute la maison.

J'ai vu moi-même la chambre & le maillet, & j'ai logé dans cette maison ; mais je n'y ai pas entendu le moindre bruit, soit qu'on laissât le diable en possession de son cher maillet, soit qu'on trouvât à propos de l'ôter de cet appartement. Il est naturel de croire que l'esprit connoissoit trop bien son monde pour troubler le repos d'un étranger, dans une maison dont il devoit aider à faire les honneurs.

Cette maison passoit pour très-fréquentée dans tout le pays d'alentour ; on n'en doutoit en aucune manière. La seule difficulté consistoit à découvrir le but de tout ce fracas, qui paroissoit n'avoir rien de commun avec les desseins ordinaires du démon, qui doit naturellement avoir trop d'affaires pour perdre son tems d'une manière si puérile.

On vit à la fin que tous les raisonnemens qu'on avoit faits là-dessus étoient fort inutiles, puisqu'ils rouloient sur une chose qui n'avoit aucune réalité : on remarqua qu'à trois ou quatre maisons de-là, il y avoit un singe, qui ayant par hasard trouvé le moyen de se glisser dans cette chambre, ne manquoit pas d'y venir toujours à minuit, de s'y divertir avec le maillet, & de s'en retourner ensuite tranquillement chez son maître.

Si l'on ne faisoit pas mille fois de pareilles découvertes, on ne manqueroit pas de faire au diable l'injustice de le croire capable de venir s'amuser pendant des nuits entières à faire de pareilles polissonneries qui feroient donner le fouet à un page. C'est-là ce qu'il faut pour détromper le vulgaire de cette opinion absurde qu'il a des occupations du diable. Pour ceux qui ont pénétré comme moi dans la région habitée des mauvais esprits, ils n'ont pas besoin de pareilles preuves. Ils savent trop bien que le diable a des affaires d'une plus grande importance, pour s'amuser à ces sortes de fadaises.

Si le démon étoit capable d'une telle petitesse d'esprit, l'écriture sainte ne nous avertiroit pas si souvent de nous précautionner continuellement contre ses ruses, par la vigilance & par la sobriété, & elle ne nous le représenteroit pas comme un lion rugissant qui épie, sans se donner le moindre relâche, l'occasion de nous dévorer. Tous ces avertissemens nous font voir avec toute l'évidence possible, qu'il est toujours aux aguets, qu'il nous donne continuellement la chasse, pour ainsi dire, & qu'il fait son unique occupation de nous tendre des pièges : ce qui ne sauroit lui laisser le tems de jouer les farces auxquelles le vulgaire croit qu'il se divertit de tems-en-tems.

On s'attend peut-être ici à me voir traiter le sujet des apparitions, & répandre des lumières sur cette matière hérissée de mille difficultés, & enveloppée de ténèbres de toutes parts. On verroit sans doute avec plaisir mon sentiment sur la question : si les ames dégagées des corps peuvent venir visiter le monde visible, prendre différentes figures d'êtres corporels, & se servir de certains bruits & d'une voix, pour se mêler des affaires humaines, & sur-tout de celles de leurs familles.

Mais quoique plusieurs personnes, qu'on auroit tort de taxer de crédulité, prétendent avoir été témoins de ces sortes de visions, je ne suis point d'avis de m'expliquer sur un sujet si délicat ; je dois avouer que je n'y vois pas clair encore, & que dans mon extase je n'ai pas été assez élevé au-dessus de la matière pour résoudre ce problême.

Je me contenterai d'avertir mes lecteurs de prendre garde à la fougue de leur imagination, & de ne lui pas permettre de former des apparitions là où il n'y en a point. J'ose dire que le diable même n'apparoît point si souvent, de la moitié, qu'on le croit d'ordinaire : un cerveau malade est capable de produire un grand nombre de fantaisies bizarres, dont il ne croit pas être l'auteur lui-même. Il seroit néanmoins ridicule de conclure de-là que toutes les apparitions sont du même genre, & d'inférer qu'il n'y en a point de réelles, de ce qu'il y en a un bon nombre de chimériques.

J'ai entendu parler d'un homme qui admettoit la réalité des apparitions, mais qui étoit du sentiment qu'il falloit les attribuer toutes au diable, parce que, selon lui, il étoit impossible aux bons esprits & aux ames débarrassées du corps, d'avoir quelque correspondance avec le monde *visible*. Il soutenoit, au reste, qu'il avoit vu une apparition, & il en étoit tellement persuadé, qu'il n'étoit pas possible de lui faire sortir cela de l'esprit : c'étoit, disoit-il, la figure d'un vieillard qui, passant devant lui dans l'obscurité, dans une posture menaçante & le poing levé, lui dit : *repentez-vous, homme criminel, repentez-vous*. Il en fut terriblement effrayé, & ayant consulté plusieurs personnes sur un phénomène si extraordinaire, elles lui conseillèrent toutes, très-sérieusement, de profiter de cet avertissement, qui ne convenoit que trop aux désordres de sa conduite.

Pendant qu'il étoit dans une grande perplexité sur un cas si peu commun, un de ses amis lui demanda s'il pouvoit croire tout de bon que cette voix venoit du diable, & s'il y avoit la moindre apparence que l'ennemi du genre humain s'intéressât dans sa conversation. Cette objection l'embarrassa fort, & il fut obligé, convaincu comme il l'étoit de la réalité de ce qu'il avoit vu & entendu, de donner une autre origine à cet avertissement salutaire.

Il se trouva cependant que celui qui lui avoit dit ces paroles efficaces, étoit un homme réel. Quoique dupé par son imagination étonnée, le pauvre pénitent soutint fort & ferme, qu'il avoit vu l'apparition s'évanouir, après lui avoir dit ces mots foudroyans. C'étoit un vieux gentilhomme grave & pieux, qui le rencontrant par hasard, lui avoit parlé de cette manière, parce qu'il le connoissoit pour un débauché très-digne d'une si forte remontrance. Ce vieillard vertueux ayant appris l'effet qu'il avoit produit sur cet homme, & qu'il l'avoit attribué à un spectre, eut assez de prudence pour ne le pas désabuser, de peur que l'illusion dissipée n'emportât avec elle la repentance & la réforme, dont elle étoit la source & le motif.

Si l'on faisoit un semblable usage des apparitions réelles du diable, je suis persuadé que ce seroit le moyen de le chasser pour jamais du monde invisible. Il est très naturel de croire qu'il nous rendroit des visites fort rares, s'il étoit persuadé, par son expérience, qu'elles nous porteroient à la vertu, bien loin de nous faire donner dans ses piéges; du moins ne viendroit-il jamais nous voir de son propre mouvement, & il faudroit une force supérieure pour l'y déterminer.

J'observerai ici en passant, que cet ennemi de Dieu est pourtant tellement dépendant des ordres du ciel, qu'il ne sauroit s'empêcher de les exécuter, quand même ils tendroient à procurer du bien aux hommes, chose dont il a toute l'horreur imaginable. Ce n'est pas que je m'imagine que Dieu l'emploie jamais à faire du bien; ce n'est pas là sa destination, à mon avis: si le ciel s'en sert jamais, c'est peut être un instrument de sa colère, & un exécuteur de sa justice vengeresse. Plusieurs habiles gens sont du sentiment, qu'il est souvent employé de cette manière, & que c'est l'*ange destructeur* dont les livres sacrés font si souvent mention; je ne veux pas absolument rejeter ce sentiment; mais il ne me paroît pas extrêmement probable; il ne me semble pas fort apparent que Dieu ait de la complaisance pour le goût que Satan trouve à faire du mal, & qu'il veuille lui procurer le plaisir & la satisfaction d'être le bourreau des hommes assez criminels pour s'attirer des punitions toutes particulières.

Je mettrai ici des bornes à mes recherches touchant la manière dont le démon est employé au service de son créateur ; j'aime mieux faire sur les *apparitions* quelques réflexions d'une autre nature, qui me paroissent d'une plus grande utilité, quoiqu'il soit probable que quelques-uns de mes lecteurs n'en tomberont pas d'accord.

Il y a certains prétendus esprits forts qui font un très-mauvais usage de l'opinion où ils sont que toutes les apparitions sont chimériques. Ils tombent dans une extrémité infiniment plus dangereuse, que celle où donnent ces esprits foibles & imbécilles, qui font des spectres & des apparitions de tout ce qui frappe leurs sens d'une manière un peu extraordinaire.

Ils se persuadent peu-à-peu qu'il n'y a point d'*esprits* du tout, ni dans le *monde visible*, ni dans le *monde invisible*, & par conséquent, ils anéantissent le diable même.

J'avoue que cette opinion par elle-même n'est pas d'une conséquence fort dangereuse ; mais, par malheur, elle est d'ordinaire suivie de près par une autre, qui est abominable au suprême degré. A peine ces gens-là se sont-ils mis dans l'esprit *qu'il n'y a point de diable*, qu'ils commencent à se persuader *qu'il n'y a point de Dieu*; & de cette manière, l'athéisme & la sécurité sur une vie à venir s'élèvent sur la ruine d'une opinion qui, par elle-même, ne paroît pas être d'une fort grande importance.

Mon but n'est pas de me servir ici d'argumens en forme, pour prouver l'existence de notre créateur, & pour appuyer sur les premiers principes du raisonnement, la vérité de ses attributs. Je m'en rapporte aux preuves que tout être raisonnable, pour peu qu'il soit capable d'attention, peut tirer du fond de son cœur : mais j'ai envie de finir cet ouvrage par l'histoire de quelques Athées, que j'ai connus dans ma jeunesse. Je ne me mettrai pas en peine de prouver la vérité des faits que je rapporterai ; quand même le lecteur voudroit en douter, ils n'en seront pas moins propres à lui fournir d'utiles réflexions. Je crains seulement que le sujet n'ait un peu trop de relation avec la religion & avec la piété, pour un siècle où la mode semble les bannir des livres & des conversations.

Il y a plusieurs années qu'il se trouva à une de nos universités un jeune étudiant, qui se distinguoit du côté du génie, des sentimens & du cœur. En peu de tems il fit de si grands progrès, qu'il s'attira l'attention de tous ses maîtres, qui ne doutoient pas qu'il ne devînt un des plus grands hommes du siècle. Il arriva cependant, par un désir extraordinaire qu'il avoit de pénétrer avant dans les parties les plus abstraites & les plus mystérieuses des sciences, ou bien par une opinion excessive qu'il se formoit de sa propre capacité, que s'étant adonné à l'étude de la théologie, il adopta les sentimens les plus bizarres & les plus particuliers, comme si la vérité ne se trouvoit jamais parmi la foule ; de degré en degré la singularité de ses idées s'augmenta tellement, que son professeur en conclut que, si ce jeune homme continuoit de cette manière, toute son application aboutiroit à l'enthousiasme, ou bien à l'*Athéisme*.

Il faisoit chambrée avec trois autres jeunes étudians, qui, avec beaucoup d'esprit, mais peu de jugement, suivirent bientôt l'exemple de leur compagnon, qu'ils voyoient l'admiration de toute l'université, & qu'ils consultoient comme un oracle.

Le professeur, qui étoit un homme très-vertueux, vit bientôt, avec le plus vif chagrin, que sa prédiction s'accomplissoit. Ces jeunes messieurs poussèrent si loin leurs idées superficielles, qu'une étude où ils étoient entrés pour découvrir les vrais principes de la religion, ne leur servit qu'à bannir de leur ame la religion même. En raisonnant de travers sur la nécessité de n'admettre que des idées claires & distinctes, ils se mirent dans l'esprit, que tout ce dont ils ne pouvoient pas déterminer la nature & la manière d'exister, n'existoit pas, & par conséquent ils firent main-basse *sur l'existence de Dieu, sur la résurrection, sur la vie future & sur l'éternité des peines & des récompenses.* Peu contens de s'être jetés eux-mêmes dans cet abîme, ils voulurent y entraîner les autres; ils s'érigèrent en docteurs, & se firent une espèce de devoir de renverser, par leurs sophismes, la religion naturelle & la religion révélée, dans l'esprit de leurs compagnons, sans se mettre en peine de la malédiction que les livres sacrés prononcent contre ceux qui font *du mal, & qui enseignent aux autres à en faire.* Comme la nouveauté, quelque abominable qu'elle puisse être, a de grands charmes pour une jeunesse inconsidérée, ils firent en peu de tems un grand nombre de prosélytes, qui admettoient tous leurs principes, ou, pour mieux dire, qui, à leur exemple, effaçoient tous les principes de leur esprit. A la grande mortification de toutes les honnêtes gens, leur doctrine devint fameuse dans l'université, & ils furent distingués des autres écoliers par le nom de *la société des Athées*.

On les reconnoissoit même à un certain air sombre, & à ce que tous ceux qui avoient quelque attachement pour la religion & pour la piété, les évitoient comme la peste. Bien plus, on informa contre eux, & leurs assemblées furent défendues,

défendues, de manière que la crainte d'être punis sévèrement les empêcha de soutenir leurs sentimens par des espèces de disputes publiques, comme ils avoient déjà commencé de faire. Cependant ayant repris courage peu-à-peu, ils se rallièrent, & le malheureux qui étoit à leur tête, eut la hardiesse de tenir ouvertement des discours si blasphématoires, qu'il fut enfin obligé de s'enfuir de l'université, de peur de tomber entre les mains de la justice.

Cependant, avant que d'être obligé d'en venir là, il avoit eu tout le tems de répandre son venin dans l'esprit d'un grand nombre de ses camarades, & quoiqu'on l'eût souvent averti de modérer son abominable zèle, il étoit parvenu à un tel degré d'impiété, que les sujets les plus sacrés étoient devenus la matière ordinaire de ses railleries; il avoit osé dire qu'il étoit capable de composer une bible, & un système de religion infiniment meilleurs & plus raisonnables que ce qu'on appelle le christianisme; & que, s'il vouloit s'en donner la peine, il se faisoit fort de s'attirer une secte aussi nombreuse, qu'aucun de ceux qui s'étoient érigés en fondateurs d'une nouvelle religion. Je pourrois citer encore ici quantité d'autres discours blasphématoires qui lui étoient familiers; mais ils me font trop d'horreur pour pouvoir m'y résoudre; on n'a qu'à sup-

Tome III. Ee

poser qu'il n'y a point d'excès si abominables à cet égard-là, où cette troupe de jeunes impies ne donnât avec fureur.

Je m'étendrois trop, si je voulois entrer dans toutes les particularités de leur histoire, & donner une relation de la manière dont il plut à Dieu de disposer de chacun d'entr'eux. Leur nombre étoit monté jusqu'à vingt-deux, dans le tems qu'ils furent forcés de rompre leurs assemblées; & par conséquent, la tâche seroit trop grande. Je me contenterai de parler de quelques-uns de la troupe, qui n'avoient pas poussé leur extravagance criminelle aussi loin que les autres.

Il y avoit un jeune homme, entr'autres, qui fréquentoit leurs détestables assemblées, mais qui, comme il l'a dit dans la suite, étoit plutôt parmi eux, qu'il n'étoit un d'entr'eux. Cependant il ne s'étoit que trop livré à leurs sophismes, & quoiqu'il fût le sujet perpétuel de leurs turlupinades, parce qu'il ne pouvoit pas renoncer entièrement à l'idée d'une divinité, il n'avoit pas laissé de se familiariser de plus en plus avec le sentiment contraire, & de faire de grands progrès dans l'athéisme.

Un jour que ce jeune homme étoit sorti pour se rendre à leur société infernale, sans se soucier de plusieurs nuages noirs & épais, qui sembloient être au-dessus de sa tête, il fut arrêté dans la rue par une grande pluie; elle étoit si terrible, qu'il fut obligé de se mettre à l'abri pendant assez de tems. Tandis qu'il attendoit avec impatience la fin de cette pluie, il fut surpris par un coup de foudre extraordinaire, dont la flamme lui frisa tellement le visage, qu'il en sentit la chaleur; ce qui lui donna une terrible frayeur. Un moment après, comme il est naturel, il entendit un si affreux coup de tonnerre, qu'il lui fit dresser les cheveux de la tête. La pluie cependant continuoit, & l'obligeoit à rester dans le même endroit, où il eut tout le loisir nécessaire de réfléchir sur sa conduite. *Où veux-je aller, se disoit-il à lui-même? Dans quel dessein suis-je sorti de chez moi? Pourquoi ai-je été obligé de m'arrêter ici? D'où vient cette pluie, cette foudre & ce tonnerre si épouvantables? Et quelle peut en être la cause?* En même tems son esprit fut frappé, comme d'un second coup de foudre, par cette pensée: *s'il étoit possible, qu'il y eût un Dieu, que deviendrois-je?* Effrayé de cette idée, il sort brusquement de l'endroit où il s'étoit caché, & nonobstant la continuation de la pluie, il vole par la rue pour regagner sa maison, en répétant mille fois: *je ne veux jamais revoir ces gens-là.* Quand il fut de retour dans sa chambre, il s'abandonna aux pensées les plus douloureuses, & aux plus tristes situations. *A quelles idées me*

Ee ij

suis-je livré, dit-il. J'ai eu l'insolente témérité de nier l'existence de l'Etre qui m'a créé ; je me suis ri du pouvoir de ce Dieu, dont les flammes viennent de se faire sentir à mon visage, & qui auroient pu me consumer, si sa miséricorde, dont j'ai abusé si long-tems, n'avoit pas intercédé pour moi. Que je suis un abominable scélérat !

Pendant qu'il étoit dans cette méditation accablante, il reçut la visite d'un de ses plus proches parens, homme éclairé & pieux, qui lui avoit souvent parlé de la manière la plus forte, touchant le crime horrible dont il s'étoit rendu coupable avec tant d'inconsidération.

Le jeune homme, dont le corps souffroit du désordre de son ame, avoit été contraint de se mettre au lit. Ce monsieur le vit dans ce triste état ; il apperçut avec plaisir la vive douleur avec laquelle son parent songeoit aux déréglemens de sa vie passée, & il ne négligea rien pour adoucir ses inquiétudes, & pour lui donner les consolations qui lui étoient si nécessaires. Le pauvre étudiant, également malade de corps & d'esprit, étoit accablé de tant de pensées, qui sembloient le combattre, qu'il eut besoin de quelques momens de solitude pour calmer le trouble de son cœur par de sérieuses réflexions. Son parent y consentit volontiers, & en attendant que le pénitent fût en état de raisonner avec lui, avec plus de tranquillité, il se retira dans l'antichambre avec un livre.

Dans cet intervalle un autre étudiant vint frapper à la porte; c'étoit un des membres de la société dont je viens de faire mention: il ne venoit pas pour rendre visite à son camarade, mais uniquement pour le prendre en passant, afin de le mener dans leur horrible assemblée. Avant que d'ouvrir la porte, le cavalier qui lisoit dans l'antichambre, eut la curiosité de regarder par le trou de la serrure; non-seulement il le reconnut, mais il le reconnut pour un des suppôts de la société des athées. Comme il auroit été au désespoir de voir son parent interrompu dans une méditation dont il avoit lieu d'espérer des effets très-salutaires, il n'avoit nulle envie que cet ami dangereux en approchât; il ne fit donc qu'ouvrir la porte à peine, d'une manière qui ne permettoit pas à l'autre de distinguer ses traits, & à travers de cette ouverture il lui dit d'une manière pathétique: *Ah! mon cher monsieur, dites à tous nos camarades de se repentir; croyez-moi, il y a un Dieu, je vous en suis garant.* Là-dessus il lui ferma la porte au nez d'une manière brusque, le planta là, sans attendre sa réponse, & rentra dans la chambre de son parent, qui avoit été tellement enseveli dans ses réflexions, qu'il n'avoit pas entendu le moindre bruit.

Celui qui avoit frappé à la porte, étoit un des principaux chefs de cette troupe ; c'étoit un garçon qui avoit beaucoup de génie & de grands talens, dont, gâté par la compagnie qu'il fréquentoit, il ne se servoit que pour se plonger plus avant dans ses affreuses erreurs, & pour leur donner plus de vraisemblance. Le petit nombre de paroles qu'il venoit d'entendre le troubla, comme il en convint après, & le remplit d'une secrète horreur ; il descendit les degrés dans la plus grande confusion de pensées qu'on puisse s'imaginer ; &, sans savoir ce qu'il faisoit, il prit une rue pour une autre, & s'écarta du chemin qu'il devoit prendre pour se rendre à l'assemblée. Ce qu'on lui avoit dit faisoit de fortes impressions sur son imagination, & en même tems il étoit choqué, autant qu'il se peut, de la manière incivile dont on venoit de le rebuter, ne doutant point que ce ne fût son ami lui-même qui lui avoit fermé la porte au nez.

Quelquefois il s'en mettoit en colère comme d'un affront formel, & prenoit la résolution de revenir sur ses pas pour en savoir le motif, & pour en demander satisfaction ; mais il en fut détourné toutes les fois par ces paroles qui lui revenoient dans l'esprit, malgré lui, *il y a un Dieu*; & il ne pouvoit pas s'empêcher de se demander: *si cela étoit, que deviendrois-je*? Hélas! se répondit-il, *si cela est, c'en est fait de moi; n'ai-je pas déclaré la guerre à cette notion? traité tous ceux qui la soutenoient d'esprits foibles & de fanatiques*? Ces pensées pourtant ne lui restèrent pas long-tems dans l'esprit; il eut assez de force pour dissiper le trouble de son cœur, & quelque démon lui inspira apparemment le dessein de ne pas entrer là-dessus dans un trop grand examen, & de se livrer à sa belle humeur ordinaire.

Cette résolution l'appaisa pendant quelque tems; la dureté qu'il avoit contractée par l'habitude de se fortifier contre l'idée d'un Dieu, sembla reprendre le dessus dans son ame, & il se remit dans le chemin qui conduisoit à son assemblée diabolique. Ce calme pourtant ne dura pas long-tems; ces mots, *il y a un Dieu*, revenoient toujours dans son imagination, & commencèrent de nouveau à l'effrayer; il se souvint encore que son ami y avoit ajouté: *dites-le à nos camarades; j'en suis garant*.

Là-dessus il eut la curiosité irrésistible de retourner vers le *nouveau converti*, pour lui demander quelles nouvelles découvertes il pouvoit avoir faites, pour changer tout d'un coup de sentiment, & pour se convaincre si fortement d'une chose que peu d'heures auparavant il avoit traitée de chimère.

La pluie continuoit toujours cependant, & dans ce moment, elle devint si forte, que l'étudiant en question se trouvant auprès d'une boutique de libraire, trouva bon de s'y arrêter pendant quelque tems. Il vint un jeune homme de sa connoissance qui s'amusoit à lire. C'étoit un écolier de la même université, qui avoit de tout autres principes que celui dont je viens de parler. Il étudioit en théologie, & se distinguoit parmi ses compagnons, par son application, sa piété & ses bonnes mœurs. Après les complimens ordinaires qu'il est inutile de répéter, il se mit à parler à l'oreille à l'athée.

Pour ne pas fatiguer l'esprit du lecteur par de continuels *dit-il*, *répliqua-t-il*, &c. je rangerai leur conversation en forme de dialogue, en décrivant, par manière de *renvoi*, l'état où ils se trouvèrent à mesure qu'ils poussoient leur entretien.

L'Etudiant. Quand vous êtes entré, je venois justement de prendre ce vieux livre que voici; mais en voulant lire un petit dialogue, j'ai jeté les yeux, par hasard, sur un quatrain qui se trouve sur le dos de la page du titre, & je vous avoue que ces vers m'ont fait penser à vous.

L'Athée. A moi ? & pourquoi, s'il vous plaît ?

L'Etudiant. Je m'en vais vous le dire dans le moment (1). Suivez-moi.

L'Athée. Eh bien ! parlez.

L'Etudiant. C'est que ce quatrain me sembloit fort propre à réveiller la raison d'un misérable athée.

L'Athée. Voyons ce beau quatrain.

L'Etudiant. Je le veux bien, pourvu qu'il me soit permis de vous regarder en face pendant que vous le lirez.

L'Athée. A quoi bon cette cérémonie ?

L'Etudiant. Je ne vous le montre qu'à cette condition-là.

L'Athée. Eh bien ! je m'en passerai.

L'Etudiant. Voici une autre condition ; venez, touchez-là ; vous le verrez, si vous voulez me promettre de le lire trois fois de suite.

L'Athée. Voilà ma main, j'accepte le parti.

L'Etudiant. Je veux tenir votre main pendant tout ce tems-là, pour des raisons que je vous dirai après.

---

(1) Ils s'en vont ensemble dans une chambre.

L'Athée. Que de façons (1) !

Un Dieu, le ciel (2), l'enfer, sont peut-être des fables !
Ce doute calme-t-il des esprits raisonnables ?
Examine, ou, trop tard dissipant ton erreur,
L'affreuse vérité te remplira d'horreur.

L'Etudiant. Eh bien ! qu'en dites-vous ?

L'Athée. Je m'en vais vous le dire tout-à-l'heure ; mais permettez-moi de vous demander auparavant par quelle raison vous m'avez serré la main.

L'Etudiant. N'avez-vous pas senti quelque émotion en prononçant ces paroles : *un Dieu, l'enfer ?*

L'Athée. Quelle émotion ? que voulez-vous dire par-là ?

L'Etudiant. Ne le niez pas, vous en avez senti ; j'en suis témoin moi-même.

L'Athée. Témoin de quoi, s'il vous plaît ?

L'Etudiant. Je suis témoin que votre propre conscience vous dément, quand vous avez l'impiété de nier l'existence de ce Dieu qui vous a créé : il vous a été impossible de me le cacher ; je m'en suis très-bien apperçu en vous serrant la main.

---

(1) Il lit.
(2) L'Etudiant lui serre la main pendant qu'il lit.

L'Athée. Vous plaisantez, je crois; vous avez-là une belle méthode de pénétrer les consciences, & de juger de ce qui se passe dans l'esprit des gens! Vous pourriez bien vous tromper, monsieur l'habile homme, & vous courez grand risque d'être un faux témoin.

L'Etudiant. Avouez la dette, mon cher ami; vous tâchez en vain de vous déguiser: vous venez de trahir les sentimens les plus secrets de votre cœur; je le sais, j'en suis convaincu.

L'Athée. J'ai trahi mes sentimens! que voulez-vous dire par-là? Vous êtes bien obscur dans vos expressions.

L'Etudiant. Ne vous ai-je pas dit que je voulois vous regarder en face pendant que vous feriez la lecture? J'ai pénétré dans votre ame par vos yeux effarés. Je vous ai vu pâlir en prononçant le mot de *Dieu*: tous vos traits ont marqué de l'horreur quand vous avez prononcé le terme de *ciel*. Cette horreur venoit du sentiment que vous aviez que ce ciel n'étoit pas pour des impies. N'ai-je pas senti que les jointures de vos doigts trembloient quand vous avez lu le mot *d'enfer*.

L'Athée. C'étoit donc-là la raison pourquoi vous avez voulu me tenir la main pendant que je lisois?

L'Etudiant. Vous l'avez deviné; j'étois persuadé qu'elle me découvriroit ce que je cherchois. J'ai toujours pensé qu'un athée sentoit un *enfer* au-dedans de lui, dans le tems qu'il osoit braver l'enfer, dont les impies doivent un jour essuyer toutes les horreurs.

L'Athée. Votre manière de parler seroit seule capable d'effrayer quelqu'un ; mais dites-moi, je vous prie, comment pouvez-vous parler d'une manière si décisive d'une chose sur laquelle il est impossible d'avoir la moindre certitude ?

L'Etudiant. Je vous conjure de ne pas accumuler péché sur péché ; confessez-moi naturellement que ma découverte est véritable.

L'Athée. Eh ! mêlez-vous de vos affaires, monsieur (1). Depuis quand êtes-vous mon père confesseur, s'il vous plaît ?

L'Etudiant. Ne vous fâchez pas contre un de vos amis, qui ne cherche que votre bien ; ou du moins profitez de ce qu'il vient de vous dire, & fâchez-vous tant qu'il vous plaira.

L'Athée. Le moyen de profiter de ce que vous dites ! Tout cela est si vague & si général, que je n'en conçois pas le but.

L'Etudiant. Le but de tout ce que je vous ai dit, est de vous faire éviter un malheur éternel. Les vers que je vous ai fait lire m'ont paru si con-

---

(1) Il marque ici quelque dépit.

formes à votre situation, que je souhaitois que vous les vissiez, avant même que la providence vous eût envoyé dans cette boutique. Je m'imaginois que cette réflexion sur l'athéisme, étoit si naturelle & si forte, qu'étant secondée par la voix secrète de cet Être, qui seul peut toucher le cœur, elle pourroit être un bon moyen pour ouvrir les yeux de votre entendement.

L'Athée. Que voudriez-vous donc que je visse?

L'Etudiant. Quelque chose que vous voyez déjà en partie, j'en suis sûr; quoique je m'apperçoive que vous luttez de tout votre pouvoir contre une vérité dont vous sentez toute la force.

L'Athée. Expliquez-vous clairement à la fin; qu'est-ce que c'est que ce *quelque chose* dont vous me parlez?

L'Etudiant. J'entends par-là le sens du quatrain que vous venez de lire; & que vous commencez à voir que peut-être y a-t-il un *Dieu*, un *ciel*, ou *enfer*.

L'Athée. Que sais-je? (1) Peut-être bien.

L'Etudiant. Je remarque avec satisfaction que votre cœur commence à être touché; je doute

_____

(1) L'Etudiant voit paroître quelques larmes dans les yeux de son ami.

doit être le chemin de *l'examen & de la conviction*. Les deux derniers vers que vous avez lus, sont très-propres à vous y porter.

Examine, ou trop tard dissipant ton erreur,
L'affreuse vérité te remplira d'horreur.

L'Athée. Comment voulez-vous que je m'y prenne pour examiner ces sortes de choses ?

L'Etudiant. Ce n'est pas ce dont il s'agit à présent ; il me suffit de vous mettre dans la disposition d'examiner. Je ne veux que vous persuader d'écouter la voix de votre propre conscience. Si vous le faites avec attention & avec impartialité, vous prononcerez d'abord votre sentence vous-même ; vous conviendrez que vous êtes coupable.

L'Athée. Coupable ! de quoi ?

L'Etudiant. D'avoir agi contre les lumières de la nature, de la raison, & même du sens commun ; d'avoir renié un Dieu dont vous respirez l'air, à qui appartient la terre sur laquelle vous marchez ; un Dieu qui vous donne la nourriture & le vêtement ; un Dieu dont la bonté vous fait vivre, & dont un jour la justice vous jugera.

L'Athée. Je ne nie pas tout cela absolument ; je vous l'ai déjà dit, je n'en sais rien : il n'est pas tout-à-fait impossible *qu'un Dieu existe*.

L'Etudiant. Osez-vous dire que vous n'en connoissez que la possibilité? Ah! mon cher monsieur, cessez de résister à la force d'une vérité si importante. Croyez-moi, il y a un Dieu; je vous en suis garant.

L'Athée. Vous m'effrayez.

L'Etudiant. Vous n'avez pas tort d'être effrayé.

L'Athée. Vous ne me comprenez pas; ma frayeur vient de toute autre cause que celle que vous pensez. Je suis frappé d'un étonnement extraordinaire, & vous ne le seriez pas moins, si vous étiez à ma place.

L'Etudiant. Comment donc? Expliquez-vous.

L'Athée. Dites-moi, je vous prie, avez-vous été aujourd'hui dans quelque endroit où l'on ait prononcé les mêmes paroles que vous venez de me dire d'un ton si ferme?

L'Etudiant. Non pas, que je sache.

L'Athée. Quoi! n'étiez-vous pas dans la chambre de monsieur ***, notre ami commun, il y a environ une demi-heure?

L'Etudiant. Je n'y ai pas mis le pied depuis un mois entier. Il y a déjà du tems que je cessé de le voir, & que je ne fréquente point du tout ceux qui sont de cette bande.

L'Athée. Tout de bon, ne l'avez-vous pas vu aujourd'hui? Mais quand vous l'avez vu la dernière fois, ne vous a-t-il pas dit ces mêmes paroles, ou bien ne les lui avez-vous pas dites ?

L'Etudiant. Je ne l'ai pas vu, vous dis-je, chez lui depuis plus d'un mois. La dernière fois que je le vis, c'étoit dans une compagnie où vous fûtes vous-même, & où vous tîntes des discours si impies & si pleins de blasphêmes, secondé par votre digne ami, que je pris la résolution d'éviter votre compagnie : c'est le souvenir de ces mêmes discours, qui m'a fait penser à vous, en lisant ces vers.

Il me semble qu'ils devroient vous conduire à la découverte de la vérité, & que naturellement il faut que vous vous persuadiez que la providence vous a envoyé ici pour y recevoir cet avertissement salutaire.

L'Athée. A vous parler franchement, il y a quelque chose de surnaturel dans tout ce qui m'est arrivé cette après-dînée.

L'Etudiant. Si vous vouliez bien m'en communiquer toutes les particularités, je pourrois vous en dire mon sentiment. Mais vous voyez bien qu'il m'est impossible de les deviner.

L'Athée. Ne me questionnez pas davantage ; il doit y avoir dans la nature un *Dieu* ou un *diable* ; j'en suis convaincu (1).

_____

(1) Il a l'œil égaré, & tout son air marque de l'étonnement & de la frayeur.

L'Etudiant.

L'Etudiant. Ils existent l'un & l'autre, mon cher ami, soyez-en sûr; mais calmez les troubles de votre esprit, je vous en conjure; ne regardez pas cette vérité avec horreur : qu'elle vous soit plutôt une source de consolation & d'espérance.

L'Athée. Il faut de nécessité que l'un ou l'autre de ces êtres se soit mêlé de ce qui m'est arrivé aujourd'hui. C'est un jour bien extraordinaire pour moi.

L'Etudiant. Si les incidens dont vous parlez ont quelque relation avec ce que je viens de vous dire, il vous seroit peut-être utile de m'en faire le récit; peut-être cette ouverture de cœur servira-t-elle à tranquilliser les pensées qui semblent exciter tant de trouble dans votre ame. Vous ne sauriez jamais vous ouvrir à une personne qui s'intéresse avec plus de zèle dans tout ce qui vous regarde, quoique peut-être elle n'ait pas l'habileté nécessaire pour vous procurer tout le bien qu'elle souhaite.

L'Athée. J'étoufferois, si je ne vous le racontois pas (1).

L'Athée. Dites-moi à présent, je vous en

---

(1) Ici il lui dit tout ce qui lui étoit arrivé à la porte de la chambre de son ami, & il lui raconte qu'il y avoit entendu les mêmes paroles qui venoient de le frapper si fort; ensuite il continue ainsi :

conjure, quel être peut vous avoir poussés l'un & l'autre, à me dire précisément les mêmes mots?

L'Etudiant. Qu'en pensez-vous vous-même? parlez-moi franchement.

L'Athée. Il me semble que ce doit être le *diable*, s'il est vrai qu'il existe.

L'Etudiant. Le *diable*! Quoi! vous pouvez vous mettre dans l'esprit, que le *diable* prêche la repentance. Songez-y sérieusement; je vois à tout votre air que ce que je viens de vous dire vous touche & vous saisit. Est-il naturel que le diable nous inspire l'un & l'autre, de travailler à votre conversion? Est-il naturel qu'il veuille vous convaincre de l'existence de Dieu? Y a-t-il rien de plus directement contraire à ses intérêts, que d'établir cette vérité dans l'esprit des hommes?

L'Athée. Vous avez raison; je ne saurois qu'en tomber d'accord.

L'Etudiant. Il faut pourtant qu'à un seul égard je plaide la cause du démon; il est certain qu'il n'a jamais poussé le crime & l'extravagance aux mêmes excès où vous les portez vous autres. Il a eu souvent l'insolence de s'ériger en divinité, & de se faire adorer de certains barbares aveuglés par la plus grossière ignorance, à la place du vrai Dieu; mais il n'a jamais été assez impudent pour nier l'existence de son Créateur; c'est un crime d'invention humaine, enfant favori du bel esprit moderne. Les *esprits-forts* l'ont *engendré* pour donner une liberté entière à leurs inclinations vicieuses, & pour se débarrasser de l'idée affreuse d'un jugement à venir. On peut dire qu'à cet égard ils l'ont emporté en méchanceté sur le diable même.

L'Athée. Je crains bien que vous ne disiez la vérité.

L'Etudiant. Allons, mon cher ami, faites quelques efforts de plus, pour vous mettre en état de profiter de la vérité que vous venez de découvrir.

L'Athée. Le moyen d'en profiter, quand on a poussé l'impiété aux derniers excès?

L'Etudiant. Souvenez-vous, je vous prie, de ce que *Saint Pierre* dit à *Simon* le magicien.

L'Athée. Qu'est-ce qu'il lui dit, s'il vous plaît?

L'Etudiant. Repens-toi donc de ta malice, & prie Dieu, afin que, s'il est possible, la pensée de ton cœur te soit pardonnée.

L'Athée. Cela ne me regarde pas: les derniers vers de votre quatrain le prouvent évidemment.

Trop tard dissipant mon erreur,
L'affreuse vérité me donne de l'horreur.

L'Etudiant. Souvenez-vous, de grace, que

vous avez dit tantôt, que les *paroles* dont il est question doivent venir de *Dieu* ou du *Diable*.

L'Athée. Eh bien! que trouvez-vous là de relatif au cas dont il s'agit ici?

L'Etudiant. Ne m'avez-vous pas avoué qu'elles ne pouvoient pas procéder du démon?

L'Athée. Mon sort en est-il plus heureux, si elles viennent d'un Dieu dont je me suis fait un ennemi irréconciliable?

L'Etudiant. Supposé qu'elles viennent de Dieu, & qu'il les a inspirées à deux hommes, qui ne s'étoient pas donné le mot pour cela; pouvez-vous croire qu'un être infini en bonté, & en sagesse, vous ordonneroit de vous repentir, s'il étoit trop tard pour le faire? s'il étoit votre ennemi irréconciliable, s'intéresseroit-il à votre salut? Non, non, mon ami; il en est tems encore. Vous croyez que c'est Dieu qui vous a parlé par ma bouche, & par celle de notre ami: vous n'avez qu'à l'écouter, ne point endurcir votre cœur, faire tous vos efforts pour mettre ses avertissemens à profit.

L'Athée. Vous avez une force de persuasion, à laquelle il m'est impossible de résister.

L'Etudiant. Je fais seulement sortir la persuasion de vos propres lumieres.

L'Athée. Je suis convaincu à présent que je suis un monstre d'impiété.

L'Etudiant. Parlez-moi à cœur ouvert; est-ce la première fois de votre vie que vous vous sentez cette triste conviction?

L'Athée. Je vous avoue que toutes les fois que j'ai prononcé des blasphêmes, & que j'ai soutenu les opinions affreuses que mes amis m'ont communiquées, j'en ai frémi moi-même, mon sang s'est glacé dans mes veines, & j'ai regardé ce que je venois de dire avec horreur.

L'Etudiant. Je vous proteste que j'ai senti trembler votre main quand vous avez lu ces paroles, *Dieu*, *le Ciel*, *l'Enfer*.

L'Athée. Je le confesse, & je vous dirai que j'ai tressailli en prononçant cet affreux terme, *peut-être*. Mon cœur me répondit d'abord que ce n'étoit pas un *peut-être*, que ces choses étoient réelles, & qu'elles ne pouvoient qu'exister.

L'Etudiant. La conscience ne manque jamais de plaider la cause de celui qui l'a établie dans notre ame comme sa *vice-reine*.

L'Athée. C'est un terrible plaidoyer pour moi, & je n'en dois attendre que le plus affreux succès.

L'Etudiant. Non, non, ce plaidoyer ne fera que vous convaincre de la vérité, & votre repentance en sera le succès, à ce que j'espère.

L'Athée. La repentance n'est pas toujours la suite de la conviction.

L'Etudiant. Vous devez bien distinguer ici

entre les sentimens qui vous viennent du ciel & ceux qui ont leur source dans l'enfer, entre la voix de Dieu & la voix de Satan. La première vous porte à la pénitence, & la dernière vous inspire le désespoir.

L'Athée. Le désespoir me paroît être une conséquence naturelle de l'athéisme qui bannit de nos pensées la seule puissance capable de nous garantir de cette situation affreuse.

L'Etudiant. D'autant plus devez-vous admirer la bonté de cet être qui ne veut pas être banni de votre ame, & qui vous avertit de vous repentir par des moyens si extraordinaires. Vous avez été son ennemi déclaré, un athée, un blasphémateur; il ne se rebute pas par les efforts que vous avez faits pour vous perdre. *Saint Pierre* renia Jésus-Christ jusqu'à trois fois; même il confirma son impiété par des sermens; mais dans le moment le Seigneur jeta les yeux sur lui, & *Saint Pierre* se repentit.

L'Athée. Mon crime est plus horrible que celui de *Saint Pierre*.

L'Etudiant. Vous voyez pourtant que le ciel vous appelle à la repentance.

L'Athée. Et vous, vous êtes appelé à être l'instrument de ma repentance; il n'y a pas moyen de résister à vos preuves.

L'Etudiant. Ainsi soit-il; plût à Dieu que je

fuſſe l'inſtrument d'une ſi bonne œuvre! Je le croirois preſque, tant je trouve de choſes ſurprenantes dans tout ceci.

L'Athée. Je n'y vois rien que d'extraordinaire: qu'eſt-ce qui m'a déterminé à entrer dans cette boutique?

L'Etudiant. Et qu'eſt-ce qui m'a déterminé, moi, à venir ici, à ſaiſir ce livre, à jeter les yeux ſur ces vers, à vous en faire l'application, & à rechercher votre entretien, dont j'avois tant d'horreur? Rien de plus ſurprenant que ce concours de circonſtances.

L'Athée. Par quelle direction ſuis-je juſtement venu ici dans ce moment-là? Pourquoi mes diſtractions m'ont-elles détourné ſi à propos du chemin que je devois prendre pour aller à ma ſociété? (1) Certainement *il y a un Dieu*, j'en ſuis convaincu, j'en ſuis pénétré; il eſt contradictoire qu'il n'exiſte pas.

L'Etudiant. Il n'y a rien de plus certain, & il eſt indubitable qu'il a ménagé ce concours extraordinaire de circonſtances, pour vous tirer de vos égaremens.

L'Athée. Il y a encore ici d'autres myſtères à développer; je voudrois bien que vous vouluſ-

_____

(1) Il dit ces paroles en levant les mains au ciel.

siez me suivre à la chambre de notre ami Monsieur..... je ne doute pas que quelque chose d'extraordinaire ne lui soit arrivé aussi.

L'Etudiant. De tout mon cœur (1).

L'Athée. Eh bien! notre ami, vous n'êtes plus dans cette humeur brusque où je vous ai trouvé, quand je vous ai vu la dernière fois? vous me ferez une meilleure réception, j'espère?

Le Malade. Véritablement, quand je vous vis la dernière fois, j'étois possédé du diable, comme vous l'étiez aussi; mais j'ai bien résolu de ne jamais remettre le pied dans cet horrible endroit.

L'Etudiant. De quel horrible endroit parlez-vous?

Le Malade. Vous ne savez que trop ce que je veux dire; je frémis quand je songe à cet endroit, & encore plus quand je pense à la compagnie qui s'y assemble; je voudrois bien pouvoir vous persuader de n'y pas retourner non plus. Pour moi, & si Dieu veut continuer à me soutenir par sa grace, j'aimerois mieux être brulé tout vif, que de fréquenter encore de si abominables gens.

---

(1) Ils vont ensemble à la chambre de l'Etudiant qui avoit été si fort effrayé par un coup de tonnerre; ils le trouvent dans une grande agitation, mais assez porté à s'entretenir avec eux.

L'Etudiant. Je suis charmé, monsieur, du changement que je remarque en vous; votre ami que voici, est dans les mêmes sentimens, & je prie Dieu de vous y conserver l'un & l'autre.

L'Athée. Je vous prie de me communiquer les motifs de ce changement; je serai toujours surpris comment vous avez pu travailler à ma conversion, jusqu'à ce que je sache les motifs de la vôtre.

Le Malade. Ma conversion vient directement du ciel. La lumière qui environna *saint Paul* sur le chemin de Damas ne le frappa point plus vivement que celle qui m'a ébloui cette après-dînée. Il est vrai qu'elle n'étoit pas accompagnée de quelque voix du ciel; mais je suis sûr qu'une voix secrète a parlé efficacement à mon ame; elle m'a fait comprendre que j'étois exposé à la colère de ce *pouvoir*, de cette *majesté*, de ce Dieu que j'ai renié auparavant, avec toute l'impiété imaginable.

L'Etudiant. Hé! je vous prie, monsieur, racontez-nous toutes les particularités d'une si grande merveille; il n'y-a rien qu'on ne puisse savoir, selon toutes les apparences.

Le Malade. Je le ferai très-volontiers; & je

crois même qu'il est de mon devoir de ne vous en rien cacher (1).

L'Athée. A l'heure qu'il est, je ne m'étonne plus de ce que vous m'avez dit à votre porte, lorsque je venois vous prendre pour vous mener à notre société.

Le Malade. Qu'est-ce donc que je puis vous avoir dit?

L'Athée. Quoi! il ne vous souvient pas de ce que vous m'avez dit, quand j'ai heurté à votre chambre il y a environ deux heures?

Le Malade. Vous avez heurté à ma chambre, & je vous ai parlé, moi?

L'Athée. A quoi sert-il d'en faire mystère? J'ai raconté toute l'histoire à notre ami que voici.

Le Malade. Je ne sais pas ce que vous voulez dire.

L'Athée. N'en faites pas de feu, je vous en prie; je ne suis plus choqué de votre compliment; je vous en rends graces plutôt, & je le considère comme un discours qui vous a été inspiré par le ciel. Je puis même vous assurer qu'il a servi à introduire dans mon ame le flambeau de la vé-

_____

(1) Il fait ici le récit de tout ce qui lui étoit arrivé en voulant aller à l'assemblée.

rité, qui ne s'éteindra jamais, à ce que j'espère.

Le Malade. Je crois, mon cher ami, que vous parlez sérieusement : & vous m'obligerez en croyant que je parle de même, en vous assurant que je n'entends rien à tout ce que vous venez de me dire.

L'Athée. Comment! vous ne m'avez pas vu à la porte de votre chambre après cette grande pluie.

Le Malade. Je vous proteste que non.

L'Athée. Quoi! n'êtes-vous pas venu m'ouvrir vous-même? Ne m'avez-vous pas parlé? Et ensuite ne m'avez-vous pas fermé la porte d'une manière fort brusque?

Le Malade. Non pas aujourd'hui ; j'en suis très-sûr.

L'Athée. Suis-je éveillé? L'êtes-vous, monsieur? Vivons-nous tous tant que nous sommes? Avons-nous notre bon-sens, & savons-nous ce que nous disons?

Le Malade. Eh! je vous prie, monsieur, tirez-nous d'un embarras qui me surprend infiniment.

L'Athée. Je vous dirai que très-assurément j'ai été à votre porte cette après-dînée à trois heures, j'y ai frappé, vous m'êtes venu ouvrir vous-même; j'ai voulu vous parler, vous m'avez interrompu (1).

Le Malade. Soyez sûr que ce n'est pas moi qui vous ai parlé ; c'étoit certainement quelque voix du ciel : je n'ai été à la porte de ma chambre qu'à deux heures cet après-midi, quand je suis rentré chez moi. Depuis ce moment, j'ai été toujours dans mon lit, ou dans mon cabinet, toujours occupé de mes réflexions & fort indisposé (2).

Ce n'est pas encore là la fin de cette histoire ; mais je m'étendrois trop en voulant en rapporter toutes les particularités ; j'en ai dit assez pour satisfaire à mon but, & pour en tirer des conséquences qui ont du rapport à mon sujet.

1. On voit ici une preuve évidente, que l'existence d'un Dieu est tellement imprimée dans notre ame, que l'athée le plus endurci est incapable de l'en effacer entièrement. La nature y répugne, & quand il s'efforce de la braver, le mouvement de son propre sang lui donne le démenti.

_____

(1) Ici il lui raconte tout ce qui lui étoit arrivé avec le parent de son ami, qu'il avoit pris pour son ami lui-même ; les réflexions que les paroles dont j'ai fait mention, avoient fait naître dans son esprit, &c.

(2) Ici l'athée devient pâle & tombe en foiblesse.

2. Nous voyons dans cette histoire jusqu'à quel point l'imagination peut être frappée par un pouvoir inconnu, qui fait faire un surprenant assemblage d'un grand nombre de circonstances qui concourent à produire cet effet; tout tendoit à persuader à ce jeune homme, qu'il avoit vu une apparition, & qu'il avoit entendu une voix du ciel, quoiqu'il n'y eût pas la moindre réalité; il étoit tellement surpris d'entendre son ami lui protester que ce n'étoit pas lui qui eût parlé, qu'il en devoit conclure nécessairement que c'étoit un *messager de Dieu* qui lui avoit ouvert, & qui l'avoit exhorté à la repentance. L'agitation que cette idée excitoit dans son cœur étoit la cause de sa défaillance subite, & cependant il n'y avoit rien que de naturel dans tout ce qui lui étoit arrivé.

Il ne faut pas douter que plusieurs apparitions, dont on prétend avoir été témoin oculaire, & qui ont produit les meilleurs effets, n'aient été d'une même nature, & n'aient tiré de même leur origine, d'une méprise heureuse.

Il est bon pourtant d'observer que, quand même nous découvririons de pareilles erreurs, nous ferions très-mal d'effacer les premières impressions qu'elles auroient faites dans nos esprits. Plusieurs *voix* peuvent nous venir de la part de Dieu, sans descendre du ciel immédiatement.

C'est ainsi que les enfans qui crièrent *Hosanna* à notre Sauveur, accomplirent, sans le savoir, les écritures, qui avoient prédit qu'il seroit glorifié par la bouche des *enfans, & des nourrissons*. Celui qui a créé, & qui dirige toutes choses, peut tellement ménager les circonstances, qu'il en sorte des instructions aussi utiles pour nous, & aussi efficaces, que si elles nous étoient données d'une manière miraculeuse.

C'est ainsi qu'il faut considérer les deux personnes qui dirent les mêmes paroles à notre athée, & les vers qui avoient frappé l'esprit de l'étudiant, justement lorsque son *impie camarade* entra dans la boutique du libraire, pour se mettre à l'abri de la pluie.

Il faut juger précisément de ce concours de circonstances, comme du coq qui chanta quand *saint Pierre* renia son maître. Il n'y avoit là rien que de naturel; il est très-ordinaire qu'un coq chante à l'approche du jour: mais ce qu'il y avoit de merveilleux, c'est que cet animal concouroit à accomplir la prédiction que le rédempteur avoit faite à ce disciple, qui avoit trop présumé de ses propres forces.

En un mot, des accidens pareils sont d'une grande force pour nous convaincre de l'influence de la providence divine dans les affaires humaines, quelque petites qu'elles soient en apparence ; de l'existence d'un *monde invisible*, & de la réalité du commerce des *intelligences pures* avec les esprits enfermés dans des corps. J'espère que je n'aurai rien dit, sur cette matière délicate, qui soit propre à faire donner mes lecteurs dans des fantaisies absurdes & ridicules. Je puis protester, du moins, que je n'en ai pas eu le dessein, & que mon intention a été uniquement d'exciter dans les cœurs des hommes des sentimens respectueux pour la divinité, & de la docilité pour les avertissemens des *bons esprits* qui s'intéressent à ce qui nous regarde.

Fin du troisième Volume.

TABLE DES VOYAGES IMAGINAIRES.
TOME TROISIÈME.

ROBINSON CRUSOÉ.

PRÉFACE DU TRADUCTEUR, page 1

RÉFLEXIONS DE ROBINSON CRUSOÉ.

INTRODUCTION, 15
CHAPITRE PREMIER. *De la solitude.* 16
CHAPITRE II. *Essai sur le caractère d'un honnête homme. Comment ce terme est entendu communément, en l'opposant à celui de malhonnête homme,* 31
CHAPITRE III. *Des Vices qui règnent dans le commerce civil, & des Irrégularités ordinaires de la conduite des hommes,* 101
CHAPITRE IV. *Essai sur l'état présent de la religion dans le monde,* 154
CHAPITRE V. *De la nécessité d'écouter la voix de la Providence,* 261
CHAPITRE VI. *De la proportion qu'il y a entre le Monde Chrétien & le Monde Payen,* 313
VISION DU MONDE ANGÉLIQUE, 355

Fin de la Table.

www.ingramcontent.com/pod-product-compliance
Lightning Source LLC
Chambersburg PA
CBHW070207240426
43671CB00007B/580